세계사를 보다

세계사를 보다2

초판 1쇄 발행 2010년 1월 15일
개정판 1쇄 발행 2021년 6월 10일
개정판 2쇄 발행 2022년 1월 24일

지은이 박찬영, 버질 힐라이어 **펴낸이** 박찬영 **편집** 김혜경, 안주영, 황민지 **교정** 김형주, 이효숙, 리베르스쿨 편집부
디자인 박시내, 오필민, 박경민, 박민정, 이재호 **그림** 문수민 **마케팅** 조병훈, 박민규, 최진주
발행처 (주)리베르스쿨 **주소** 서울특별시 성동구 왕십리로 58, 서울숲포휴 11층
등록번호 제2013-16호 **전화** 02-790-0587, 0588 **팩스** 02-790-0589 **홈페이지** www.liber.site
커뮤니티 blog.naver.com/liber_book(블로그)
e-mail skyblue7410@hanmail.net
ISBN 978-89-6582-305-6(04900), 978-89-6582-303-2(세트)
Copyright ⓒ PCY

리베르(Liber 전원의 신)는 자유와 지성을 상징합니다.

스토리텔링과 이미지의 역사여행

세계사를 보다

박찬영 · 버질 힐라이어 지음

고대 · 중세

2

㈜리베르스쿨

머리말

이 책은 우리 아이들이 태어나기 훨씬 전에 이 세상에 어떤 일이 일어났는지 궁금증을 풀어 주는 이야기 세계사이자 대안 교과서입니다. 흔히 아이들은 눈앞의 세계만 보기 때문에 작은 세계를 자신의 시각으로 확대 해석하는 경향이 있습니다. 그 결과 우물 안 개구리처럼 자기중심적인 세계관을 가질 수도 있습니다. 따라서 세상을 바라보는 **눈을 더 넓히고 사고의 깊이를** 더함으로써 지나간 시대를 전체적으로 조망할 수 있는 능력을 길러 주어야 합니다. 다시 말해 우리가 기억해야 할 중요한 역사적 인물이나 사건을 시간과 공간의 맥락에서 파악할 수 있도록 함으로써 세계사를 더욱 효과적으로 공부할 수 있도록 기틀을 마련해 주어야 한다는 것입니다.

역사 속의 인물이나 사건을 단순히 나열하는 것은 별 도움이 되지 않습니다. 역사적인 이야기의 행간과 맥락을 살필 수 있도록 다양한 그림이나 사진, 지도, 일화 등이 제공되어야 합니다. 기존의 역사 교과서만으로는 역사의 전체 흐름을 파악할 수 없습니다. 아무리 역사적인 지식의 틀이 제공된다고 하더라도 수많은 이야기가 시간이나 공간 차원에서 연결되지 않는다면 물 위에 뜬 기름처럼 머릿속에 제각각 떠다니게 될 뿐입니다.

이 책에서는 각 주제를 연대순으로 기술했습니다. 나라별로 기술하는 것이 아니라 세기나 시대별로 이야기를 엮었습니다. 한 나라 이야기가 진행되는 중간에 다른 나라 이야기가 끼어들어 뒤를 잇는 식으로, 이를테면 소설에서 여러 가지 줄거리가 동시에 전개되는 것과 같은 방식입니다. 이런 방식은 학생들에게 시대를 연속적으로 바라보는 안목을 심어 주고 역사의 개관을 알려 주려는 이 책의 목적과도 일맥상통합니다. 그리스 역사를 처음부터 끝까지 기술한 다음 시간을 거

슬러 올라가 로마 역사를 기술하는 방식과는 다릅니다. 역사를 이런 식으로 기술하는 이유는 역사의 전체 흐름을 이해하고 이후에 공부하면서 세부 사항을 하나씩 채워 넣도록 하기 위함입니다. 화가가 밑그림을 먼저 그려 놓고 세부 묘사로 들어가서 덧칠하는 것과 같은 원리입니다.

이 책은 역사 과목의 보충 자료가 아니라 주교재입니다. 도입부마다 연표가 포함된 지도를 수록했을 뿐만 아니라 내용을 생생하게 전달할 수 있도록 이야기를 풍부하게 실었습니다. 이야기 하나하나를 읽을 때마다 되풀이해서 말하고, 이름과 연대뿐 아니라 전체 이야기에 관해 거듭해서 질문하고 답해 봐야 배운 내용을 잊지 않고 자기 것으로 만들 수 있습니다.

역사는 읽는 것이 아니라 보는 것입니다. 이야기의 이미지가 머릿속에 그려져야 합니다. 그려지지 않는 역사는 기억에 오래 남지 않을 뿐만 아니라 억지로 기억했다 하더라도 곧 잊어버리게 됩니다. 역사가 머릿속에 파노라마처럼 그려졌을 때, 비로소 역사를 입체적으로 이해할 수 있게 됩니다. 단편 지식은 무작정 외웠다 하더라도 시간이 지나면 곧 잊어버리게 마련입니다. 따라서 복잡한 역사를 정복하기 위해서는 '역사 지도, 연대표, 이야기'를 삼위일체처럼 자신의 것으로 만들어야 합니다.

'누군가가 삼위일체 작업을 대신해 주면 얼마나 좋을까?'라는 생각에서 출발해 전문가들의 도움을 받으며 한눈에 보는 역사책인 『세계사를 보다』를 제작하기 시작했습니다. 청소년이 꼭 알아야 할 세계사 지식을 빠뜨리지 않고 다루었을 뿐만 아니라, 두 차례의 세계 답사 여행에서 확인한 역사의 현장을 생생하게 전달하는 것도 잊지 않았습니다. 학습에 꼭 필요한 사진은 직접 찍은 수만 컷의 사진과 자료 사진 중에서 엄선했습니다.

역사는 공들여 공부해야 합니다. 그래야 무너지지 않습니다. 역사를 벼락치기로 공부할 수 있다고 생각하면 큰 오산입니다. 오랫동안 축적된 배경지식과 독서가 바탕이 될 때 비로소 역사가 나에게 다가옵니다. 세계사는 이 세상의 모든 지식이 압축된 과목입니다. 다양한 주제가 언급되는 논술 시험을 위해서도 세계사 읽기는 필수적입니다.

효율적인 책 읽기를 위해 『세계사를 보다』가 어떻게 구성되어 있는지, 장점은 무엇인지 소개하겠습니다.

첫째, 세계사를 단순하게 나열하는 것이 아니라 재미있는 이야기를 들려주듯 구성했습니다.

이 책에는 차 한 잔이 제1차 세계 대전의 원인이 됐으며, 백의의 천사 나이팅게일이 크림 전쟁을 승리로 이끈 진짜 영웅이라고 묘사되어 있습니다. 게다가 중세의 성당 자체가 한 권의 성경이라고 서술하고 있습니다. 한마디로 『세계사를 보다』는 무궁무진한 이야기의 보물 창고인 셈입니다.

세계사는 잘 짜여진 한 편의 드라마와 같습니다. 역사적 사실의 전후 관계와 인과 관계를 살핀다면 이것처럼 재미있고 쉬운 과목도 없을 것입니다. 세계사가 재미없고 어렵게 느껴지는 이유는 교과서와 참고서가 암기해야 할 토막 지식 위주로 구성돼 있기 때문입니다.

둘째, 중요한 역사적 사실을 사진이나 그림을 이용해 보기 쉽게 제시했습니다.

요즘 학생들이 활자 세대가 아니라 이미지 세대임을 감안해 사진이나 그림, 지도 등을 적극적으로 활용했습니다. 이들 시각 자료만 보아도 세계사를 쉽고 빠르게 이해할 수 있을 것입니다. 시각 자료는 그 자체로 세계사의 길잡이 역할과 요점 정리 역할을 할 것입니다. 이 책

은 선사 시대부터 현대에 이르기까지 역사적인 현장을 두 발로 직접 걸어 다니며 경험한 결과물이기도 합니다. 무엇보다 역사적인 현장을 직접 찍은 사진과 현지 작가들의 사진은 세계사의 실제 장면 속으로 뛰어드는 느낌이 들도록 해 줄 것입니다.

셋째, 지도 속에 연표와 중요 사건을 표시해서 입체적 학습이 가능하도록 유도했습니다.

연표와 중요 내용을 지도를 통해 확인하고, 동시대 주변 지역의 사건까지 비교할 수 있을 것입니다. 단편적인 역사 지식은 기억에서 쉽게 사라져 버리게 마련입니다. 역사는 꼬리에 꼬리를 무는 인과 관계의 연속이기 때문입니다. 도도한 역사의 흐름을 정확히 연결하려면 역사적 사건과 관련된 장소는 물론이거니와 연도를 반드시 확인해야 합니다. 역사는 역사 지도, 연대 표, 시대적 배경 등이 종횡으로 연결돼야 비로소 자신의 것이 됩니다.

이 책은 세계사 공부를 이제 막 시작한 초등학생과 중학생을 위해 만들었습니다. 하지만 고등학생이 꼭 알아야 할 필수적인 교과 내용도 빠뜨리지 않고 다루었습니다. 따라서 배경지식의 이해를 요구하는 **수능 시험과 논술 시험에 가장 적합한 교재**라고 자부합니다. 성인도 세계사를 공부하는 것이 아니라 재미있는 이야기처럼 읽고자 한다면 적극 추천합니다.

'이미지 독서 방식'을 도입한 『세계사를 보다』는 세계사를 재미있는 과목으로 생각할 수 있도록 인식을 전환하는 데 한몫을 담당하고자 합니다. 이 책을 통해 세계사를 공부하는 참맛을 느끼고, 더 나아가 세계사를 여행하면서 온 세상이 공부의 마당이라는 깨달음을 얻을 수 있다면 더 이상의 기쁨이 없겠습니다.

지은이 씀

차례

1 역사의 호수 |
로마의 발전

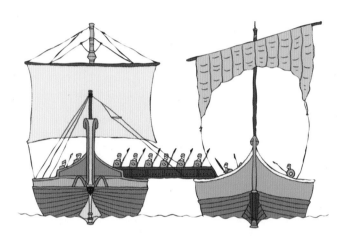

독일의 역사학자 랑케는 로마를 역사의 호수라고 부르며 "로마 이전의 모든 역사는 로마로 흘러들었고, 로마 이후의 모든 역사는 로마로부터 흘러나왔다."라고 했습니다. 이는 로마가 유럽 문화의 원형으로서 유럽 사회의 기본 골격을 제시했음을 강조한 말입니다. 공화국의 개념에서부터 법 체계와 군사 조직은 물론이고, 팍스 아메리카라는 개념 역시 팍스 로마나(로마의 평화)에서 유래했습니다. 신고전주의는 이 로마로 돌아가자는 예술적 경향을 가리키는 말입니다. 이탈리아어, 프랑스어, 스페인어, 포르투갈어, 루마니아어 등은 모두 고대 로마의 언어(라틴어)에서 갈라져 나온 말들입니다.

- **기원전 575년경** 에트루리아인이 로마로 이주하다. 그 후 60여 년간 에트루리아 출신의 왕이 로마를 다스리다. 에트루리아인이 로마인에게 알파벳을 전해 주다.
- **기원전 500년경** 에트루리아 출신의 왕을 쫓아내고 공화정으로 체제를 바꾸다. 이후 로마는 왕을 대신해 두 명의 집정관과 300명의 원로원이 다스리기 시작하다.
- **기원전 270년경** 로마가 이탈리아 반도 전체를 통일하다. 이후 100여 년간 로마는 정예 병사로 지중해 지역을 하나씩 정복하다.

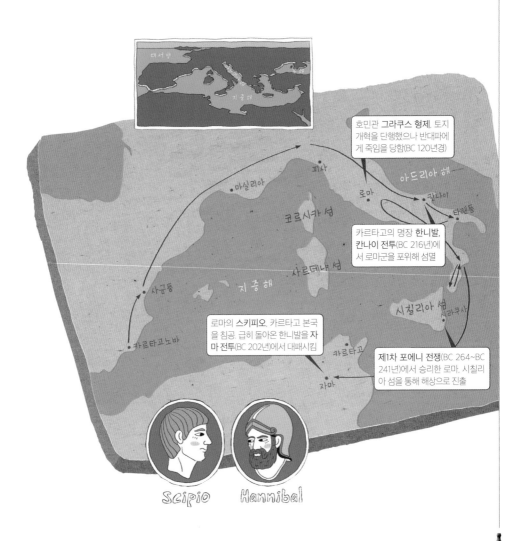

호민관 **그라쿠스 형제**, 토지 개혁을 단행했으나 반대파에게 죽임을 당함(BC 120년경)

카르타고의 명장 **한니발**, 칸나이 전투(BC 216년)에서 로마군을 포위해 섬멸

로마의 **스키피오**, 카르타고 본국을 침공. 급히 돌아온 한니발을 **자마 전투**(BC 202년)에서 대패시킴

제1차 포에니 전쟁(BC 264~BC 241년)에서 승리한 로마, 시칠리아 섬을 통해 해상으로 진출

Scipio   Hannibal

성인이 된 로마

아무리 유명한 야구 팀이나 축구 팀이라고 해도 우승을 차지하는 해가 있으면 우승을 놓치는 해가 있듯이 어느 분야에서도 영원한 일등은 없습니다. 일 등의 자리를 한동안 지킬 수는 있지만, 얼마 지나지 않아 더 뛰어난 팀이 나타나기 때문입니다. 지금까지 우리가 살펴본 역사 속의 나라들도 마찬가지였습니다.

처음에는 니네베가 최고의 자리를 차지했지만,

　그다음에는 바빌론이 최고의 자리를 차지했고,

　　그다음에는 페르시아가 최고의 자리를 차지했으며,

　　　그다음에는 그리스가 최고의 자리를 차지했고,

　　　　그다음에는 마케도니아가 최고의 자리를 차지했습니다.

그렇다면 알렉산드로스 제국이 분열된 다음에는 누가 최고의 자리를 차지했을까요? 알렉산드로스 대왕은 세계를 정복하는 동안, 해가 떠오르는 동쪽을 향해서만 진군했습니다. 해가 지는 서쪽에는 아예 관심조차 없었습니다. 로마는 알렉산드로스의 관심을 끌지 못할 정도로 작은 촌락에 불과했거든요. 당시 로마는 주변 도시의 군대가 쳐들어올까 봐 전전긍긍했을 정도입니다. 사람에 비유하자면 로마는 힘센 친구에게 괴롭힘을 당할까 봐 기죽어 지내는 아이와 같았어요.

그렇게 로마는 큰 도시의 견제를 받지 않은 채 조금씩 힘을 키울 수 있었습니다. 로마는 얼마 지나지 않아 적의 침입을 더 이상 두려워하지 않아도 될 정도가 되었습니다. 더 나아가 주변 도시에 먼저 싸움을 걸기도 했습니다. 마침내 이탈리아 전역을 점령하게 되었고, 밖으로 눈을 돌려 싸울 상대를 찾았어요.

니네베
지금의 이라크 모술이다. 아시리아의 센나케리브 왕이 수도로 건설하면서 전성기를 맞이했으나, 기원전 612년 바빌로니아와 메디아 연합군의 공격으로 파괴되었다.

바빌론
바그다드에서 남쪽으로 80킬로미터 지점에 있는 메소포타미아의 고대 도시다. 바빌로니아의 함무라비 왕(재위 기원전 1792~기원전 1750) 때 수도가 되면서 제국의 중심지가 되었고, 신바빌로니아의 네부카드네자르 2세(재위 기원전 604~기원전 562)때에는 세계 최대의 도시가 되었다.

포에니 전쟁

지도를 보면 장화 모양의 이탈리아 반도 밑에 약간 삐뚤어진 삼각형처럼 생긴 섬이 있을 거예요. 그 섬이 바로 시칠리아이고, 그 건너편의 아프리카에 카르타고라는 도시가 있을 거예요. 카르타고는 페니키아인이 세운 상업 도시로서 해상 무역을 통해 빠르게 성장했습니다. 서지중해 일대의 교역 중심지이자 아프리카와 유럽 대륙이 만나는 전략적 요

○ 튀니지의 카르타고 유적지

로마인들은 초토화된 카르타고에 새로운 식민지를 건설했지만 7세기경 이슬람의 침입으로 다시 폐허가 되었습니다. 지금은 작은 마을로 겨우 명맥만 이어 가고 있습니다.

충지에 자리를 잡고 있었기 때문이에요. 해상권을 장악한 카르타고는 멀지 않은 곳에 있는 로마를 견제하기 시작했습니다.

로마는 로마대로 카르타고가 자꾸만 신경에 거슬렸습니다. 그러다 보니 자연스럽게 전쟁을 시작할 구실을 찾게 되었어요. 본시 '눈에 불을 켜고 덤비는 아이'와는 사이좋게 지내기 어려운 법입니다. 처음에는 사소한 말다툼으로 시작했더라도 이내 주먹질을 하게 되면서 싸움이 커지는 법이죠. 어린아이들이 싸우는 것과 똑같은 이치예요. 다만 쫓아와서 혼내 줄 부모가 없을 뿐입니다.

결국 로마와 카르타고는 전쟁을 하게 되었습니다. 이를 포에니 전쟁이라고 합니다. '포에니(Poeni)'는 라틴어 '포에니쿠스(Poenicus)'에서 유래한 말로, 페니키아 사람을 뜻합니다.

로마는 카르타고의 영향력이 미치고 있던 시칠리아를 통해 해상으로 진출할 기회만 노리고 있었습니다. 기원전 264년 카르타

○ 한니발

제2차 포에니 전쟁 때 활약했던 카르타고의 장군입니다. 하밀카르 바르카스의 아들인 한니발은 9세 때 로마를 쳐부술 것을 카르타고의 신에게 맹세했다고 합니다. 물론 여러분도 9세 때 원대한 꿈을 꾸었겠지요?

루브르 박물관 소장

고의 용병이 시칠리아에서 반란을 일으키자 카르타고는 용병을 진압하기 위해 군대를 파견했고, 로마도 이때다 싶어 군대를 파견했어요. 로마는 우선 허술한 시칠리아 남쪽을 점령했습니다.

본래 농업 국가인 로마는 경제력이나 해군력 면에서 카르타고보다 훨씬 뒤처져 있었습니다. 사정이 이렇다 보니 로마는 해안가로 떠밀려 온 카르타고 전함의 잔해를 보고 배를 만들기 시작했습니다. 배는 어떻게 만들 수 있었지만 이번에는 항해 기술이 문제였습니다. 이런 상태라면 도저히 카르타고를 이길 수 없을 것 같았습니다. 하지만 로마는 크로(Crow)라는 커다란 갈고리를 믿고 승부수를 던졌습니다. 카르타고 전함에 크로를 던져 상대편 배를 가까이 끌어당기는 전략을 사용한 거예요. 바다 위에 배로 땅을 만든 셈입니다. 이 전략은 효과가 있었습니다. 카르타고군은 새로운 전투 방식에 당황한 나머지 제대로 싸워 보지도 못했거든요.

결국 로마는 시칠리아 북안과 서안의 해전에서 카르타고에 대승을 거뒀습니다. 시칠리아를 점령한 로마는 그전까지와는 달리, 즉 새로운 점령지로 로마 시민을 이주시키거나 동맹을 맺는 방식이 아니라 총독을 파견해 다스리는 속주로 삼았습니다. 이렇게 해서 제1차 포에니 전쟁은 막을 내렸습니다.

속주

고대 로마 제국의 지방 행정 구획의 하나로서 통치권을 가진 로마 행정관의 권한이 미치는 영역을 가리킨다.

한니발과 스키피오

제1차 포에니 전쟁에서 패배한 카르타고는 로마에게 시칠리아 섬을 빼앗기고 엄청난 배상금까지 지불해야 했습니다. 그로 인해 카르타고의 국력은 급격하게 쇠약해지기 시작했습니다. 호

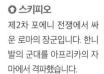

○ 스키피오
제2차 포에니 전쟁에서 싸운 로마의 장군입니다. 한니발의 군대를 아프리카의 자마에서 격파했습니다.

○ 알프스 산맥을 넘는
한니발
로마는 카르타고의 군대가
알프스 산맥을 넘어 쳐들어
올 거라고는 생각하지 못했
기 때문에 방비가 허술했습
니다. 하지만 한니발은 알프
스를 넘어 로마의 뒷문에 도
착했습니다.

시탐탐 설욕할 기회만 노리고 있던 카르타고는 하밀카르 바르
카스의 제안에 따라 스페인인들을 자기편으로 만들기로 했습니
다. 하밀카르에게는 한니발이라는 아들이 있었는데, 하밀카르가
죽고 난 뒤에 자연스럽게 한니발이 아버지의 뒤를 이었습니다.

2대에 걸쳐 노력한 덕분인지 스페인을 식민지로 삼은 카르타
고는 로마 원정을 준비했습니다. 이 과정에서 26세가 된 한니발
은 스페인의 총독이 되었습니다. 한니발은 출전 준비를 마친 군
대를 이끌고 스페인을 거쳐 이탈리아 북부까지 쳐들어갔습니
다. 그런데 한 가지 문제가 있었습니다. 이탈리아 북부를 가로질

러 알프스라는 거대한 산맥을 넘어야 했거든요. 알프스 산맥을 본 한니발의 병사들은 두려움에 떨었습니다. 도망을 치는 병사까지 있을 정도였습니다.

로마는 카르타고의 군대가 알프스 산맥을 넘어 쳐들어올 거라고는 생각하지 못했기 때문에 방비가 허술했습니다. 하지만 한니발은 알프스를 넘어 로마의 뒷문에 도착했습니다. 로마는 한니발의 군대를 우습게 본 대가를 톡톡히 치른 거예요. 로마는 곧 이탈리아 전부를 한니발 앞에 내줘야 할 것처럼 보였습니다.

하지만 하늘이 무너져도 솟아날 구멍은 있는 법입니다. 축구 경기에서 자기편 골문을 지키지 못할 때는 상대편의 골문을 치고 들어가는 것이 최선이거든요. 로마는 한니발이 자국을 공격

○ 카르타고의 최후
방어할 힘이 전혀 남아 있지 않았던 카르타고는 스키피오의 마지막 공격을 받고 대부분 흔적조차 남지 않게 되었습니다.

○ 자마 전투
카르타고로 돌아온 한니발은 자마에서 스키피오의 로마군에게 참패를 당합니다.

하는 사이에 카르타고 본토를 공격하기로 했습니다. 이를 위해 4년 만에 스페인을 평정한 스키피오 장군을 카르타고로 보냈습니다. 스키피오는 먼저 스페인으로 가서 한니발의 퇴로를 차단한 뒤에 카르타고 본토를 공격했습니다. 카르타고는 나라가 혼란에 빠지자 한니발에게 돌아오라는 전갈을 보냈습니다. 한니발은 망설일 시간도 없이 기원전 203년경에 전군을 이끌고 본국으로 향했습니다. 하지만 너무 늦었어요. 스키피오가 카르타고 근처의 자마(지금의 튀니지)라는 곳에서 그를 기다리고 있었거든요. 그곳에서 한니발의 군대는 스키피오의 로마군에게 참패를 당합니다. 제2차 포에니 전쟁은 이렇게 막을 내렸습니다. 한니발이 제2차 포에니 전쟁에서 패배한 기원전 202년은 역사적으로 중요한 해니까 꼭 기억하세요. '한니발에게는 두고두(202)고 후회스러운 해가 되었다.'라고 기억하세요. 포로가 되지 않기 위해 도망친 한니발은 한을 남긴 채 결국 음독자살했어요.

그럼, 이렇게 카르타고와 로마의 전쟁이 끝난 걸까요? 그렇지 않았습니다. 로마는 카르타고를 완전히 짓밟지 않으면 다시 살아날 것 같은 느낌이 들었어요. 이미 이긴 경기에서 상대방을 계속 공격하는 것은 반칙이지만 로마는 얼마 지나지 않아 세 번째이자 마지막으로 카르타고를 공격합니다. 방어할 힘이 전혀 남아 있지 않았던 카르타고는 대부분 흔적도 없이 사라졌습니다. 그 결과 지금 어디를 가도 카르타고의 흔적을 거의 찾아볼 수 없게 되었답니다. 🦋

포에니 전쟁에서 귀족들이
직접 전쟁을 지휘한 까닭은 무엇일까요?

노블레스 오블리주(Noblesse Oblige)라는 말이 있습니다. 프랑스어로 '지도
층 의무'를 뜻하는 말이에요. 이는 포에니 전쟁에 참여한 로마 시대의 왕과
귀족들이 보여 준 솔선수범의 태도에서 비롯된 것으로, '상류 계급의 신분에
상응하는 도덕적 의무감'을 강조한 말입니다. 다시 말해 기득권층의 성장이
노동자의 희생에서 비롯된 것이므로 이익을 함께 나누는 것이 정당하다는
거예요. 이런 정신은 초기 로마 사회에서 사회 고위층의 봉사와 기부 등의
전통으로 이어졌고, 자발적이면서도 경쟁적으로 이루어졌습니다. 이를 통해
로마의 상류층이나 지도층은 시민의 존경과 지지를 받을 수 있었습니다. 그
들에게 주어진 높은 수준의 도덕적 책임감은 그들이 누리는 사회적·정치적
특혜에 대한 정당한 대가였던 셈이에요.

2 모든 길은 로마로 통한다 | 로마의 문화

포에니 전쟁을 승리로 이끈 로마는 지중해의 패권을 장악한 뒤, 헬레니즘 세계를 완전히 정복했습니다. 이후 드넓은 해외 식민지를 생산 기반으로 삼아 풍요와 번영을 누렸습니다. 당시 로마의 식민지들은 로마의 식량 창고와 같았거든요. 그 결과 라티푼디움(대농장 소유 제도)이 등장하기도 했습니다. 하지만 모든 로마 시민들이 행복했던 것은 아니에요. 120여 년간 세 차례에 걸쳐 전쟁을 치르면서 수많은 사람이 죽거나 다쳤고, 땅이 황무지로 변했거든요. 이때 호민관이 된 그라쿠스 형제는 자작농을 육성하는 토지 개혁을 비롯해 가난한 사람들을 돕는 여러 가지 개혁을 시도하려고 했습니다. 그러나 로마 원로원과 귀족에게 밀려 개혁은 실패로 돌아갔고, 두 형제는 끝내 목숨을 잃고 말았습니다.

- **기원전 133년** 호민관 티베리우스 그라쿠스가 토지 소유를 제한하는 법안에 반대하는 원로원 보수파와 시가전 끝에 암살되다. 동생인 가이우스 그라쿠스는 원로원 세력에 쫓기다 결국 자살하다.
- **기원후 313년** 콘스탄티누스 대제가 로마 제국을 통치할 종교적 이데올로기로서 기독교를 공인하다. 이 시기에 우리나라에서는 대동강 유역에 있던 낙랑군이 고구려의 공격을 받아 멸망하다.
- **기원후 325년** 콘스탄티누스 대제가 검투 경기를 금지하는 법령을 만들다. 404년에 마지막으로 검투 경기가 치러지고, 440년에 이르러 검투 경기가 완전히 자취를 감추다.

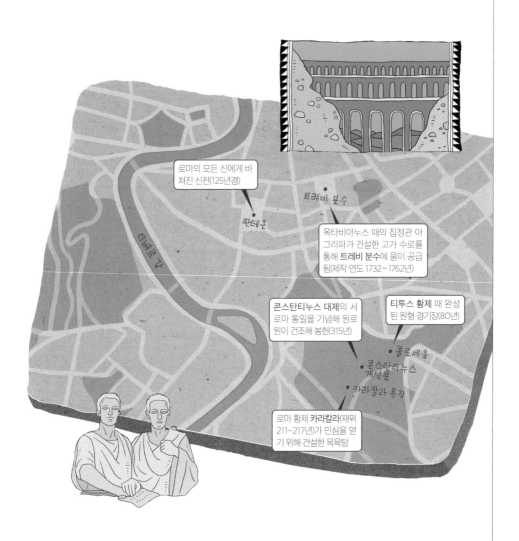

로마의 모든 신에게 바쳐진 신전(125년경)
판테온

트레비 분수

옥타비아누스 때의 집정관 아그리파가 건설한 고가 수로를 통해 **트레비 분수**에 물이 공급됨(제작 연도 1732~1762년)

콘스탄티누스 대제의 서로마 통일을 기념해 원로원이 건조해 봉헌(315년)

티투스 황제 때 완성된 원형 경기장(80년)

콜로세움
콘스탄티누스 개선문
카라칼라 욕장

로마 황제 **카라칼라**(재위 211~217년)가 민심을 얻기 위해 건설한 목욕탕

티베리스 강

로마의 길, 도로와 수도

로마는 이탈리아를 넘어 스페인과 아프리카까지 지배했습니다. 오랫동안 지칠 줄 모르고 지속한 정복 전쟁의 결과였습니다. 기원전 100년경에는 이집트를 제외한 지중해의 거의 모든 국가들을 손아귀에 넣을 수 있었습니다. 그 결과 로마인은 세계 최강의 시민이라는 자부심을 갖게 되었습니다.

하지만 로마인은 매우 실용적이고 개방적이었습니다. 아름다움을 최고의 가치로 여겼던 그리스의 예술과 문학을 받아들이는 데 조금도 망설이지 않았습니다. 즉, 로마만의 새로운 문화를 만들어 내기보다 다른 문화의 장점을 적극적으로 받아들여 로마 문화를 완성한 것입니다. 그렇게 로마는 유럽 문명의 중심지로 우뚝 설 수 있었습니다.

여기에는 도로와 수로도 한몫했습니다. 사실 세계를 제패한 로마는 사방으로 군대를 보내야 했기 때문에 도로를 정비할 필

○ 진실의 입
로마의 산타마리아 인 코스메딘 교회 입구의 벽면에 있는 대리석 조형물입니다. 거짓말쟁이가 이 진실의 입에 손을 넣으면 손이 잘린다고 하니 조심하세요. 이런 멋진 조각이 로마 시대에는 하수도 뚜껑으로 사용되었다고 합니다.

요가 있었습니다. 큰 바위를 바닥에 놓고 그 위에 그보다 작은 돌덩이를 깔았고, 마지막에는 크고 납작한 포장용 돌을 덮었습니다. 세계 최초의 포장도로가 만들어진 셈입니다. 이런 도로가 제국의 구석구석까지 깔려 있어서 "모든 길은 로마로 통한다." 라는 말이 나왔을 정도입니다. 놀랍게도 로마의 도로는 2,000년이 지난 지금까지도 그 모습을 원형 그대로 유지하고 있습니다.

로마의 수로 역시 중요한 역할을 했습니다. 당시에는 도시에 사는 사람들이 오염된 물 때문에 병에 걸리는 일이 많을 정도로 깨끗한 물을 구하기 어려웠습니다. 로마는 물을 얻기 힘든 곳에 있었거든요. 그래서 돌로 다듬어 만든 커다란 관을 설치해 물을 도시로 끌어다 사용했습니다.

수로가 강이나 계곡을 지날 때는 수로를 지탱하기 위해 다리를 건설하기도 했습니다. 로마의 수로는 도로와 마찬가지로 지금까지 잘 보존되어 있어 현대인들이 실제로 사용하고 있답니다.

◆ 가르교
프랑스 남부에 있는 고대 로마의 수도교로서 1세기 전반에 석회암으로 건조되었습니다. 계속 이어진 아치가 3단으로 겹쳐져 있고, 수면으로부터 높이 49미터, 길이 275미터의 수로구가 연결되어 있습니다. 수로치고는 대단하지 않나요? 이 수도교는 세계 문화유산으로 지정되어 있어요.

로마인은 수로를 이용해서 독특한 문화를 만들어 내기도 했습니다. 그것은 공중 화장실과 목욕탕이었습니다. 대리석 변기를 설치한 최초의 공중 화장실에는 변기 아래로 물이 흘렀습니다. 초기에는 공중 화장실을 무료로 사용할 수 있었지만, 로마의 재정 상태가 나빠지면서 유료로 바꾸었다고 합니다. 그래서 화가 난 로마 시민이 공중 화장실을 사용하지 않고 길거리에서 용변을 보았다고 합니다. 당시 로마의 거리가 상상이 되나요? 한 가지 더 충격적인 것은 용변을 본 사람들이 휴지를 대신해 스펀지가 달린 막대기를 사용했는데, 그것도 모두가 함께 사용했다고 합니다.

공중목욕탕은 대부분 부유한 로마의 남자들이 이용했으며, 체육관이나 도서관 시설까지 갖춘 사교 활동의 중심지였다고 합니다. 공중 목욕탕이라고 하지만 음악을 연주하는 악단도 있어서 하루 종일 아름다운 음악이 끊이지 않았다고 합니다.

❍ 트레비 분수

로마에서 가장 오래된 수로를 이용해서 물을 뿜는 로마 최대의 분수입니다. 전차 위에 넵투누스 상(像)이 거대한 조개를 밟고 서 있습니다. 이 연못을 등지고 서서 동전을 던져 넣으면 다시 로마를 방문할 수 있다는 이야기가 전해지고 있습니다.

○ 카라칼라 욕장
고대 로마의 황제 카라칼라
가 지은 공중목욕탕입니다.
한 번에 1,600명을 수용할
수 있었고, 도서관이나 체육
관 시설까지 갖추어 사교 활
동의 중심지였습니다.

검투사들의 도시

로마 제국에 무릎을 꿇은 도시들은 로마에 세금을 내거나 부역
을 제공해야 했습니다. 결국 엄청난 돈이 로마로 흘러 들어갔고,
그 돈은 로마를 아름답고 웅장하게 꾸미는 데 사용되었습니다.
앞서 말했듯 도로와 수로를 정비하는 데 쓰인 거죠.

신전이나 궁전과 같은 건축물은 물론 공중목욕탕도 만들었습
니다. 그러나 로마가 남긴 유물 가운데 가장 유명한 것은 현재
이탈리아의 수도 로마에 있는 콜로세움이라고 할 수 있습니다.
위엄 있는 자태를 지닌 콜로세움은 가로 190미터, 세로 155미
터 크기의 거대한 야외 원형 극장입니다. 이 원형 극장은 지금으
로 말하자면 종합 운동장 같은 곳입니다. 당시 로마에는 노예가
시민보다 월등히 많았기 때문에 그들 중에 건장한 남자 노예들
을 골라 검투사로 키웠습니다.

로마 귀족들이 가장 좋아하는 놀이는 목숨을 건 검투사들의
대결이었기 때문입니다. 검투사들은 원형 극장 안에서 검투사
끼리 싸우거나 야생 동물과 싸워야 했습니다. 콜로세움에 들어
찬 5만 명의 관중은 사람이나 짐승이 피를 흘리며 죽어 가는 모

◑ 콜로세움

콜로세움을 설계한 사람이 누구인지는 아무도 모릅니다. 단지 건축가 라비리우스가 설계했다는 설이 전해집니다. 콜로세움이라는 이름은 근처에 있는 네로 황제의 거대한 조각상(Colossus Neronis)에서 유래한 것입니다. 70~72년 플라비우스 왕조의 베스파시아누스 황제 때 착공해 80년 티투스 황제 때 완성했다고 합니다.

❖ 콜로세움 내부

습을 보고 흥분했습니다. 정말 끔찍하지 않나요?

검투사의 싸움은 단순히 승패를 가리는 것으로 끝나지 않았습니다. 대결에서 패한 자의 목숨을 관중에게 맡겼습니다. 관중이 생각하기에 용감한 자라면 엄지손가락을 들어 목숨을 살려 주었고, 그렇지 않은 자라면 엄지손가락을 내려 목숨을 거두었습니다. 검투 경기는 아마도 이 세상에서 가장 잔인한 경기였을 것입니다.

이 검투 경기는 로마 시민에게 일체감과 애국심을 고취하는 한편, 공포심을 조장하기 위한 정치적인 목적에 의해 만들어졌습니다.

325년에 콘스탄티누스 대제가 검투 경기를 금지하는 법령을 제정했으나 실질적인 효력을 거두지는 못했습니다. 그러다가 살인을 금기하는 기독교 세력이 확장됨에 따라 검투 경기는 440년경에 로마 제국에서 완전히 자취를 감추게 됩니다. 이후 검투 경기를 대신해 전차 경주가 등장하게 되었습니다.

○ 보르게세의 검투사
검투 경기는 로마의 왕족이나 귀족들이 시민들의 인기를 얻기 위해 개최했습니다. 기원전 100년경에 만들어진 이 전사상은 훗날 미켈란젤로에게 영향을 준 것으로 보입니다.
루브르 박물관 소장

코르넬리아의 보석, 그라쿠스 형제

포에니 전쟁에서 한니발을 물리친 스키피오에게는 코르넬리아 그라쿠스라는 딸이 있었는데, 그 딸에게는 두 아들이 있었습니다. 둘 다 훌륭한 사내아이라 코르넬리아는 무척 대견해 했습니다.

어느 날 부유한 한 로마 여인이 코르넬리아를 찾아와 반지와 목걸이 등의 장신구를 한껏 자랑했습니다. 값비싼 장신구를 몹시 사랑하는 여인이었지요. 그 여인은 코르넬리아에게도 보석

을 보여 달라고 청했습니다. 그러자 코르넬리아는 밖에서 놀던 아들 둘을 불러서 이렇게 말했습니다.

"얘들이 제 보석이랍니다."

어른이 된 그라쿠스 형제는 자신들의 주변에 사치스럽게 사는 부자가 있는가 하면 끼니조차 때우지 못하고 살 집조차 없는 가난한 사람들도 있다는 사실을 알았습니다. 형제에게는 이런 현실이 불공평하게 느껴졌습니다.

그래서 형인 티베리우스 그라쿠스는 기원전 133년에 호민관으로 선출된 직후, 토지 개혁 법안을 민회에 제출했습니다. 개인이 소유할 수 있는 땅의 규모를 제한하고 이것을 초과할 경우 초과분은 농민에게 나누어 주는 내용의 법안이었습니다. 이 법은 악법이 아니었지만 실행하는 데는 큰 어려움이 따랐습니다.

법안을 실행할 기준이 현실에 적용할 만큼 분명하지 않았고, 티베리우스 그라쿠스가 절차를 무시한 것이 그 이유였습니다. 그래서 이 법을 반대했던 원로원은 법안을 인정하지 않았습니다. 하지만 티베리우스도 만만치 않았어요. 끝까지 원로원을 무시하고 밀어붙였던 거예요. 이에 모욕감을 느낀 원로원 의원들이 폭동을 일으키고 티베리우스를 암살하고 말았습니다. 그의 동생 가이우스 그라쿠스는 형과 마찬가지로 민중을 위한 개혁을 추구했으나 로마 원로원에 쫓기다가 결국 자살하고 말았습니다.

❂ 그라쿠스 형제
호민관이었던 그라쿠스 형제는 로마 공화정 내에서 자작농을 육성하는 토지 개혁을 비롯해 빈민이나 무산자를 돕는 여러 가지 개혁을 시행하려고 했습니다. 그러나 원로원과 보수적인 귀족에게 밀려 끝내 죽임을 당했습니다.

? 대제국 로마가 멸망한 원인은 무엇일까요?

로마는 끊임없이 정복 전쟁을 벌였습니다. 대제국 로마를 지탱한 건 정복 전쟁이라고 해도 과언이 아닐 정도였지요. 그런데 그런 로마가 정복 전쟁을 중지하자 여러 가지 문제점이 제국 안팎으로 드러나기 시작했습니다. 가만히 앉아 이민족의 침입을 방어하자니 국경이 너무 넓고 인력마저 부족했던 거예요. 하지만 더 이상 정복 전쟁을 하지 않았기 때문에 새로운 노예를 구할 수도 없는 데다가 제국이 부유해져 감에 따라 출산율도 급격하게 떨어졌습니다. 게다가 권력 다툼에 혈안이 된 지배 계층은 부가 가치를 높일 수 있는 새로운 과학 기술 개발에 전혀 관심이 없었습니다. 결국 노동력에 의존한 경제 구조에서 벗어나기 어려웠고, 그로 인해 심각한 재정난을 겪을 수밖에 없었습니다. 위대한 로마 시민이라는 자긍심으로 내부의 분열을 막으려고 했으나, 게르만 민족이 남하하면서 결국 로마는 무너지고 말았습니다.

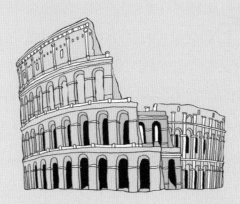

3 카이사르의 유산 |
로마 공화정의 종말

독재자였지만 민중의 지지를 받았던 율리우스 카이사르는 갈리아 지역(지금의 프랑스)과 브리타니아 지역(지금의 영국)을 정복해 서유럽의 기초를 다진 인물입니다. 흔히 영어식으로 줄리어스 시저라고 부르기도 합니다. 그러니까 시저와 카이사르는 같은 사람인 거예요. 카이사르는 집정관이 되기 위해 폼페이우스와 크라수스를 끌어들여 이른바 삼두 정치를 시작할 만큼 지도력이 있었지만 급진적인 개혁가였습니다. 이에 불안을 느낀 원로원이 그를 암살했습니다. 카이사르가 가장 신뢰했던 브루투스마저 그를 배신했으며, 그의 암살에 공모한 사람이 무려 60여 명에 달했다고 하니 그를 어지간히 두려워했나 봐요.

- **기원전 60년** 로마 공화정 말기에 원로원에 맞서기 위해 카이사르가 폼페이우스, 크라수스와 정치적 협력 관계를 체결하다. 이를 제1회 삼두 정치라 한다. 이 시기에 우리나라에서는 박혁거세가 등장하다.
- **기원전 44년** 카이사르의 권력이 커지자 브루투스를 비롯한 원로원파가 카이사르를 암살하다. 이 시기에 우리나라에서는 수로왕이 가락국을 건설하다.
- **기원전 31년** 악티움 해전에서 안토니우스와 클레오파트라의 해군이 전멸하다. 이듬해 안토니우스와 클레오파트라는 스스로 목숨을 끊다.

카이사르, 브리타니아 정복(BC 55년)

카이사르, 갈리아 정복 (BC 58~BC 50년)

카이사르, 루비콘 강을 건너 로마로 진군(BC 49년)

폼페이우스, 크라수스 · 카이사르와 함께 제1회 **삼두 정치** 실시(BC 60년)

마르크스 브루투스 카이사르를 원로원에서 암살(BC 44년)

카이사르, 알렉산드리아 전쟁에서 승리해 프톨레마이오스 13세 축출(BC 48년)

갈리아 전투

만약 골동품 가게에서 옛날 동전을 발견했다면, 그리고 동전에 '기원전 100년'이라는 표식이 새겨져 있다면, 그 동전의 가치는 얼마나 될까요? 정답은 "가치가 없다."입니다. 왜냐하면 그리스도가 태어나기 100년 전에 살았던 사람들은 자신들이 살던 시대를 기원전이라고 하지 않았기 때문입니다. 따라서 그 동전은 가짜입니다.

○ 카이사르
루비콘 강을 건너 정권을 잡은 카이사르는 로마의 사회와 정치에 광범위한 개혁을 추진했으나 브루투스에게 암살당했습니다.
루브르 박물관 소장

기원전 100년이라고 하면 로마에서 카이사르가 태어난 해입니다. 당시 로마는 지중해 곳곳을 들쑤시고 다니던 해적들 때문에 골머리를 앓고 있었습니다. 식민지에서 본국으로 실어 나르던 값비싼 공물들을 노린 해적들이 극성을 부린 거예요.

늠름한 청년으로 자란 카이사르는 해적을 소탕하다가 포로가 된 적이 있었습니다. 비록 포로가 되었지만 카이사르는 비겁하게 목숨을 구걸하지 않고, 자신이 살아서 로마로 돌아가면 반드시 다시 돌아와 복수를 하겠다고 으름장을 놓았습니다. 몸값을 받은 해적들은 포로들을 모두 풀어 주었고, 카이사르의 말은 전혀 신경 쓰지 않았습니다.

그러나 카이사르는 자신이 한 번 뱉은 말은 반드시 실천에 옮기는 사람이었습니다. 그는 자신의 경고대로 풀려나자마자 곧바로 토벌대를 조직해 해

◐ 카이사르의 죽음
폼페이우스의 조각상 아래에서 카이사르가 암살되는 장면을 묘사한 빈센초 카무치니의 작품입니다.

적들을 일망타진했습니다. 그리고 십자가에 매달아 처형했습니다. 십자가형은 로마인들이 그들의 저항 세력에게 본보기로 사용한 대표적인 사형 제도 가운데 하나였거든요.

그즈음 제국의 변방에서도 로마의 지배에서 벗어나려는 저항이 끊이지 않았습니다. 이에 기원전 58년경 카이사르를 갈리아 지방에 보내어 반란군을 진압하도록 했습니다. 전쟁이 막바지에 이른 기원전 52년 카이사르는 알레시아에 포위망을 구축했지만, 갈리아 부족 연합의 20만이 넘는 대군이 포위망을 다시 포위해 안팎의 적을 상대해야 했어요.

그러나 카이사르가 포위군을 격파함으로써 갈리아 전쟁은 막을 내렸습니다. 카이사르는 갈리아를 정복하는 과정을 라틴어로 기록했습니다. 이를 『갈리아 전기』라고 합니다. 처음 라틴어를 배우는 학생들이 즐겨 보는 책이기도 하죠. 기원전 55년경에는 짧은 기간에 바다를 건너 지금의 영국 땅인 브리타니아섬을 정복하고 돌아왔습니다. 로마에 새로운 영웅이 탄생한 것입니다.

루비콘 강을 건너다

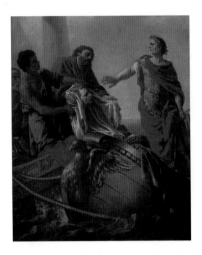

카이사르가 로마 제국의 서쪽을 정벌하고 있었을 때, 로마의 동쪽에서는 폼페이우스 장군이 또 다른 정복 활동을 경쟁적으로 펼치고 있었습니다. 두 사람은 절친한 친구 사이였지만 폼페이우스는 카이사르가 자신보다 광대한 지역을 정복하고, 병사들 사이에서도 갈수록 인기가 높아지자 질투심에 눈이 멀었습니다.

○ 폼페이우스의 최후
루비콘 강을 건넌 카이사르는 원로원을 평정한 뒤 폼페이우스와 싸워서 그의 머리를 얻었습니다.

그래서 폼페이우스는 원로원을 움직여 마침 임기가 끝난 카이사르에게 군대를 해산하고 로마로 돌아올 것을 요구했습니다. 카이사르는 임기 연장을 요청했지만 원로원은 그의 요구를 묵살했습니다. 카이사르는 고민에 빠졌습니다. 소환 요청에 따르는 것은 자살을 뜻하기 때문이었습니다. 그렇게 고민하는 사이에 그의 군대는 루비콘 강에 다다랐습니다.

로마법에 따르면 누구도 군대를 이끌고 루비콘 강을 건널 수 없었습니다. 루비콘 강은 로마의 신성불가침을 상징하는 경계선과 같았어요. 그 선을 넘는다는 것은 곧 로마 제국에 대한 반란으로 간주되었습니다. 결국 카이사르는 "주사위는 이미 던져졌다."라는 말을 하고 루비콘 강을 건넜습니다. 요즘도 어려운 결정을 내릴 때, 흔히 '루비콘 강을 건넜다.'라는 말을 사용합니다.

루비콘 강을 건넌 카이사르는 원로원을 평정한 뒤, 폼페이우스와 전투를 치렀습니다. 기원전 48년경 디라키움(지금의 알바니아 두러스) 전투에서는 폼페이우스가 승리했지만, 파르살루스(지금의 그리스 파르살라) 전투에서는 카이사르가 대승을 거두었습니다. 참패를 당한 폼페이우스는 이집트로 피신해 보호를 요청했으나 이집트의 왕 프톨레마이오스 13세는 카이사르의 보복이 두려운 나머지 폼페이우스를 암살해 그의 머리를 카이사르에게 보냈습니다. 프톨레마이오스 13세의 신하인 포티누스가 카이사르에게 폼페이우스의 머리를 바치자 카이사르는 이를 보고 울었다고 합니다.

이집트를 정복한 카이사르는 클레오파트라의 유혹에 빠져 그녀와 프톨레마이오스 13세의 공동 통치를 선언했습니다. 하지만 그녀의 동생인 프톨레마이오스 13세가 이에 불만을 품고 군대를 일으켜 카이사르에게 대항하다가 결국 축출되고 말았습니다. 이를 알렉산드리아 전쟁이라고 합니다.

기원전 47년경에 로마 제국의 동쪽 끝에서 소요가 발생하자 카이사르는 폰투스(지금의 터키)의 파르나케스 2세를 물리치고 세상에서 가장 짧은 말로 승전보를 전했습니다. "왔노라, 보았노라, 이겼노라(Veni, vidi, vici)!" 카이사르가 로마로 돌아오자 로마 시민들은 그를 왕으로 추대했습니다. 물론 그때 이미 카이사르는 로마 제국 전역을 다스리는 최고 통치자였지만, 왕이란 호칭을 사용하지는 않았습니다. 로마에서는 기원전 509년에 타르퀴니우스를 쫓아낸 이후로 더 이상 왕이 없었습니다. 로마 시민들이 왕을 두려워했기 때문입니다.

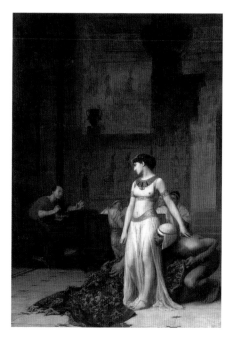

❍ 클레오파트라와 카이사르
클레오파트라의 코가 조금만 낮았더라면 역사가 바뀌었을 거라는 파스칼의 말은 카이사르와 안토니우스가 그녀를 만나 파국에 이르렀기 때문에 생겨난 말입니다.

브루투스의 배신

카이사르의 권력이 점점 커질수록 그를 밀어내려는 음모 또한 함께 커졌습니다. 그러한 음모의 중심에는 젊은 시절 카이사르가 사랑했던 여인의 아들 브루투스도 끼여 있었습니다. 그들은 카이사르가 원로원에 나타날 때까지 숨어서 기다리다가 카이사르를 에워싼 채 한 사람씩 돌아가며 칼로 찔렀습니다. 칼에 찔린 카이사르는 브루투스를 바라보며 "브루투스, 너마저(Et tu, Brute)!"라는 말을 남기고 숨을 거두었습니다.

카이사르가 죽고 난 뒤에 브루투스는 카이사르를 사랑하지 않은 것이 아니라 로마를 더 사랑했기 때문에 왕위를 차지하려는 야망을 품은 카이사르를 죽일 수밖에 없었다는 명분을 내세웠습니다.

반면에 카이사르의 친족이자 상속인인 마르쿠스 안토니우스는 '브루투스는 현명한 사람'이라고 전제한 뒤, "카이사르의 상처마다 혀를 달아 로마의 돌마저 감동하게 만들어 폭동을 일으키게 할 것이오."라고 감성에 호소했습니다.

안토니우스의 연설을 듣고 흥분한 로마 시민들은 브루투스를 반역자로 처벌하라고 난동을 일으켰습니다. 결국 브루투스의 무리는 로마에서 쫓겨났습니다. 이는 이성에 호소한 브루투스가 감성에 호소한 안토니우스에게 패한 결과였습니다.

브루투스는 왜
카이사르 암살에 가담했을까요?

기원전 49년경 카이사르와 폼페이우스가 대립했을 때, 브루투스는 폼페이우스 편에 서서 카이사르에게 칼을 겨누었지만, 카이사르는 포로로 붙잡은 브루투스를 자기편으로 끌어들여 양아들로 삼았습니다. 그 뒤 브루투스는 카이사르가 가장 신임하는 측근이 되었습니다. 실제로 카이사르의 유언장에 두 번째 상속인으로 올라갔을 정도였습니다. 그런데 카이사르가 왕이 되려고 하자 어릴 때부터 함께 자랐던 친구 카시우스의 조언에 따라 양아버지인 카이사르의 암살에 동참하게 됩니다. 왜냐하면 브루투스는 공화정, 즉 민주정의 신봉자였거든요. 만약 카이사르가 황제가 된다면 로마가 450년 동안 유지해 온 공화정은 한순간에 무너질 것이 분명했습니다. 브루투스로서는 다른 선택의 여지가 없었던 거예요. 그는 필요하다면 자기 아버지를 죽인 원수 폼페이우스와도 연합했을 정도로 명분보다 자신의 신념을 중시하는 실리주의자였습니다.

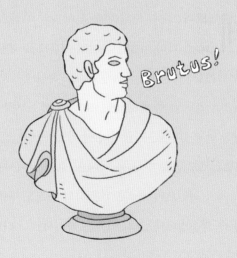

Brutus!

4 신이 된 황제 |
로마의 안정

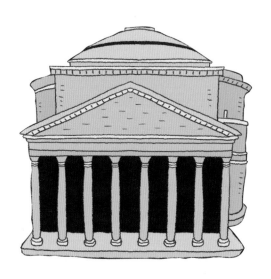

레닌그라드처럼 도시 이름을 사람의 이름으로 정한 곳도 있고, 세종로처럼 거리 이름을 사람의 이름으로 정한 곳도 있습니다. 우리 자신의 이름을 따서 만든 골목길이라도 하나 있다면 얼마나 뿌듯할까요? 그런데 1년 열두 달 중에 8월(August)의 이름이 사람의 이름에서 유래했다는 사실을 알고 있나요? 지금부터 전 세계 수억만 인구의 입에 오르내리고 있는 8월의 주인공을 만나 볼 거예요. 그는 카이사르의 양자로서 로마의 초대 황제가 되었으며, 클레오파트라의 유혹도 뿌리친 채 로마의 안정을 되찾아 준 영웅입니다. 그의 이름은 카이사르 옥타비아누스이며, 흔히 아우구스투스라고도 부릅니다.

- **기원전 43년** 옥타비아누스와 안토니우스, 레피두스가 정치적 협력 관계를 체결하다. 이를 제2회 삼두 정치라 한다. 이들 중에 옥타비아누스가 최고 실권자가 되면서 공화정이 붕괴되고 제정이 시작된다.

- **기원전 27년** 옥타비아누스가 카이사르의 전철을 밟지 않기 위해 집정관을 그만두고, 군대마저 통솔하지 않겠다고 선언하다. 원로원은 그에게 '아우구스투스(존엄한 자)'라는 칭호를 내리고 로마 제국의 황제가 되는 것을 허용한다. 이 시기에 우리나라에서는 고구려가 북옥저를 멸망시킨다.

- **기원전 27~기원후 180년** 옥타비아누스 황제에 이어 아우렐리우스 황제에 이르기까지 약 200년 동안을 팍스 로마나(Pax Romana, 로마의 평화)라고 부른다.

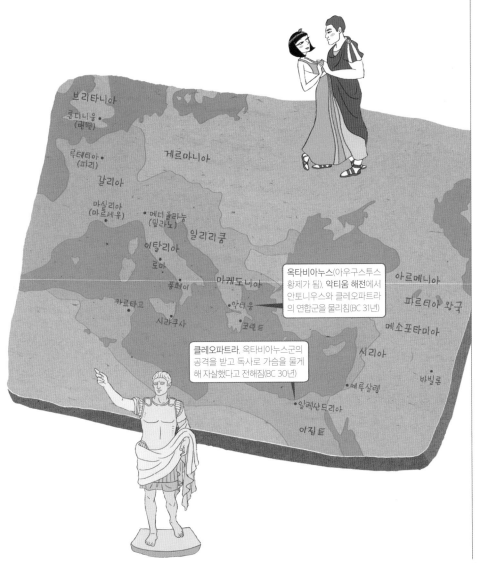

옥타비아누스(아우구스투스 황제가 됨). 악티움 해전에서 안토니우스와 클레오파트라의 연합군을 물리침(BC 31년)

클레오파트라. 옥타비아누스군의 공격을 받고 독사로 가슴을 물게 해 자살했다고 전해짐(BC 30년)

사랑의 늪에 빠진 안토니우스

카이사르가 죽은 뒤, 카이사르의 제1회 삼두 정치 체제에 이어 안토니우스와 옥타비아누스, 레피두스의 제2회 삼두 정치 체제가 시작되었습니다. 이 가운데 레피두스는 역사적으로 큰 주목을 받지 못한 채 축출되고 말았습니다. 정치적 기반이 그만큼 약했을 뿐만 아니라 성격이 온순했기 때문입니다.

한편 카이사르의 정치적 · 경제적 기반을 물려받은 안토니우스는 카이사르의 양자인 옥타비아누스와 불화를 일으켜 두 진영 사이에 내전이 시작되었습니다.

두 사람의 분쟁에 이집트의 클레오파트라 여왕이 끼어들었습니다. 그녀는 카이사르를 이용해 권력을 잡으려고 했지만 카이사르가 죽자 로마의 동쪽 지역을 다스리던 안토니우스에게 접근했습니다. 클레오파트라는 안토니우스를 유혹해 결혼까지 하게 되었는데, 그로 인해 로마 시민들은 안토니우스를 불신하기 시작했습니다. 그를 로마의 지도자가 아니라 이집트 여왕의 꼭

◑ 악티움 해전
로마 제국의 서쪽 지역을 통치하던 옥타비아누스는 안토니우스와 클레오파트라의 연합군을 상대로 전쟁을 일으켰고, 마침내 악티움 해전에서 승리를 거두었습니다.

두각시로 보기 시작했던 거예요. 안토니우스는 이집트를 그의 군사적 · 정치적 기반으로 삼으려고 했을 뿐인데, 옥타비아누스는 안토니우스가 로마를 이집트에 팔아넘기려고 한다고 주장함으로써 안토니우스에 대한 로마 시민의 반감을 더욱 부채질했습니다.

○ 옥타비아누스

고대 로마의 초대 황제입니다. 내정의 충실을 기함으로써 로마의 평화 시대가 시작되었습니다. 또한 베르길리우스, 호라티우스, 리비우스 등이 활약하는 라틴 문학의 황금시대를 탄생시켰습니다.

안토니우스에 대한 실망이 커지면 커질수록 옥타비아누스의 인기는 더욱 높아져 갔습니다. 그러던 어느 날 클레오파트라에게 빠져 있던 안토니우스가 그녀에게 광대한 영역의 로마 영토를 주었고, 그것이 빌미가 되어 안토니우스와 옥타비아누스는 전면전에 들어갔습니다.

기원전 31년 로마의 서쪽 지역을 통치하던 옥타비아누스는 안토니우스와 클레오파트라의 연합군을 상대로 전쟁을 일으켰고, 마침내 악티움 해전에서 승리를 거두었습니다. 안토니우스는 로마에 있던 지지층이 무너지고 전쟁에 패하자 스스로 목숨을 끊었습니다. 안토니우스마저 죽자 클레오파트라는 옥타비아누스의 마음을 빼앗으려고 했습니다. 하지만 통하지 않았습니다. 옥타비아누스에게 클레오파트라는 그저 전쟁 포로에 지나지 않았던 것입니다. 결국 클레오파트라도 자살이라는 극단적인 선택을 하게 됩니다.

황제가 된 옥타비아누스

현명한 옥타비아누스는 카이사르의 실수를 되풀이하지 않았습니다. 그는 이집트를 로마에 합병한 다음 군대를 해산하고 '독재 집정관'의 자리마저 사양했습니다. 하지만 원로원은 옥타비아누스에게 '존엄한 자'라는 뜻을 가진 '아우구스투스'라는 칭호를 부여하고, 그를 군사와 재정의 권한을 모두 가진 황제의 자리에 오르게 했습니다. 기원전 27년에 제정 로마의 역사가 시작된 거예요. 그러나 공화정에서 제정으로 바뀌었다고 해도 로마 시민들은 큰 차이를 느끼지 못했습니다. 시민들의 삶에는 큰 변화가

❶ 카피톨리노 언덕에서 바라본 포룸
❶ 제우스의 쌍둥이 아들 카스토르와 폴룩스의 신전
❷ 승전을 기념해 204년에 세운 세베루스 황제 개선문
❸ 기원전 670년에 처음 세워졌고, 기원후 303년에 보수한 원로원

없었거든요.

　황제가 된 옥타비아누스는 권력을 남용하지 않았고, 로마 시민의 지지를 받기 위해 노력했습니다. 그 결과 로마의 재정은 안정되었으며, 이를 기반으로 로마를 아름다운 도시로 재건하는 작업에 착수했습니다. 벽돌 건물을 부수고 그 자리에 웅장한 대리석 건물을 세웠습니다. 그는 "나는 진흙으로 만든 로마를 물려받았지만 대리석으로 만든 로마를 물려줄 것이다."라는 말을 입버릇처럼 하고 다녔어요.

❹ 주피터의 아버지인, 땅과 농업의 신 사투르누스에게 바쳐진 신전
❺ 안토니누스 피우스 황제가 황후의 죽음을 애도해 세운 '안토니누스와 파우스티나의 신전'
❻ 콜로세움

로마를 대표하는 판테온은 이때 지어졌습니다. 판테온은 모
든 신을 모시는 신전이라는 뜻이에요. 로마의 판테온을 아테네
의 파르테논 신전과 혼동하면 안 됩니다. 판테온의 지붕은 꼭 사
발을 엎어 놓은 모양처럼 둥글게 생겼습니다. 지붕의 꼭대기에
는 '눈'이라는 이름의 둥근 창문이 있는데, 신전 건물이 어찌나
높은지 빗물이 안으로 들이쳐도 바닥에 닿기도 전에 증발해 버
릴 정도라고 합니다.

옥타비아누스는 그리스의 아고라와 같은 포룸도 건설했습니
다. 공공 건축물에 둘러싸인 포룸은 광장이나 시장처럼 사용되
었습니다. 일반적으로 포룸이란 신전이나 도서관, 목욕탕 등 도
시의 중심 시설을 형성하는 전체 시설을 가리키는 말입니다. 옥
타비아누스에 의해 팍스 로마나라고 불리는 평화의 시기가 찾
아왔고, 이는 두 세기에 걸쳐 유지되었습니다. 기원후 14년 그
가 죽은 직후에 원로원은 옥타비아누스를 신으로 선포했습니
다. 또한 그를 기념하기 위해 8월을 아우구스투스(Augustus)라
고 바꾸어 불렀습니다.

클레오파트라는 어떤 인물이었을까요?

최근의 연구에 따르면 클레오파트라는 미녀라기보다 추녀에 가까웠다고 합니다. 그렇다면 그녀는 어떻게 로마의 여러 장군들을 유혹할 수 있었을까요?

기록에 따르면 클레오파트라는 어릴 때부터 방대한 양의 책을 읽었을 뿐만 아니라 10개 국어를 자유롭게 사용할 수 있었다고 합니다. 그래서 화술은 물론 정치적인 역량까지 남자에 비해 전혀 모자람이 없었습니다. 그녀의 언변과 지식이 로마 제국의 장군들을 첫눈에 사로잡았던 거예요. 즉, 내면의 아름다움도 사람을 끄는 매력 중 하나라는 것이죠.

5 그리스도의 가르침 |
유대인의 종교

로마의 지배를 받고 있던 유대인들이 그들을 구원해 줄 메시아를 기다리고 있었을 때, 목수의 아들 예수 그리스도가 태어났습니다. 유대의 왕 헤롯은 그리스도의 탄생을 원치 않았기 때문에 메시아가 태어났다는 예언에 따라 2세 이하의 아기들을 모조리 죽였습니다. 하지만 예수는 헤롯의 손아귀에서 벗어나 이집트로 피난해 목숨을 건질 수 있었습니다. 예수는 성장해 기독교를 창시하고 이웃은 물론 원수까지도 사랑하라고 가르쳤습니다. 그의 가르침은 쉽고 간결했기 때문에 많은 사람이 감동했습니다. 비록 예수를 시기한 유대교 사제들이 그를 선동가로 몰아세워 십자가에 못 박아 죽였지만, 오늘날까지도 그의 가르침은 세계 곳곳으로 널리 전파되고 있습니다.

- **기원전 4년** 기독교도가 삼위일체 교리에 따라 '인간의 모습으로 나타난 신(성육신)'이라고 부르는 예수 그리스도 가 태어나다.
- **기원후 33년** 스테파노가 기독교 역사상 최초의 부제(Diakonos, 사제를 보좌하는 성직자)이자 순교자가 되다. 스테 파노는 그리스어로 면류관을 뜻한다.
- **기원후 64년** 예수의 열두 제자 중 한 사람으로, 로마 가톨릭교회를 세우고 제1대 교황이 된 베드로가 네로 치하 에서 순교하다. 이 시기에 우리나라에서는 신라가 국호를 계림이라고 하다.

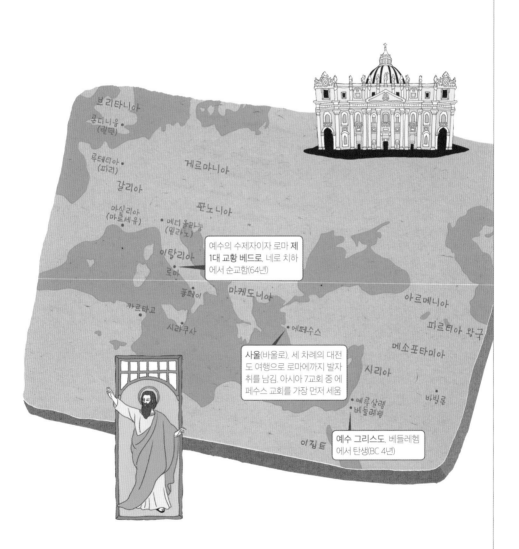

예수의 수제자이자 로마 제 1대 교황 베드로. 네로 치하 에서 순교함(64년)

사울(바울로), 세 차례의 대전 도 여행으로 로마에까지 발자 취를 남김. 아시아 7교회 중 에 페수스 교회를 가장 먼저 세움

예수 그리스도, 베들레헴 에서 탄생(BC 4년)

영혼의 구원자, 예수 그리스도

아우구스투스는 세상을 지배했습니다.

로마의 낡은 벽돌 건물을 새로운 대리석 건물로 바꾸었습니다.

죽어서는 8월(August)의 주인이 되었고,

마침내 신이 되었습니다!

세상 그 누구도 아우구스투스보다 더 위대해질 수는 없을 것 같았습니다. 하지만 아우구스투스가 로마를 다스리던 당시 유대 지역에서는 그보다 더 위대한 인물이 태어났습니다. 드디어 기원전과 기원후라는 역사적인 기준점을 찍는 순간이 다가온 것입니다. 예수 그리스도가 탄생한 거예요.

예수의 탄생을 아우구스투스를 비롯한 그 누구도 몰랐습니다. 베들레헴이라는 조그만 마을에 사는 평범한 목수의 아들로 태어났기 때문일까요? 그가 태어나고 오랜 시간이 흐른 뒤에도 그의 가족과 친지들 외에는 누구도 그에게 관심을 두지 않았습니다.

예수는 청년이 될 때까지 아버지 요셉을 도우며 눈에 띄지 않는 삶을 살았습니다. 예수가 설교를 시작한 때는 그의 나이 서른이 넘어서였습니다. 그의 가르침은 간단했습니다.

○ 성 요셉
나사렛의 목수 요셉은 『신약 성경』에 등장하는 마리아의 남편이자 예수 그리스도를 키운 사람입니다.
성 요셉 성당 소장

신은 오직 하나다.

하나님 이외의 신을 믿지 말라.

네 이웃을 내 몸처럼 사랑하라.

무엇이든지 남에게 대접을 받고자 하는 대로 너희도 남을 대접하라.

죽은 뒤에도 삶이 있으며, 이 땅의 삶은 그 삶을 준비하는 과정일 뿐이다.

그러므로 이 땅에서 선한 일을 많이 해서 '보물'을 하늘에 쌓아두라.

예수는 이처럼 지상의 부귀영화에 집착하지 말고 올바른 생활을 하라고 가르쳤습니다.

가난한 사람들은 예수의 말에 귀를 기울이고 그의 가르침을 잘 따랐습니다. 그러나 유대교 제사장들은 예수의 가르침을 두려워했습니다. 유대교의 가르침과 정반대되는 내용이 들어 있었기 때문입니다. 그래서 예수를 십자가형에 처할 계략을 꾸몄습니다.

그들은 로마 총독 빌라도(필라테)를 찾아가 예수가 스스로 왕이 되려고 한다고 고발했습니다. 사실 빌라도는 기독교에는 전혀 관심이 없었습니다. 로마에는 온갖 종교가 있었기 때문에 새

○ 성 요셉 성당
캐나다 몬트리올에는 요셉을 모시는 성 요셉 성당이 있습니다. 성 요셉 성당은 불치병을 고치는 수많은 기적이 일어난 곳으로 유명합니다.

로운 종교가 하나쯤 더 생긴다고 해서 달라질 게 없었거든요. 이런 점을 잘 알고 있었던 제사장들은 예수가 반란을 꾸미고 있는 것처럼 거짓말을 했습니다.

빌라도는 그 말을 그다지 신뢰하지 않았습니다. 하지만 그들의 지지가 필요했기 때문에 예수를 처형하고 싶으면 마음대로 하라고 허락해 주었습니다. 그렇게 예수는 반로마 운동의 지도자라는 누명을 쓰고 십자가에 매달렸습니다.

피로 기록된 기독교의 역사

예수가 죽었다고 해서 그들 마음속의 예수가 완전히 죽은 것은 아니었습니다. 예수의 죽음 때문에 기독교도들은 더욱 열심히 예수의 가르침을 따랐습니다. 예수의 열두 제자들은 유대의 온 땅을 돌아다니며 전도했습니다. 그들을 일컬어 사도(Apostle)라고 합니다. 사도란 그리스어로 '보냄을 받은 사람'을 의미합니다.

기독교 세력이 점차 커지면서 박해가 시작되었습니다. 특히 네로 황제의 악명이 높았습니다. 그는 기독교 교리가 로마의 질서 유지에 위협이 된다는 이유로 많은 사제의 목숨을 빼앗았습니다. 그러자 기독교도들은 남의 눈에 띄지 않는 비밀 장소, 즉 카타콤(Catacomb)에 모여 예배를 드렸습니다. 본래 카타콤은 초기 기독교도의 지하 묘지였습니다.

하지만 세월이 흐르면서 사제의 행동은 나날이 대담해져 갔습니다. 공개적으로 예수의 가르침을 전도하기 시작했던 것입니다. 예수의 가르침을 굳게 믿었기 때문에 더 이상 죽음을 두려워하지 않게 되었던 거예요. 그로 인해 예수 그리스도 사후 100

❍ 십자가를 짊어진 그리스도

예수 그리스도의 가르침은 십자가 처형이라는 예수의 비극적인 죽음 때문에 더욱 부각되었고, 그로 인해 많은 예술 작품의 소재가 되기도 했습니다.

✤ 미켈란젤로의 피에타
성모 마리아가 십자가에서 내려진 예수 그리스도를 안고 비통에 잠겨 있습니다. 피에타 중에는 성 베드로 대성당에 있는 미켈란젤로의 피에타 조각상이 가장 유명합니다.

○ 첫 순교자 스테파노
그리스도가 죽은 이후 100
년 동안 수많은 기독교도가
반역자로 몰려 처형되었습
니다. 최초의 순교자였던 스
테파노는 예수를 믿고 따른
다는 죄목으로 33년경 돌에
맞아 죽었습니다.

년 동안 수많은 기독교도가 순교를 당했습니다. 순교란 자신의
신앙을 지키기 위해 목숨을 바치는 일을 가리키는 말입니다.

최초의 순교자는 스테파노였습니다. 그는 33년경에 예수를
믿고 따른다는 죄목으로 돌에 맞아 죽었습니다. 당시 사울도
그 자리에 있었습니다. 사울은 천막을 직접 제작하거나 수선하
는 장인으로 기독교도를 처벌하는 일에 앞장섰습니다. 하지만
결국 자신의 잘못을 회개하고 이름까지 바울로로 바꾼 다음,
사도의 길을 걸었습니다. 그때부터 바울로는 어느 사도보다 열
심히 예수의 가르침을 전했습니다. 바울로는 기독교 최대의 전
도자이자 최대의 신학자였습니다. 바울로는 그리스도 예수를
전하려는 열정 하나로 북아프리카 지역을 제외한 로마 제국의
주요 도시를 돌아다녔습니다. 무려 2만 킬로미터에 이르는 거
리였어요.

하지만 바울로도 죽음을 피하기 어려웠습니다. 물론 그는 로
마 시민이었기 때문에 네로 황제의 기독교 박해 때 십자가형을

○ 천국의 열쇠를 받는 베드로

베드로는 중요한 사도 중 한 사람이었습니다. 그리스도는 베드로에게 "내가 천국 열쇠를 네게 주리니."(마태복음 16:19)라고 말했습니다. 베드로 역시 감옥에 갇혔고 십자가형을 받았습니다.

대신해 참수형에 처해졌습니다.

예수의 열두 제자 가운데 제1의 사도로 알려진 베드로는 본래 어부였으나 예수의 부름을 받고 사도가 되었습니다. 베드로는 십자가형이 선고되었을 때, 머리를 아래로 향한 채 매달리게 해 달라고 간청했습니다. 예수와 똑같은 자세로 죽는다는 것은 말도 안 된다고 생각했던 거예요. 훗날 베드로가 처형된 자리에 세계에서 가장 큰 성당인 성 베드로 성당이 지어졌습니다.

오늘날 기원전과 기원후는 그리스도가 탄생한 1년을 기준으로 정하고 있습니다. 시대 계산법으로 0년이 존재할 수 없기 때문입니다. 다시 말해 기원후 1년 이전은 그리스도가 태어나기 이전의 역사이고, 그 후는 그리스도가 태어난 이후의 역사가 됩니다. 그러나 예수는 기원후 1년에 이미 네 살에서 여섯 살이 되었을 것으로 추정되고 있습니다. 그 오류를 발견한 것은 그로부터 500년이 지난 후였기 때문에 오류를 발견하고도 그대로 두었답니다.

나와 다른 종교를 가진 사람들을
탄압하는 행위는 올바른 것일까요?

다름은 '같지 않다'는 뜻이고, 틀림은 '옳지 않다'는 뜻입니다. 나와 다른 생각, 나와 다른 외모가 옳지 않은 걸까요? 우리나라에는 수많은 종교가 있습니다. 큰 종교의 분파까지 합하면 모두 100여 개의 종교가 있다고 합니다. 다름이 틀림의 의미와 같다면 우리나라의 종교 갈등은 극심해질 거예요. 하지만 다름은 틀림이 아니랍니다. 현대 사회는 다양성이 허용되고 존중되는 다원주의 사회입니다. 서로 다른 가치와 욕망이 공존하기 위해서는 서로의 차이를 인정해 주는 관용이 필요합니다. 나의 가치가 중요한 만큼 남의 가치도 중요하다고 생각할 때 나의 가치가 존중받을 수 있거든요. 종교도 마찬가지예요. 나의 종교가 소중한 만큼 나와 다른 종교를 가지고 있는 사람들의 생각도 존중해 주어야 합니다.

6 피로 세운 나라 | 로마의 수난

로마는 수많은 사람의 피로 세워지고 그 피로 유지된 나라입니다. 그래서인지 로마는 불바다가 되기도 했고 화산의 제물이 되기도 했습니다. 로마의 제5대 황제 네로는 자신의 예술적 취향에 심취한 나머지 로마에 불을 지르고 하프를 연주했다고 합니다. 그런가 하면 티투스 황제는 유대인의 반란을 잠재우기 위해 예루살렘에 살던 100만 명의 유대인을 죽였습니다. 그의 잔인함 때문에 하늘이 분노한 걸까요? 베수비오 화산이 폭발해 화려한 도시 폼페이는 한순간에 사라져 버렸습니다. 마치 피로 세운 나라는 피를 흘리며 멸망할 수밖에 없다는 것을 보여 주기라도 하듯이 말이에요.

- **64년** 로마에서 대화재가 발생하다. 당시 네로 황제는 로마에 불을 지르라 명한 뒤, 하프를 연주하고 노래를 불렀다고 한다.
- **79년** 베수비오 화산의 대폭발로 폼페이와 헤르쿨라네움이 2~3미터 두께의 화산재로 뒤덮여 2,000~4,000여 명의 시민이 목숨을 잃다.
- **81년** 도미티아누스 황제가 자신의 형 티투스가 유대 왕국과의 전투에서 거둔 승리를 기념하기 위해 개선문을 세우다. 이를 티투스 개선문이라고 한다.

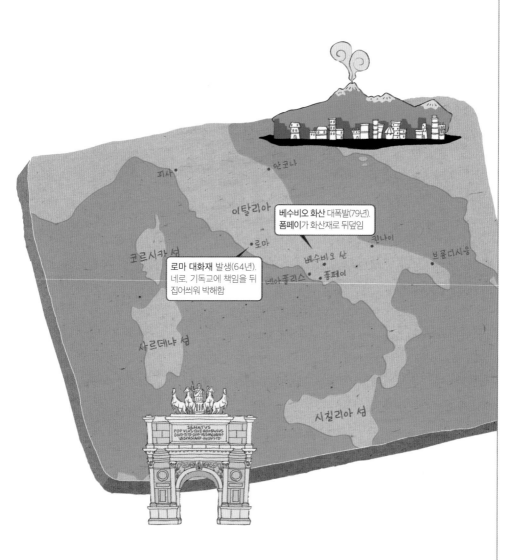

베수비오 화산 대폭발(79년).
폼페이가 화산재로 뒤덮임

로마 대화재 발생(64년).
네로, 기독교에 책임을 뒤
집어씌워 박해함

불타는 로마

아우구스투스가 황제가 된 이후 로마 제국은 거침없이 뻗어 나
갔습니다. 로마의 역사가 곧 유럽의 역사였습니다. 그러나 초기
로마 제국은 혼란스러웠습니다. 폭군 황제들 때문이었죠. 재미
있는 이야기에는 항상 악당이 등장하게 마련입니다. 그래야 긴
장감이 있거든요. 아우구스투스의 뒤를 이은 티베리우스 황제
는 뚜렷한 특징이 없었고, 그 뒤를 이은 칼리굴라는 검투사 시
합을 부활시켜 재정 파탄을 불러들였습니다. 누
이들과 근친상간을 맺고 스스로를 신격화해
신들과 같은 복장을 하는가 하면, 자신의 애
마를 집정관으로 임명하는 기행을 저지르기
도 했습니다. 그의 엽기 행각은 여러 번 영화
화되기도 했지요. 칼리굴라가 근위병 장교에
게 살해된 후 원로원은 그의 삼촌인 클라우디우스를
황제로 선택했습니다.

　클라우디우스는 칼리굴라의 친동생, 즉 자신의 조카인 아
그리피나를 두 번째 부인으로 맞이했어요. 좀 이상하죠? 하
지만 당시에는 흔한 일이었으니까 그냥 넘어가겠습니다. 사
실 아그리피나가 숙부와 결혼한 것은 자신의 아들을 황제로
만들기 위한 속셈이었어요. 아그리피나는 자신의 계획대로
황제를 독살한 후 아들을 황제 자리에 올렸습니다. 그가 바로
폭군 네로입니다.

　상상하기 어렵겠지만 어린 시절에 네로는 무척이나 밝고 건
강했습니다. 운동도 잘했고, 음악이나 시에도 재능이 있었다고

합니다. 네로는 스승 세네카의 도움을 받아 어머니로부터 독립

하려고 했지만, 아그리피나는 아들을 유혹하며 놓아주지 않았

습니다. 이에 네로는 어머니를 살해하였습니다. 그리고 다른 여

자와 결혼하기 위해 자기 아내까지 죽이고 말았습니다. 네로가

미친 걸까요? 그는 다른 사람들에게 고통을 주면서 쾌락을 느끼

는 사람처럼 잔인하게 행동했습니다. 개에게 돌멩이를 던지고

깔깔거리는 아이나 나비의 날개를 떼어 내며 즐거워하는 아이

들의 모습에서 네로의 모습을 엿볼 수 있습니다.

네로는 그저 도시가 불타는 모습을 보고 싶다는 이유만으로

로마에 불을 지르고 탑 위에 앉아 하프를 연주했습니다. 불은 일

주일 동안 밤낮으로 타올라서 로마의 절반 이상이 재로 변했습

니다. 이 사건 이후 네로에 대한 시민의 여론이 극도로 악화되자

네로는 모든 책임을 기독교도에게 뒤집어씌웠습니다. 그들을

잡아들여 타르로 싸서 정원에 세워 놓고 불을 붙여 횃불처럼 썼

다고 합니다.

사치와 향락을 일삼은 네로는 궁전을 금과 보석으로 치장했습

니다. 이를 '네로의 황금 저택'이라고 불렀습니다. 정문에는 네로

자신의 모습을 본뜬 15미터 높이의 거대한 청동 조각상을 세워 두었습니다. 그러나 이 조각상은 훗날 모두 파괴되었고, 그 자리에 거대한 원형극장이 세워졌습니다. 한때 이곳에 네로의 거대한 조각상(Colossus Neronis)이 세워져 있었다고 해서 콜로세움이라는 이름이 붙었습니다. 폭정을 일삼는 무능한 지도자는 결코 오래가지 못합니다. 네로는 로마 시민들이 폭동을 일으키자 두려움에 휩싸여 자살을 선택했습니다. 그러나 차마 자기 심장에 칼을 꽂지는 못했습니다. 네로가 칼을 가슴에 대고 망설이며 훌쩍이자 어서 빨리 일을 끝내고 싶었던 노예는 대신 칼을 찔러 넣었습니다. 그렇게 로마 최악의 황제가 세상을 떠났습니다.

피의 개선문

예루살렘의 유대인들은 로마의 억압에 저항해 70년경에 로마에 더 이상 세금을 지불하지 않겠다고 선언합니다. 네로의 뒤를 이어 황제가 된 베스파시아누스는 아들 티투스에게 반란을 진압할 것을 명령합니다. 유대인들은 죽기를 각오하고 로마군에 저항했지만 예루살렘은 완전히 파괴되었고, 100만 명에 이르는 유대인들이 목숨을 잃었습니다. 로마의 군인들에게 관용을 기대할 수는 없었습니다. 그들은 예루살렘 성전의 사소한 장식품 하나까지 모두 로마로 가져갔습니다. 티투스의 승리를 기념하기 위해 로마의 광장에는 티투스 개선문이 세워졌습니다. 지금도 로마 광장 입구에는 그 개선문이 그대로 남아 있는데, 그가 약탈품을 들고 예루살렘을 떠나는 장면이 새겨져 있습니다. 티투스 군대의 약탈품 중에 단연 으뜸은 예루살렘 성전에서 떼어

○ 티투스
로마 제국의 열 번째 황제로서 즉위 후 선정을 베풀었습니다. 예루살렘을 함락했고, 콜로세움을 완성했습니다. 티투스에게는 일생일대의 원칙이 하나 있었는데, 바로 "하루에 한 가지 이상 좋은 일을 하자."였습니다.

낸 일곱 개의 가지가 달린 황금 촛대입니다.

훗날 예루살렘은 다시 건설되었지만 유대인들은 그때 이후로 세계 각지에 흩어져 살게 되었습니다. 티투스는 네로처럼 미치광이는 아니었지만, 그가 황제가 된 이후로 수많은 유대인이 위협을 받은 것은 사실입니다. 유대인이 로마에 위협이 된다고 생각했던 거예요. 79년부터 81년까지 짧은 기간 동안 로마를 통치한 티투스는 국고를 마구 낭비했던 황제로도 유명합니다.

○ 티투스 개선문
티투스는 군대를 이끌고 예루살렘으로 가서 반란을 진압하고, 복종하지 않는 자들을 모두 처형했습니다. 예루살렘에서의 승리를 기념하기 위해 로마 광장 입구에 티투스 개선문이 세워졌습니다. 티투스의 군대는 이 문을 통해 의기양양하게 로마로 들어갔습니다.

폼페이 최후의 날

79년경의 일입니다. 고대 도시 폼페이 인근에 있는 베수비오 화산에서 연기가 피어오르고 작은 불길이 치솟았습니다. 사람들은 대장장이 신이 무언가를 만들고 있는 중이라고 생각했습니다. 그저 대수롭지 않게 생각한 거예요. 그렇지 않았다면 화산 근처에 도시를 건설할 리 없었겠죠. 그들은 화산 언덕에도 집을 지었답니다. 어쩌다 화산이 용암을 내뿜어 집을 덮쳐도 다시 그 자리에 집을 짓곤했습니다.

사실 폼페이는 돈 많은 로마인들이 여름 휴가를 보내는 곳으로 유명했습니다. 그런데 티투스의 악행을 하늘이 심판이라도 하듯이 79년 8월 24일에 베수비오 화산이 폭발했습니다. 폼페이에 있던 사람들은 살아남으려고 사력을 다해 달렸지만 미처 빠져나

오지 못했습니다. 화산에서 뿜어져 나온 독한 가스와 비처럼 쏟아지는 불덩이와 잿더미에 속수무책으로 당하고 말았습니다. 거대한 자연의 힘 앞에서는 아무리 로마 황제라 할지라도 무기력하게 당할 수밖에 없었을 거예요.

○ 폼페이 화석
미처 피하지 못하고 화산재에 질식해 죽은 뒤 뜨거운 용암에 파묻혀 화석이 된 사람들이에요.

집과 사람들이 화산재와 흙에 파묻힌 채 2,000년이라는 긴 세월이 흘러 한때 그곳에 도시가 있었다는 사실조차 사람들의 기억 속에서 사라져 버렸습니다. 그러던 어느 날, 폼페이 근처에서 우물을 파던 사람들이 사람 손 모양의 조각상을 발견했습니다. 이 일이 알려지자 사람들이 몰려와 땅을 파 내려갔고, 결국에는 도시 전체가 드러났습니다. 지금도 폼페이에 가면 화산이 폭발했을 당시의 도시 모습을 생생하게 볼 수 있답니다. 폼페이가 발견되었을 때, 전 세계가 관심을 가졌습니다. 그곳은 타임캡슐과 같은 장소였기 때문입니다. 모든 것이 당시 모습 그대로 제자리를 지키고 있었습니다. 그곳에 잠들어 있는 사람들은 대부분 휴가를 보내러 온 로마인들이었습니다. 상점이나 신

○ 폼페이 유적
아직도 도시의 일부는 돌과 화산재에 묻혀 있지만, 폼페이 유적은 원래의 모습 그대로 발굴되고 있습니다. 폼페이 유적 뒤에 베수비오 화산이 우뚝 서 있습니다.

◐ 폼페이 최후의 날
휴양객들로 붐비던 한낮의
폼페이 거리에 어둠과 죽음
의 공포가 내려앉았습니다.
순식간에 용암과 화산재가
도시를 뒤덮어 버린 거예요.

전, 궁전, 공중목욕탕, 시장, 광장의 모습도 그대로 남아 있습니
다. 로마인이 몰던 전차의 바퀴 자국도 그대로 남아 있고, 횡단
보도에는 디딤돌이 놓여 있어서 비가 많이 내려 도로가 잠기면
딛고 건널 수 있었습니다. 어느 집 현관 바닥에는 신을 모자이크
로 그려 놓고 그 밑에 라틴어로 '개 조심(Cave Canem)'이라는 글
씨를 새겨 놓았습니다. 2,000년 전의 유머인 셈이에요.

 아이를 안은 채 숨을 거둔 어머니, 상점 안에서 물건을 팔고
있던 아저씨와 흥정하던 손님까지 그 모습 그대로 화산재에 묻
혀 있었습니다. 여자들이 쓰던 청동 장신구는 물론이고 화병과
램프, 접시도 나왔어요. 심지어 식탁에 놓인 케이크와 반밖에 먹
지 않은 빵, 요리하려고 준비해 놓은 고기까지 그대로 발견되었
습니다. 난로 위에는 솥 하나가 재를 뒤집어쓴 채 놓여 있었는
데, 그 안에는 강낭콩과 완두콩, 달걀 하나가 있었습니다. 아마
현재 남아 있는 달걀 중 세상에서 가장 오래된 것일 거예요. 🏛

네로는 정말 폭군이었을까요?

중국의 사상가 맹자(孟子)는 사람은 본래부터 선하게 태어난다고 주장했습니다. 선하게 태어난 인간이 악행을 저지르는 까닭은 그렇게 행동할 수밖에 없는 환경에 그 원인이 있다고 보았습니다. 반면에 순자(荀子)는 인간의 타고난 욕망은 결코 선하지 않다고 주장했습니다. 본래부터 악하게 태어난다는 거예요. 한편 고자(告子)는 인간이 선하거나 악하게 태어나는 것이 아니라 살아가는 동안에 선하거나 악한 사람이 된다고 주장했습니다. 그렇다면 네로는 어떤 경우일까요? 누구의 말이 옳은지 단정적으로 말하기는 어렵지만, 네로를 둘러싼 환경이 정상적이지 않았다는 사실은 틀림없습니다. 그중에서도 특히 권력에 눈먼 어머니 아그리피나의 행동은 결국 그를 미치광이처럼 행동하도록 만들었을 거예요. 네로는 황제의 자리에 오르고 나서 처음에는 한동안 선정을 베풀어 로마 시민에게 사랑을 받았거든요.

7 황제의 어리석은 아들 |
로마의 역사

옛말에 '그 아버지에 그 아들'이라는 말이 있습니다. 하지만 반드시 그렇지만은 않은가 봐요. 제논과 함께 스토아학파를 이끌었던 철인(哲人) 황제 마르쿠스 아우렐리우스에게서 포악한 아들 코모두스가 태어났기 때문이에요. 아버지는 인내와 금욕의 미덕을 강조했지만, 아들은 오직 개인적인 쾌락만을 추구했거든요. 그런데도 마르쿠스가 코모두스에게 황제의 자리를 물려준 것에 대해 마르쿠스를 비난하는 사람들이 많습니다. 지혜를 사랑하는 철학자로서 지혜롭지 못한 행동을 했기 때문이에요. 마르쿠스에게는 자식을 사랑하는 아버지로서 다른 선택의 여지가 없었던 걸까요?

- **161년** 마르쿠스 아우렐리우스가 로마의 제16대 황제로 즉위하다. 5현제 중의 한 사람이자 금욕을 중시하는 스토아학파의 철학자로서 『명상록』을 집필하다.

- **180년** 마르쿠스 아우렐리우스를 끝으로 5현제 시대(세습된 황제가 아니라 원로원이 유능한 인물을 황제로 지명함으로써 훌륭한 황제가 계속 나올 수 있었음)가 종말을 고하다. 코모두스가 아버지 아우렐리우스와 공동으로 로마를 통치하다가 아버지가 죽고 난 뒤에 단독으로 황제가 되어 로마를 통치하다. 이 시기에 우리나라에서는 고국천왕이 고구려의 왕으로 즉위하다.

제16대 황제로 5현제(賢帝)의 마지막 황제인 **마르쿠스 아우렐리우스**(재위 161~180년), 『명상록』을 남김

마르쿠스 아우렐리우스의 아들 **코모두스**(161~192년), 로마 제국 역사상 최악의 황제 중 한 사람으로 '포학제'로 불림. '5현제 시대'가 종말을 고함

○ 제논

스토아학파는 그리스 철학
자 제논이 처음 만들었습니
다. 그는 선하고 행복하게 사
는 유일한 길은 쾌락에 관심
을 두지 않고, 통증이나 고통
에 신경 쓰지 않으며, 유쾌한
일이든 불쾌한 일이든 침착
하게 감내하는 데 있다고 주
장했습니다.

철인 황제의 탄생

입으로는 "난 그런 일에 신경 쓰지 않아요."라고 말하면서 은근
히 신경 썼던 적이 있나요? 누구나 그런 경험이 있을 거예요.

옛날 옛적에 무슨 일이 일어나도 신경 쓰지 않는다고 말하던
사람들의 모임이 있었습니다. 그 사람들에게는 좋은 일이든 나
쁜 일이든 중요하지 않았습니다. 그들은 스스로를 가리켜 '스토
아학파'라고 부르며, 무슨 일이든지 '신경 쓰지 않는' 것이 선하
게 사는 방법이라고 주장했습니다.

스토아학파는 그리스 철학자 제논이 처음 만들었습니다. 제
논은 선하고 행복하게 사는 유일한 방법은 육체적 · 감정적 쾌
락에 관심을 두지 않고 통증이나 고통에 신경 쓰지 않는 것이라
고 말했습니다. 유쾌한 일이든 불쾌한 일이든 침착하게 감정이
흔들리지 않아야 이성적으로 생각할 수 있기 때문이에요. 이런
이상적인 경지를 아파테이아(Apatheia)라고 합니다.

스토아학파의 구성원 중에는 로마 황제도 있었습니다. 로마
역사상 최악의 황제였던 네로가 죽은 지 100년 후에 네로와 전
혀 다른 황제가 나타난 것입니다. 그의 이름은 마르쿠스 아우렐
리우스였습니다.

그는 스토아학파에 푹 빠져들었습니다. 황제였지만 철학자나
스토아학파의 사제라는 신분이 더 잘 어울릴 정도였으니까요.
그는 틈날 때마다 스토아 철학을 정리하는 작가의 신분으로 돌
아갔습니다. 군대를 이끌고 원정길에 오를 때도 천막 안에 들어
가 명상하면서 글을 썼습니다. 여기에 그가 쓴 글을 일부 소개합
니다.

아침에 일찍 일어나기 싫으면 이 짧은 문장을 읊조리라. "나는 지금 일어나서 사람의 본분을 다할 것입니다. 나란 사람은 꾸벅꾸벅 졸기만 하고 따뜻한 이불 속에 파묻혀 있으려고 태어난 것이 아니기 때문입니다."

오래전에 쓴 글이지만 부모님의 잔소리와 똑같지 않나요? 성경의 내용과 비슷한 마르쿠스 아우렐리우스의 수많은 명언은 오늘날 여러 나라 말로 번역되어 읽히고 있습니다. 아우렐리우스의 원칙 중에는 "적을 용서하라."라는 것도 있습니다. 그는 용서하는 데서 특별한 기쁨을 느꼈나 봅니다. 어쩌면 마르쿠스는 기독교도가 아니었지만, 누구보다 그리스도의 가르침을 몸소 실천에 옮긴 사람이었을지도 모릅니다.

선한 아버지, 악한 아들

아버지가 선량하다고 아들까지 선량하란 법은 어디에도 없습니다. 마르쿠스 황제의 아들 코모두스는 아버지와 달리 성정이 포악했습니다. 그 이유는 네로 황제와 비슷합니다. 182년에 누이 루킬라가 원로원과 짜고 황제의 자리에 오른 코모두스를 암살하려다가 실패했습니다. 배신감을 느낀 코모두스는 그 사건에 가담한 모든 사람들을 처형했습니다. 그 뒤로

○ **마르쿠스 아우렐리우스의 원주**
마르쿠스 황제가 전쟁에서 게르만과 사르마타이를 이긴 것을 기념해 만든 원기둥입니다. 로마 원로원의 주도로 세워졌고, 완성된 시기는 193년으로 추정됩니다. 밑부분에는 게르만과의 전쟁, 윗부분에는 사르마타이와의 전쟁이 조각되어 있습니다.

마르쿠스 아우렐리우스의 원주 부조

○ 마르쿠스 아우렐리우스
철인 황제인 마르쿠스 아우
렐리우스는 군대를 이끌고
원정길에 오를 때면 글 쓰는
도구를 챙겨 갔습니다. 그래
서 밤이면 천막 안에 들어가
자신의 생각을 써 내려갔습
니다. 그의 생각을 담은 글이
『명상록』입니다.
카피톨리노 박물관 소장

⊙ 코모두스

코모두스는 로마 시민에게
좋은 정부를 만들어 줄 필요
를 느끼지 못했습니다. 자기
만 즐겁게 지내면 된다고 생
각했습니다. 운동선수처럼
체격이 좋고 얼굴까지 잘생
겼던 코모두스는 자신의 외
모에 흡족해하며 자기 몸을
모델로 조각상을 만들게 했
습니다.

그는 잔인하게 바뀌었습니다.

코모두스는 황제의 책임 따위는 안중에도 없었습니다. 오직
쾌락을 즐기는 것이 황제의 의무라고 생각했습니다. 운동선
수처럼 체격이 좋았던 그는 외모에 자부심이 있었습니다.
그래서 자기 몸을 모델로 조각상을 만들게 하기도 했습
니다. 코모두스는 로마 시민들에게 자신을 신처럼 떠
받들 것을 강요했습니다. 정신이 점차 이상해진
그는 로마의 이름을 '코모두스의 땅'이라는 뜻의
콜로니아 코모디아나라고 바꾸었습니다. 또 자신이
헤라클레스 신이라는 이상한 상상에 빠져 원형경기장에서 검
투사처럼 싸우거나 화살로 사자를 쏴 죽이곤 했습니다.

코모두스는 선하고 경건한 삶을 살지 않고 오직 즐거움만 좇
다가 결국에는 감옥신세를 면하지 못했습니다. 그리고 192년에
그의 한심한 정치에 분노한 시민들의 뜻에 따라 고문관이 최우
수 레슬링 선수를 시켜 그의 목을 졸라 죽이도록 했습니다.

코모두스는 금욕적인 삶을 추구했던 아버지와 전혀 다른 사
람이었습니다. 코모두스처럼 온통 쾌락만을 생각하는 사람을
쾌락주의자라고 합니다. 오래전 에피쿠로스학파를 창시한 에
피쿠로스는 정신적인 쾌락을 주장한 반면, 코모두스가 추구한
육체적이고 물질적인 쾌락은 천한 것이라고 생각했습니다. 다
시 말해 인간은 지혜와 금욕으로 얻는 정신적인 쾌락 속에서 행
복을 느낄 수 있다고 생각한 거예요. 그래서 에피쿠로스를 소극
적 쾌락주의자라고 합니다.

스토아학파의 세계시민주의는 무엇일까요?

고대 그리스인들은 인간을 그리스인과 야만인으로 나누는 것을 자연의 섭리라고 생각했습니다. 반면에 스토아학파는 개인을 한 국가의 시민이 아니라 세계의 시민이라고 주장하고, 전쟁에 패한 적이나 노예에 대해서도 인간으로서의 권리를 존중해 주어야 한다고 강조했습니다. 더 나아가 자기 사랑을 가정, 사회, 인류 전체로 확대해야 한다고 역설했습니다. 사도 바울로가 전파한 보편주의적인 기독교 또한 유대인과 이방인을 차별하지 않습니다. 이는 스토아학파로부터 일정 부분 영향을 받은 것이라고 할 수 있지요. 이러한 인식은 그리스의 철학자 에픽테토스에게서도 찾을 수 있습니다. 그는 지배하는 사람이나 지배당하는 사람 모두 제우스의 자식이라는 점에서 형제라고 강조했습니다. 이미 그때 '지구촌'이라는 개념이 등장한 거예요.

8 승리의 표시 |
로마의 종교

로마 제국은 다종교·다인종 국가로서 모든 종교를 인정했지만, 하나님 이외의 모든 신을 배척하는 기독교도들이 황제의 숭배를 거부하자 기독교를 박해하기 시작했습니다. 그러던 중 밀비우스 다리 전투에서 승리한 콘스탄티누스 대제가 신의 계시를 받아 승리했다면서 기독교로 개종하는 일대 사건이 일어났습니다. 게다가 이듬해에는 밀라노 칙령을 발표해 기독교를 공인하기에 이르렀습니다. 본격적인 기독교 시대가 개막된 거예요. 이때부터 기독교는 로마 제국의 지원을 받아 서방 세계의 보편적인 종교로 발전하는 기틀을 마련하게 됩니다.

- **312년** 콘스탄티누스 대제(콘스탄티누스 1세)와 막센티우스가 로마 근교의 밀비우스 다리에서 전투를 벌이다. 이 전투에서 콘스탄티누스가 승리한 뒤 로마 제국의 단독 황제가 되다.

- **313년** 서방의 콘스탄티누스 대제와 동방의 리키니우스 황제가 밀라노에서 모임을 갖고, 제국의 모든 종교에 관용을 베푼다는 내용의 칙령을 반포하다. 이를 밀라노 칙령이라고 한다. 이 시기에 우리나라에서는 고구려가 낙랑군을 몰아내다.

- **330년** 콘스탄티누스 대제가 수도를 로마에서 비잔티움으로 옮기고, 도시 이름을 콘스탄티노플로 바꾸다. 콘스탄티노플은 동로마 제국의 수도로서 1,000년 동안 번성하다.

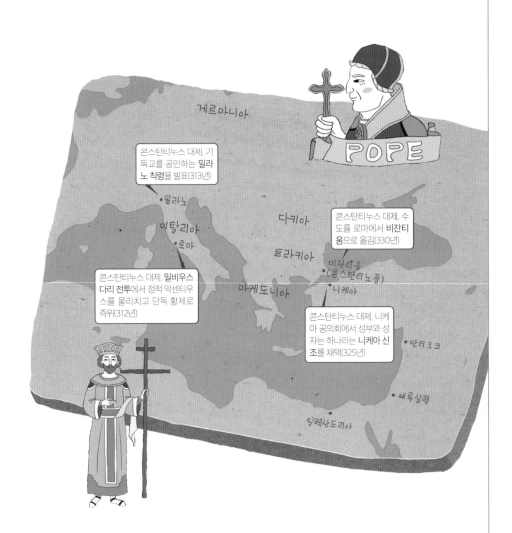

콘스탄티누스 대제, 기독교를 공인하는 밀라노 칙령을 발표(313년)

콘스탄티누스 대제, 수도를 로마에서 비잔티움으로 옮김(330년)

콘스탄티누스 대제, 밀비우스 다리 전투에서 정적 막센티우스를 물리치고 단독 황제로 즉위(312년)

콘스탄티누스 대제, 니케아 공의회에서 성부와 성자는 하나라는 니케아 신조를 채택(325년)

콘스탄티누스 대제의 개종

○ 콘스탄티누스 대제
콘스탄티누스는 '교회 밖에 있는 사람들의 주교'임을 자처할 만큼 신앙심이 깊었습니다.

코모두스가 피살된 후 1년이나 계속된 권력 투쟁 끝에 카르타고의 후손인 세베루스가 황제에 오릅니다. 로마에게 망한 민족의 후손이 로마의 황제가 된 셈이지요. 세베루스가 죽은 뒤 후계자 다툼이 이어지다가 결국 여러 속주에서 군대의 사령관들이 황제를 자칭하기 시작했어요. 이때부터 약 50년간을 군인 황제 시대(235~285년)라고 합니다. 이 기간에 26명의 황제가 등장했다가 사라졌다고 하니 얼마나 혼란스러웠는지 짐작이 가지요?

잦은 내란 때문에 로마는 급속도로 쇠퇴했어요. 귀족들이 대농장을 소유하는 라티푼디움마저 무너지고, 소작인에게 땅을 빌려 주고 경작하게 하는 콜로누스가 시작되었어요. 이 제도는 훗날 유럽 봉건제의 기초가 되었답니다.

285년 말단 병사 출신의 디오클레티아누스란 인물이 나타나 모든 혼란을 끝내고 황제 자리에 올랐습니다. 로마 제국이 너무 넓어서 반란이 자주 일어난다고 생각한 그는 제국을 효율적으로 다스리기 위해 293년에 사두 정치를 실시했습니다.

305년에 로마 제국을 동방과 서방으로 나누어 공동으로 통치하던 두 황제 디오클레티아누스와 막시미아누스가 퇴위하면서 그 자리를 갈레리우스와 콘스탄티우스 1세가 이어받았습니다. 그러나 두 사람 외에도 로마를 통치하고자 하는 사람들이 너무 많았기 때문에 로마의 내전은 끊이지 않았어요. 311년 갈레리우스가 죽자 리키니우스가 동로마 제국의 황제로 취임했습니다. 콘스탄티우스 1세의 뒤를 이은 서로마 제국의 콘스탄티누스 대제는 리키니우스와 동맹을 맺고, 독자적인 황제의 권리

사두 정치
로마 제국을 동서로 나누어 두 명의 황제와 두 명의 부황제로 다스리는 방식이다. 로마 제국의 동쪽은 황제 디오클레티아누스와 부황제 갈레리우스가 맡고, 서쪽은 황제 막시미아누스와 부황제 콘스탄티우스 1세가 맡았다.

를 주장하는 막센티우스(막시미아누스의 아들)를 처단하기 위해 312년에 출정했습니다. 콘스탄티누스는 막센티우스와 최후의 일전을 겨루게 되었습니다. 오랜 기간 전투를 치러 왔어도 승리를 확신할 수 없었습니다.

콘스탄티누스는 지친 병사들을 둘러보았습니다. 어둑어둑한 하늘에서는 비가 내릴 기세였습니다. 그는 만약 비까지 쏟아진다면 병사들이 더 지치게 될 것이라고 생각하며 하늘을 보았어요. 그때 갑자기 하늘이 맑아지더니 태양이 얼굴을 내밀었습니다. 그런데 자세히 보니 태양이 아니었습니다. 그것은 찬란한 빛을 내뿜는 십자가였습니다. 십자가에는 "이 표시로 너희는 승리할 것이다."라고 새겨져 있었습니다. 그 후 콘스탄티누스의 꿈에 그리스도가 나타나 하늘에서 보았던 것과 똑같은 표상을 다시 보여 주면서 그리스도의 표시를 방패에 새겨 넣도록 지시했습니다.

콘스탄티누스는 그리스도가 자신을 도와줄 거라는 확신이 들었습니다. 그리스도를 믿지 않았지만 투구와 방패에 그리스도

의 표식을 새겨 넣었습니다. 312년 콘스탄티누스는 막센티우스를 무찌르고 서로마 제국의 정식 황제로서 군림하게 됩니다.

그는 313년 밀라노에서 동로마 제국의 리키니우스 황제와 만나 기독교를 정식 종교로 인정하는 밀라노 칙령을 공동으로 발표했습니다. 이제 기독교도들도 종교의 자유를 누릴 수 있게 된 거예요. 내심 밀라노 칙령이 마음에 들지 않았던 리키니우스는 동로마 제국에서 기독교를 박해했어요. 그러자 콘스탄티누스는 약속을 어긴 리키니우스를 몰아내고 단독 황제에 올랐습니다. 그는 교회가 박해받았을 때 빼앗겼던 재산을 모두 돌려주었습니다.

로마 제국이 기독교를 받아들이자마자 기독교 내부에서는 갈등이 일어났습니다. 갈등의 주요 원인 중 하나는 그리스도가 아버지 하나님과 동등한가 하는 문제였습니다. 콘스탄티누스는

○ 콘스탄티누스 개선문
콘스탄티누스의 승리를 기념하기 위해 로마 원로원에서는 로마 광장에 개선문을 세우고 콘스탄티누스 개선문이라고 불렀습니다. 티투스 개선문에는 입구가 하나밖에 없는 데 비해 콘스탄티누스 개선문에는 입구가 세개 있습니다.

이 신학 논쟁의 해결책을 찾기 위해 예수를 피조물이라고 주장한 아리우스파와 성부와 성자와 성령이 하나라는 삼위일체설을 주장한 아타나시우스파를 니케아로 불렀습니다. 325년에 열린 니케아 공회의(종교 회의)에서 양측은 이 문제를 두고 열띤 논쟁을 벌였습니다. 그 결과 기독교 교회는 하나님의 아들과 하나님을 동격으로 믿는다는 쪽으로 결론을 내렸습니다. 그리고 양측이 합의한 내용을 글로 남겼는데, "약속된 글을 믿는다."라는 의미에서 니케아 신조라고 불렀습니다. 니케아 신조는 기독교의 신앙 선언서라고 할 수 있습니다.

○ 니케아 신조
열띤 논쟁 결과 교회는 하나님의 아들과 아버지 하나님을 동격으로 믿는다는 쪽으로 결론을 내렸고, 양측이 합의한 내용을 글로 남겼습니다.

　　콘스탄티누스 시대 이전에는 주일이 없었습니다. 그저 일요일은 일요일일 뿐이었습니다. 일요일에도 똑같이 일하면서 생활했거든요. 하지만 콘스탄티누스는 일주일에 하루는 하나님을 경배하는 날이 있어야 한다는 생각에 주님의 날(Holy Day)을 만들었습니다. 그래서 일요일을 주일(Holiday)이라고 하는 거예요. 토요일은 유대교의 날이지만, 일요일은 기독교의 날로 정했습니다.

개선문과 성 베드로 성당

콘스탄티누스의 승리를 기념하기 위해 로마 원로원에서는 그의 동상을 만들고 개선문을 세워 주었습니다. 지금도 로마 광장에 가면 이 개선문을 볼 수 있답니다. 대부분의 개선문에는 입구가 하나밖에 없는데, 이 개선문에는 입구가 세 개 있는 것이 특징입니다.

아리우스파
4세기에 예수 그리스도의 신성을 부인한 아리우스(250~336)의 주장을 교의로 삼는 일파이다. 알렉산드리아 교회의 사제 아리우스는 "하나님의 말씀은 영원 전부터 있었던 것이 아니라 무에서 만들어진 것이다. 영원히 존재하는 하나님은 존재하지 않는 그분(아들)을 무에서 만들었다. 하나님은 우리를 말씀을 통해 만들기 위해 그를 도구로 사용했다."라고 주장했다.

콘스탄티누스는 웅장한 교회를 짓는 일에 관심이 많았습니다. 특히 성 베드로가 십자가에 못 박힌 곳으로 알려진 자리에 성당을 지었는데, 노동력과 물자를 무제한으로 지원했을 뿐만 아니라 설계와 장식에 대한 제안도 아끼지 않았다고 합니다. 이 성당의 이름이 성 베드로 성당입니다.

그러나 콘스탄티누스는 황제로서의 활동과 정책에 큰 관심을 보이지 않았어요. 대신 로마 제국의 동쪽 지역에서 지내는 걸 좋아했습니다. 비잔티움이라는 도시였지요. 콘스탄티누스가 수도를 비잔티움으로 옮긴 이유는 여러 가지가 있습니다. 무엇보다도 로마는 사방이 뚫려 있어 적의 공격을 받기 쉬웠지만, 비잔티움은 사방이 절벽으로 둘러싸여 있어 적이 쉽게 공략할 수 없는 천연 요새였기 때문이지요. 기독교를 부흥시키기 위해 수도를 옮겼을 거라고 말하는 학자들도 있습니다.

결국에 콘스탄티누스는 330년 로마를 떠나 비잔티움으로 옮겨 가서 그곳을 수도로 건설합니다. 이 도시는 그 후로 1,000년이 넘도록 로마 제국의 수도로서 제 기능을 유지했습니다. 비잔티움을 신로마라 했고, 훗날 이름을 콘스탄티누스의 도시로 바꾸었습니다. 그리스어로 '도시'는 '폴리스(Polis)'이므로 콘스탄티누스의 도시는 줄여서 콘스탄티노플(Constantinople)이 되었습니다. 지금은 터키 이스탄불의 옛 이름이 되었지요. 🏛

콘스탄티누스 대제는 왜 기독교로 개종했을까요?

기독교도들은 우상 숭배를 거부하고 사사건건 황제에게 반기를 들었는데, 왜 콘스탄티누스는 기독교로 개종했을까요? 그 원인으로 콘스탄티누스의 정치적인 목적이 지적되고 있습니다. 콘스탄티누스는 쪼개져 있던 로마를 하나로 통일한 황제입니다. 그는 외부에서 가해지는 이민족의 압박과 내부의 분열을 막기 위해 유일신을 신봉하는 기독교를 이용해 흩어진 로마를 하나의 로마로 만들려고 했던 거예요. 광대한 제국의 다양하고 이질적인 문화를 하나로 통합하는 데 종교만큼 유용한 수단이 없었거든요. 아울러 절대 군주정으로 가기 위해 황제의 권위를 시민이 부여하는 방식이 아니라 신이 부여하는 방식으로 바꾸고자 하는 의도도 있었을 거예요. 그 결과 사두 정치가 막을 내리게 됩니다.

9 무시무시한 선조들 |
게르만 민족의 대이동

기본적으로 모든 사람들은 예의 바른 사람을 좋아합니다. 예의를 모르는 사람을 상대하려 하지 않는 까닭은 그들이 거칠거나 자신이 힘이 없어서가 아니라 그런 사람을 상대해 봐야 좋을 게 없기 때문입니다. 이와 마찬가지로 로마 제국의 북쪽에는 거칠고 원시적인 야만족이 살고 있었습니다. 그들은 종종 국경을 넘어 로마로 쳐들어왔는데, 로마로서는 참으로 골치 아픈 문제였습니다. 얼마 지나지 않아 그 야만족이 역사의 조역이 아니라 주역이 될 줄 누가 알았을까요? 당시 로마인들이 야만족이라고 생각했던 게르만 민족은 오늘날 모든 유럽인의 조상입니다.

- **375년** 게르만 민족의 일파인 고트족이 아시아에서 침입한 훈족의 압박을 받아 이동을 시작함으로써 게르만 민족의 대이동이 시작되다.

- **395년** 테오도시우스 1세가 큰아들 아르카디우스에게는 동로마를, 작은아들 호노리우스에게는 서로마를 통치하도록 유언을 남기고 사망하다.

- **439년** 반달족이 로마 제국 최대의 곡창 지대 가운데 하나인 북아프리카에 반달 왕국을 세우다. 이후 35년간 대규모 함선을 조직해 지중해 연안의 로마 제국을 공격하다.

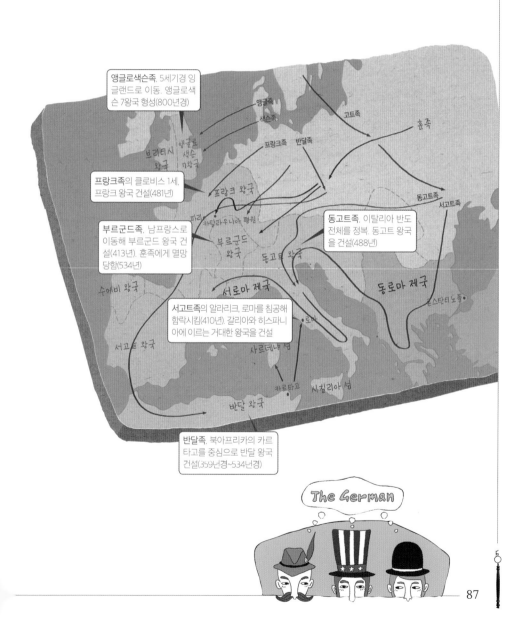

앵글로색슨족. 5세기경 잉글랜드로 이동. 앵글로색슨 7왕국 형성(800년경)

프랑크족의 클로비스 1세, 프랑크 왕국 건설(481년)

부르군드족. 남프랑스로 이동해 부르군드 왕국 건설(413년). 훈족에게 멸망당함(534년)

동고트족. 이탈리아 반도 전체를 정복. 동고트 왕국을 건설(488년)

서고트족의 알라리크. 로마를 침공해 함락시킴(410년). 갈리아와 히스파니아에 이르는 거대한 왕국을 건설

반달족. 북아프리카의 카르타고를 중심으로 반달 왕국 건설(359년경~534년경)

The German

전사의 후예

로마와 로마 제국은 최고의 전성기를 누렸습니다. 오를 수 있는 데까지 올라갔으니 이제는 내려올 차례입니다. 정복할 수 있는 데까지 정복했으니 이제는 정복당할 차례입니다.

혹시 주위에서 깡패를 본 적이 있나요? 모두가 진저리를 치는 깡패는 어디에나 있지요. 간혹 동네에 깡패가 나타나면 모두들 숨죽이지 않나요? 괜히 나섰다가 봉변을 당하기 싫기 때문이에요. 만약 참다못해 동네 사람들이 힘을 합쳐 깡패와 싸웠는데 무참히 패했다면 그들이 온다는 소리만 들어도 모두들 꼭꼭 숨기 바쁠 거예요.

오랜 세월 동안 로마 제국의 북쪽 변방에는 미개한 무리가 살고 있었습니다. 이 무리가 로마의 국경을 넘볼 때, 카이사르는 그들과 맞서 용감히 싸웠습니다. 마르쿠스와 콘스탄티우스도 마찬가지였습니다. 로마인들이 깡패 취급을 한 무리는 게르만 민족입니다. 지중해 연안에 살고 있던 사람들은 모두 눈과 머리카락이 검은색이었지만 게르만 민족은 눈이 푸르고 금발입니다. 백인 중에 머리 색이 금빛이거나 연한 갈색이면 게르만 민족일 가능성이 있지만, 머리 색이 검으면 게르만 민족이라고 보기 어렵습니다.

오늘날 대다수 백인들의 조상인 게르만 민족은 읽지도 못하고 쓰지도 못했습니다. 또 그들은 옷감으로 만든 옷이 아니라 동물 가죽을 몸에 걸쳤습니다. 나무로 지은 오두막에 살거나 나뭇가지를 엮어 거대한 바구니처럼 만든 곳에서 살 정도로 미개했습니다.

⚬ 앵글족 왕의 투구
잉글랜드의 앵글로색슨 7왕국 중 하나인 이스트 앵글리아의 왕 래드월드(?~622년경)의 투구입니다. 앵글로색슨족은 400년경에 브리타니아에 정착한 고대 게르만 부족인 앵글족과 색슨족의 후예를 가리키는 말입니다.

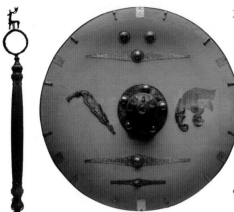

게르만 민족의 여자들은 푸성귀를 가꾸거나 소와 말을 돌보는 일을 했지만, 남자들은 사냥이나 전투를 했습니다. 그들에게 대장장이(Blacksmith)는 매우 중요한 사람이었습니다. 사냥과 전쟁에 필요한 칼과 창을 만드는 사람이었거든요. 따라서 이들에게 붙은 '스미스(Smith)'는 명예로운 이름이었습니다.

○ 앵글로색슨족 왕의 병장기
앵글로색슨족의 병장기 유물입니다. 왼쪽은 청동 수사슴으로 장식된 의식용 홀이고, 오른쪽은 원래 형태대로 재구성한 방패입니다.
대영박물관 소장

게르만 민족의 남자들이 전쟁터에 나설 때는 동물 가죽을 뒤집어썼습니다. 무시무시한 모습이어서 적을 위협하는 효과가 있었거든요. 용맹이야말로 게르만 민족의 최고 덕목이었습니다. 거짓말이나 도둑질을 하거나 살인을 저질러도 용맹한 전사라면 무조건 '훌륭한'사람이라고 여겼습니다.

당시 게르만 민족에게는 왕이 없었습니다. 그들은 왕을 대신해 족장을 뽑았는데, 가장 용맹하고 강인한 사람이 족장이 될 수 있었습니다. 족장의 자리는 아들에게 물려줄 수 없었습니다. 말하자면 족장은 왕이 아니라 대통령에 가까운 셈이에요.

게르만 민족은 로마의 신과 전혀 다른 신을 섬겼습니다. 게르만 민족의 주신은 보덴(Woden)이라는 이름의 전쟁의 신이었습니다. 보덴은 하늘의 신이기도 했기 때문에 제우스와 아레스를 합쳐 놓은 신이라고 할 수 있습니다. 수요일(Wednesday)은 보덴에서 유래한 말이며, 보덴의 날(Woden's day)이라는 뜻입니다. 보덴 다음으로 중요한 신은 토르(Thor)였습니다. 토르는 천둥과 번개의 신이었습니다. 망치를 들고 다니면서 머나먼 추운 지역에 사는 '얼음 거인'과 싸웠습니다. 목요일(Thursday)은 토르에서 유래한 말이며, 토르의 날(Thor's day)이라는 뜻입니다. 화요일(Tuesday)은 티르(Tyr)라는 신의 이름에서 유래했고, 금요일(Friday)은 프레이야라는 신의 이름에서 유래했습니다. 다시 말해 일주일 중 나흘이 게르만 민족의 신에서 나온 이름입니다.

결국 이들 거친 종족으로부터 오늘날 금발의 백인인 영국인과 프랑스인, 독일인이 나왔습니다. 미국인 중에서도 게르만 민족의 후예가 있습니다.

400년경에 게르만 민족은 로마 제국을 자주 침범했습니다. 로마 제국의 북쪽 지역을 넘나들기 시작하면서 몇 년이 지나지 않아 로마가 더 이상 막아 낼 수 없는 상황에 이르렀습니다. 게르만 민족의 여러 부족 중에서 두 부족이 브리타니아로 건너가자 그곳에 살던 로마인들은 브리타니아를 게르만 민족에 넘겨주고 로마로 돌아갔습니다.

일주일
나머지 사흘 중에 일요일(Sunday)과 월요일(Monday)은 해(Sun)와 달(Moon)에서 나온 이름이고, 토요일(Saturday)은 농업의 신 사투르누스(Saturnus)에서 유래한 이름이다.

게르만 민족의 형제들

오늘날 스웨덴인, 덴마크인, 노르웨이인, 아이슬란드인, 앵글로색슨인, 네덜란드인, 독일인 등은 게르만 민족에 속합니다. 원시 게르만 민족은 원래 스칸디나비아 반도 남부에서 유틀란트 반도와 독일 북부에 걸친 발트 해 연안 지역에 거주했습니다. 기원전 2세기에서 기원전 1세기에 게르만 민족은 더 나은 환경을 찾아 남서쪽으로 이동하기 시작했습니다. 그들은 라인 강 유역까지 퍼져 나간 후 북게르만 민족(덴

◐ 고트족
이탈리아 북쪽으로 들어간 게르만 민족은 고트족이었습니다. 고트족은 알라리크라는 족장이 이끌었습니다. 알라리크는 고트족을 이끌고 산맥을 넘어 이탈리아로 들어가 값진 물건을 닥치는 대로 약탈했습니다.

○ 반달족의 약탈

신성 모독이나 약탈, 파괴 등의 행위를 반달리즘(Vandalism)이라고 합니다. 5세기 무렵 서유럽에 침입해 로마의 문화를 약탈하고 파괴한 반달족에서 유래한 용어입니다.

마크족, 노르만족 등), 서게르만 민족(앵글족, 색슨족, 프랑크족 등), 동게르만 민족(고트족, 반달족 등)의 세 무리로 갈라졌습니다.

브리타니아에 정착한 게르만 민족에는 앵글족과 색슨족이 있었습니다. 앵글족이 중심 세력이었기 때문에 브리타니아를 앵글족의 나라라고 불렀고, 짧게 줄여서 앵글랜드(Angleland)라고 하다가 오랜 세월이 지나면서 잉글랜드(England)가 되었습니다. 지금도 잉글랜드 사람을 '앵글로색슨족'이라고 부르는 것은 그 때문입니다. 한편 프랑크족은 반달족을 따라 갈리아 지방으로 들어가서 그곳에 정착했습니다. 그래서 이 나라를 '프랑스'라고 합니다.

게르만 민족의 반달족은 갈리아 지역으로 이동했습니다. 갈리아는 지금의 프랑스 땅입니다. 동네에 나타난 깡패 무리가 행패를 부리듯 반달족은 갈리아에서 스페인으로 내려가면서 약탈하고 파괴하며 불태우기를 멈추지 않았습니다. 이들은 배를 타고 아프리카까지 건너갔습니다. 앞에 거치적거리는 건 뭐든지 파괴했습니다. 지금도 과격하게 행패를 부리는 사람을 반달이라고 부릅니다. 책상을 부수거나 책을 찢고 벽에 낙서하는 학생들도 반달이지요.

게르만 민족의 대이동이 가져온 변화는 무엇일까요?

스칸디나비아 반도 남부와 발트 해 연안에서 출발한 게르만 민족의 이동은 인구 증가에 따른 식량난을 해소하기 위해 200년 동안 서서히 이루어졌습니다. 그러다가 중앙아시아의 유목 민족인 훈족(흉노족)이 서쪽으로 이동하면서 동게르만 민족(고트족)을 위협하자 이들은 도나우 강을 건너 로마 제국으로 이동하기 시작했습니다. 민족의 대이동이 시작된 거예요. 이들은 로마의 용병이나 소작농 신분으로 로마 변경 지대에 정착해 그 지역을 지켰는데, 결과적으로 고양이에게 생선 가게를 맡긴 꼴이 되고 말았습니다. 476년경 게르만 민족 출신의 오도아케르 장군이 반란을 일으켜 서로마 제국을 무너뜨리고 이탈리아의 왕이 되었으니까요. 이를 계기로 서양의 고대 시대는 막을 내리고 중세 시대가 시작되었습니다.

10 세계사의 주역이 된 게르만 민족 | 유럽의 역사

게르만 민족은 동방의 훈족에 밀려 대이동을 시작했지만, 그로 인해 쇠퇴한 로마를 어렵지 않게 집어삼킬 수 있었습니다. 아틸라가 이끈 훈족은 로마를 비롯한 유럽 전역을 짓밟아 사람들을 공포에 떨게 만들었습니다. 심지어 훈족의 아나톨리아 원정군은 팔레스타인 지역까지 진격해 한때 예루살렘을 위협하기도 했습니다. 이러한 상황에서 동로마 제국은 변변히 싸워 보지도 못하고 훈족에게 막대한 공물을 바쳤고, 서로마 제국 또한 예외가 아니었습니다. 하지만 453년 아틸라가 사망하자 혼란에 빠진 훈족은 역사에서 그 자취를 감추었고, 조역에 불과했던 게르만 민족이 역사의 주역으로 나서기 시작했습니다.

- **434년** 아틸라가 형 블레다와 함께 훈족을 공동으로 다스리다가 형이 사망한 후 훈족의 단일 왕이 되다.
- **451년** 서로마 제국의 장군 아이티우스가 서고트족과 연합해 북프랑스의 카탈라우니아 평원에서 훈족의 서진을 저지하다.
- **476년** 서로마 제국이 게르만 출신의 용병 대장 오도아케르에 의해 멸망당하다.

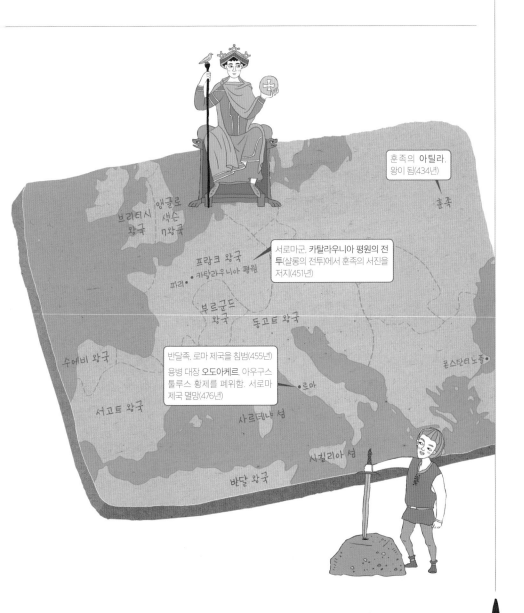

훈족의 **아틸라**, 왕이 됨(434년)

서로마군, **카탈라우니아 평원의 전투**(샬롱의 전투)에서 훈족의 서진을 저지(451년)

반달족, 로마 제국을 침범(455년)

용병 대장 **오도아케르**, 아우구스툴루스 황제를 폐위함. 서로마 제국 멸망(476년)

훈족

브리티시 왕국

앵글로 색슨 7왕국

프랑크 왕국

파리 • 카탈라우니아 평원

부르군드 왕국

동고트 왕국

수에비 왕국

서고트 왕국

콘스탄티노플 •

• 로마

사르데냐 섬

시칠리아 섬

반달 왕국

민족 이동의 도미노 현상

로마인들은 파괴와 약탈을 일삼은 게르만 민족을 야만족이라고 불렀습니다. 힘만 세다고 비꼬는 말이지요. 오늘날의 깡패와 다를 바없었거든요. 그런 게르만 민족도 무서워하는 무리가 있었습니다. '말 잔등 위에 세워진 제국'이라고 불리는 훈족이었어요.

훈족은 게르만 민족이 살던 곳보다 더 먼 북동쪽에 살았습니다. 그들이 서서히 서쪽으로 세력을 확장하자 스스로를 전사라고 자부하던 게르만 민족은 두려움에 떨며 로마 제국의 국경을 넘을 수밖에 없었습니다. 훈족과 싸우기보다 로마와 싸우는 편이 훨씬 낫다고 판단한 거예요.

게르만 민족이 그렇게 두려워한 훈족은 도대체 어떤 사람들이었을까요? 일부 역사학자들은 훈족의 뿌리를 흉노에서 찾기도 하고, 튀르크족에서 찾기도 합니다. 흉노족과 훈족을 같은 민족으로 간주하는 시각도 있어요. 흉노의 '흉(匈)'은 '훈(Hun)'을 음차한 명칭이라는 거예요.

기원전 6세기 이후, 즉 중국의 수와 당 대에 중국 북부에서 활약했던 유목민을 돌궐족이라고 불렀습니다. 돌궐은 튀르크를 음차로 표기한 것입니다. 돌궐족은 스스로 흉노의 후손이라고 자처했다고 합니다. 그러면 훈족, 흉노족, 튀르크족, 돌궐족은 같은 뿌리를 가진 민족이란 말이 되는데, 그 관계가 어떻게 될까요? 자, 이제부터 고대 북아시아의 초원 지대로 말을 달려 세계사의 흐름을 바꾼 초원의 전사들을 만나 볼까요?

○ 훈족의 기마병
기동력이 뛰어난 훈족의 기마병이 올가미를 던져 게르만 민족을 제압하고 있습니다.

유목 생활을 하며 살았던 이들은 중국의 진·한대에는 흉노족, 수·당 대에는 돌궐족, 고대 그리스 시대에는 스키타이족, 로마 제정 시대에는 훈족 등으로 불렸습니다.

기원전 4세기경(춘추 전국 시대 말기)부터 중국은 북방 유목민의 침입을 막기 위해 성벽을 쌓기 시작했는데, 바로 이것이 만리장성의 출발입니다. 천하를 통일한 시황제조차 흉노를 두려워했던 거예요. 그래서 몽염 장군을 시켜 흉노의 거주지인 오르도스를 점령하고 그 곳에 만리장성을 쌓도록 했습니다. 그 결과 황허 북쪽으로 쫓겨난 흉노는 자신들이 살던 곳을 되찾기 위해 진과 그 뒤를 이어 등장한 한을 끊임없이 공격했어요.

기원전 200년에 흉노의 묵돌 선우가 대군을 이끌고 한을 침입하자 한의 유방은 직접 32만 명의 대군을 이끌고 싸우러 나갔지만 흉노군에게 포위되어 붙잡혔습니다. 유방은 딸을 흉노의 선우에게 시집보내고 매년 엄청난 비단과 식량을 보낸다고 약조한 후에야 풀려날 수 있었습니다.

거의 같은 시기에 유라시아 대륙 서쪽의 유목민들은 그리스와 접촉했습니다. 그리스인들은 이들을 초원 지대에 사는 사람이라는 뜻으로 스키타이라고 불렀습니다. 이들은 기원전 7세기부터 기원전 4세기까지 활동하면서 우수한 청동기 문화를 발전시켜 동아시아에 전했습니다.

스키타이족은 기원전 3세기 이후 정착한 농경민에 흡수되어 사라졌고, 흉노(남흉노)는 기원전 4세기 전반의 5호 16국 시대까지 중국과 그 주변에서 활약하다가 그 후 중국에 동화되었습니다.

◎ 묵돌 선우
외몽골과 내몽골을 정복해 동아시아에서 처음으로 유목민의 대국가를 세운 흉노의 제3대 왕입니다.

선우
흉노의 군주로 '광대함'을 의미한다. 한은 흉노의 선우에게 공주와 후궁을 시집보냈는데, 그중에는 양귀비, 서시, 초선과 함께 중국 4대 미인으로 꼽히는 왕소군이란 후궁이 있었다. 왕소군은 화가에게 뇌물을 주지 않아 못생긴 초상화를 갖게 되었다. 그림으로만 왕소군을 본 한의 원제는 왕소군을 부르지 않았고, 마침 흉노의 선우에게 보낼 여자가 필요해 그녀를 보냈다. 왕소군이 시집가는 날 왕소군을 본 원제는 땅을 치고 후회했다고 한다.

スキ타イ金冠と新羅金冠の写真

❍ **스키타이 금관(오른쪽)과 신라 금관**

스키타이족은 기원전 7세기부터 기원전 4세기까지 활동하면서 우수한 철기 문화와 청동기 문화를 발전시켜 동아시아에 전했습니다. 스키타이 금관과 신라 금관이 디자인과 장식적인 측면에서 유사한 점을 보이고 있어 국내외 학자들은 신라 금관이 스키타이 문화의 영향을 받은 것으로 보고 있습니다. 이런 점 때문에 스키타이인을 동북아시아의 동이족으로 보기도 합니다. 전 세계에서 출토된 금관은 모두 10여 점인데, 그중에서 한국에서 출토된 것이 8점입니다.

돌궐은 6세기 중엽 동쪽으로는 만주, 서쪽으로는 중앙아시아를 지배하는 대제국이 되었어요. 그러나 칸들의 세력 다툼으로 6세기 말부터는 동서로 분열되었습니다. 동돌궐은 수 말기에서 당 초기 때 성장했지만 630년에 결국 당 태종에 의해 멸망했고, 이어 7세기 말에는 서돌궐도 당의 지배하에 들어갔습니다. 그런데 학자들의 연구에 따르면, 돌궐은 튀르크의 음차이므로 돌궐이 셀주크 튀르크와 오스만 튀르크를 세운 튀르크족의 조상이라고 합니다.

돌궐이 약화되면서 8세기 중엽부터는 튀르크계의 민족인 위구르족이 성장해 100년간 몽골 지역 일대를 지배했어요. 위구르족은 안록산의 난으로 당이 위기를 맞이했을 때 당의 수도인 장안까지 침입해 큰 공을 세우기도 했습니다.

우리나라의 삼국 시대 역사에도 튀르크족이 등장합니다. 그때는 돌궐이란 이름으로 역사에 기록되었습니다. 신라의 삼국 통일에 대해 배우다 보면 돌궐-고구려-백제-왜로 이어지는 남북동맹과 신라-당으로 연결되는 동서동맹(나당연합)이 나올 겁니다. 그때 고구려에 동화된 돌궐이 동과 서로 나눠진 후 서쪽으로 이동하게 됩니다.

이런 이유로 튀르크족의 터키는 한국을 '형제의 나라'로 생각한다고 합니다. 하지만 이 명칭은 6 · 25 전쟁 때 터키가 참전해서 국교가 증진되었기 때문에 생긴 말입니다. 게다가 고구려와 돌궐이 서로 교류했다는 역사적 사실까지 밝혀지자 터키는 한국을 더욱 가깝게 여겼을 거예요.

중국의 압박으로 서쪽으로 이동한 훈족이 375년 흑해 연안에

❹ 스키타이족의 칼

스키타이족은 역사상 최초로 말타기를 터득한 민족 가운데 하나였습니다. 그래서 그 솜씨가 다른 민족들을 놀라게 할 만큼 뛰어났다고 합니다. 동북아시아의 동이족을 스키타이인으로 보기도 합니다.

◐ 테오도시우스 1세
디오클레티아누스 황제 이
후로 분할 통치되고 있던 로
마 제국을 하나로 통일했습
니다. 병에 걸려 세상을 떠
날 때, 어린 두 아들에게 로
마 제국을 다시 동서로 나누
어 주었습니다. 그가 펼친 기
독교 부흥 정책 때문에 기독
교 역사가들로부터 '대제'라
는 칭호를 받았습니다.

나타납니다. 훈족이 동고트족을 정복하고 이어서 서고트족을
압박하자 서고트족이 이들을 피해 로마 제국의 영내로 들어가
게 됨에 따라 게르만 민족의 이동이 시작되었습니다. 도미노
현상이 시작된 거예요. 중국의 한족은 흉노족을 밀어냈고, 훈
족은 게르만 민족을 밀어냈으며, 게르만 민족은 로마를 밀어낸
거지요.

이탈리아 북쪽으로 들어간 고트족은 알라리크라는 족장이 이
끌었습니다. 알라리크는 고트족을 이끌고 산맥을 넘어 이탈리
아로 쳐들어가 값진 물건을 닥치는 대로 약탈했습니다. 로마는
속수무책이었습니다. 동로마 제국의 황제가 된 테오도시우스 1
세는 고트족과 여러 차례 전투를 벌이기는 했지만 382년에 결
국 도나우 강 남쪽의 땅을 떼어 주고 자치를 인정했습니다.

테오도시우스 1세는 한때 고트족을 토벌할 만큼 용맹했지만
곧 기독교에 빠져 정치를 소홀히 했습니다. 게르만 민족의 대이
동이 시작되고 17년이 지난 392년에 테오도시우스 1세는 기독
교를 로마 제국의 국교로 선언했습니다. 심지어 그리스의 올림
피아 제전도 이교도의 행사라며 금지시켜 버렸어요.

테오도시우스 1세는 395년에 48세의 나이로 눈을 감을 때,
로마 제국을 두 아들에게 물려주었습니다. 이로써 로마 제국은
콘스탄티노플을 수도로 한 동로마 제국과 로마를 수도로 한 서
로마 제국으로 완전히 분리되었습니다.

고트족이 로마 안에서 땅을 얻는 데 성공하자, 게르만 민족의
일파인 반달족과 프랑크족도 곧 자치 지역을 얻는 데 성공했습
니다. 5세기 중반에는 아예 그 땅에 국가를 세웠습니다. 지금의

파리를 중심으로 프랑크 왕국이 들어섰고, 영국에는 앵글로색슨 왕국이, 스페인에는 서고트 왕국이, 마케도니아 지역에는 동고트 왕국이, 아프리카 북부에는 반달 왕국이 새롭게 등장했습니다.

게르만 민족과 훈족의 결투

훈족의 지도자 아틸라(Attila)는 고대 게르만어로 '아버지'를 정답게 부르는 말입니다. '아빠'라고 생각하면 될 거예요. 아틸라는 뛰어난 전략가이자 현명한 통치자였어요. 하지만 물욕과 야망이 컸던 아틸라는 훈족을 이끌고 중부 유럽에서부터 흑해와 발트 해까지 초토화시켰습니다.

초원의 유목 민족인 훈족은 말을 마치 자기 몸의 일부처럼 다루었어요. 훈족의 기마병들은 흙먼지를 일으키며 순식간에 나타났다가 적이 대응한다 싶으면 어느새 흩어지고, 한숨을 채 돌리기도 전에 다시 나타나 적의 혼을 빼놓았습니다. 그러다 상대의 허점이 보이면 순식간에 제압해 버렸지요. 후퇴하면서도 말

○ **이탈리아를 초토화시키는 아틸라**
아틸라가 이끄는 훈족은 동쪽에서부터 파리에 이르기까지 넓은 땅을 초토화시켰습니다.

을 타고 몸을 완전히 뒤로 젖혀서 활을 쏘기도 했어요. 농경 민족인 게르만 민족에게는 훈족이 공포의 대상이 아닐 수 없었습니다.

그러나 게르만 민족은 쉽게 물러서지 않았습니다. 451년 아틸라가 훈족을 이끌고 현재의 프랑스까지 쳐들어왔을 때, 게르만 민족의 일파인 서고트족의 왕 테오도리크 1세가 다스리던 서로마 제국은 정말 죽기 살기로 무섭게 싸웠습니다. 더 이상 물러설 수 없었기 때문이에요. 이 전쟁을 카탈라우니아 평원의 전투(샬롱의 전투)라고 하는데, 이 전투는 서로마 제국 최후의 주요 군사 작전으로 기록되었습니다. 이 전투에서 어느 쪽도 결정적인 승리를 거두지 못했습니다. 그러나 서로마는 훈족이 세력을 더 넓히지 못하도록 저지하는 데 성공했습니다.

아틸라는 서로마 쪽으로 제국을 넓히는 것을 포기하고 이탈리아 쪽으로 방향을 돌렸습니다. 이탈리아로 돌진하는 그들을 막을 자는 아무도 없었습니다. 이탈리아인들은 감히 훈족과 싸워 볼 엄두조차 내지 못했어요.

○ 카탈라우니아 평원의 전투
451년 서로마 제국과 아틸라가 이끄는 훈족 사이에서 벌어진 전투입니다. 이 전투에서 어느 쪽도 결정적인 승리를 거두지 못했으나, 게르만 민족이 훈족의 서진을 저지하는 데는 성공했습니다.

그들에게 훈족은 우주에서 떨어진 괴물과도 같았어요. 그렇게 훈족은 로마의 문전까지 치고 들어갔습니다. 당시 로마 교황의 이름은 사자라는 뜻을 가진 레오 1세였습니다. 그는 군인 출신도 아니고 싸움을 좋아하지도 않았지만 추기경과 주교를 이끌고 아틸라를 만나러 갔습니다. 갑옷도 입지 않고 무기를 들지 않은 채로 말이에요. 그 대신에 교황 일행은 아름답고 화려한 색상의 의복을 갖춰 입었습니다.

말 위에 앉아 진행된 두 사람의 협상은 어떤 결과를 낳았을까요? 가톨릭의 기록에 따르면 레오 1세의 기도로 신비한 일들이 일어나자 아틸라가 그 모습에 매혹되어 가톨릭교로 개종하고 교황의 뜻을 받아들였다고 합니다. 그러나 사실 아틸라는 레오 1세로부터 얻을 수 있는 것은 다 얻었다고 합니다. 대신 더 이상 진군하지 않고 돌아가겠다는 약속을 했습니다.

이 역사적인 회담에서 레오 1세와 아틸라가 구체적으로 무엇

○ 레오 1세와 아틸라의 만남

로마 교황 레오 1세는 추기경과 주교들을 이끌고 로마를 떠나 아틸라를 만나러 갔습니다. 교황 일행은 아름답고 화려한 색상의 의복을 갖춰 입었습니다. 아틸라는 기독교도의 화려하고 당당한 모습에 외경심을 느꼈는지 로마로 쳐들어가지 않고 말머리를 돌렸습니다.

을 합의했는지는 아무도 모릅니다. 협상 후 로마를 떠난 아틸라가 얼마 뒤에 죽었고, 레오 1세는 약속을 지킬 사람이 없어지자 회담에서 이루어진 약속을 모른 척했거든요. 확실한 몇 가지는 훈족이 로마의 여러 도시와 교회 수도원에 속하는 물건에 대한 권리를 가지게 되었고 많은 선물을 받았다는 거예요.

고대사의 종말

아틸라의 죽음과 함께 훈족의 대제국은 사라졌습니다. 그때 호시탐탐 로마를 노리던 반달족이 공격할 기회를 놓치지 않았어요. 아프리카에 있던 반달족이 바다를 건너 티베르 강을 따라 로마로 쳐들어간 거예요.

허를 찔린 로마는 두 눈을 뜨고 반달족에게 당했습니다. 반달족은 어려움 없이 로마를 포위하고 원하는 건 뭐든지 손에 넣었으며, 로마의 진귀한 보물을 마구 약탈했답니다. 영국에서도 게르만 민족이 반란을 일으켜 군대를 철수해야 했어요. 476년 게르만 용병 군대의 대장 오도아케르가 서로마 제국의 황제를 끌어내리고 왕이 되었어요. 로마의 마지막 황제 이름은 로물루스 아우구스툴루스였습니다. 이름이 참 거창하죠? 포장이 화려한 선물일수록 볼 것이 없는 것처럼 황제도 이름만 거창했지 아무런 권력을 가지고 있지 않았어요. 사실 이름도 '로물루스의 작은 아우구스투스'라는 뜻이랍니다. 이런 황제가 갑자기 쳐들어온 오도아케르를 제대로

◆ 퇴위하는 로물루스 아우구스툴루스
로마의 마지막 황제 로물루스 아우구스툴루스가 게르만의 용병 대장 오도아케르 앞에 무릎을 꿇고 왕관을 내놓고 있습니다. 이로써 서로마 제국은 대단원의 막을 내리게 됩니다. 퇴위된 후 로물루스 아우구스툴루스는 오도아케르가 주는 퇴위 연금을 받으며 살았다고 합니다.

막아 낼 리 없었겠죠. 하지만 콘스탄티노플을 수도로 정한 로마 제국의 동쪽은 건재했어요. 오도아케르는 동로마 제국의 종주 권을 인정했으므로 황제 제노도 그에게 총독의 칭호를 내리고 이탈리아 지배를 일단 묵인했습니다.

그러나 나중에 동고트족의 왕 테오도리쿠스에게 오도아케르의 토벌을 위탁했습니다. 489년 이탈리아에 쳐들어온 테오도리쿠스는 가는 곳마다 오도아케르의 군대를 쳐부수고 결국 그를 살해했습니다. 동로마 제국은 그 후로도 외부의 지배를 받지 않고 1,000년 동안이나 살아남았습니다.

흔히 476년을 고대사의 끝으로 간주합니다. 고대사가 끝난 후 500년이 넘는 시대를 흔히 암흑시대이자 역사의 밤이라고 묘사합니다. 이 시기를 암흑시대라고 부르는 이유는 글을 읽지도 못하고 쓰지도 못한 게르만 민족이 기나긴 시간 동안 유럽의 지배자가 되어 문명화된 사람들을 지배했기 때문입니다.

게르만 민족의 학습 능력

로마의 영토 안으로 들어간 게르만 민족의 각 일파들은 그 지역에 정착해 왕국을 건설했습니다. 게르만인은 야만인이라고 불릴 정도로 몹시 거친 사람들이었지만 다른 문화를 흡수하는 데에는 굉장히 빨랐답니다. 마치 스펀지처럼 빨아들였습니다. 가장 대표적인 예는 종교에서 찾을 수 있습니다. 당시에 게르만 민족 대다수가 믿고 있던 아리우스파에서 가톨릭으로 개종한 거예요. 그 결과 게르만 민족과 로마 가톨릭교회는 연대를 강화하며 영토를 더욱 확장해 나갔습니다. 게르만 민족은 유목민이라서 그런지 큰 변화에 대한 두려움이 상대적으로 적었던 것 같아요.

이렇게 로마의 문화를 받아들이며 자신의 세력을 키워 나간 게르만 민족이 로마를 지배하는 데 문제가 하나 있었습니다. 그것은 언어였습니다. 우선 로마인들과 의사소통을 하기 위해서는 라틴어를 배워야 했는데, 그 과정에서 라틴어를 크게 변형시켜 자기네 언어와 혼합했습니다. 이렇게 탄생한 말이 이탈리아어입니다. 마찬가지로 스페인어와 프랑스어가 탄생합니다.

그러나 브리타니아에 살던 앵글로색슨족은 로마인이 모두 이주했기 때문에 로마인과 마주할 일이 많지 않았어요. 그래서 그들은 로마인의 언어를 쓰지 않고 자기네 말을 유지했습니다. 앵글로색슨족의 언어는 세월이 흐른 뒤 영어라고 부르게 되었답니다.

앵글로색슨족은 로마가 멸망한 후 100년도 더 지난 600년이 될 때까지도 언어와 함께 자신들의 종교를 지키며 토르와 보덴을 섬겼습니다.

하지만 로마 교회에서 앵글로색슨족의 고유한 종교를 개종하려는 움직임이 일어났습니다. 앵글족(Angles)을 천사(Angels)로 만들겠다며 그들에게 선교사를 보낸 거예요. 지금으로 보면 아프리카로 선교사를 파견한 셈입니다. 다행인지 불행인지 얼마 지나지 않아 앵글족도 기독교를 받아들이게 됩니다. 🧹

라틴어
고대 로마와 그 주변 지역인 라티움에 정착해 살던 사람들이 쓰던 언어이다. 로마가 지중해를 정복하면서 라틴어는 유럽 전역으로 퍼져 나갔다. 이탈리아어, 프랑스어, 스페인어, 포르투갈어, 루마니아어 등 유럽 각국의 언어가 라틴어에서 비롯되었다. 영어도 라틴어에서 많은 어휘를 차용했다.

우리나라와 서양에서 각각 훈족을 바라보는 관점의 차이가 큽니다. 그 이유는 무엇일까요?

역사는 그 시대에 있었던 하나의 사실이지만, 기록을 남기는 사람에 의해 바뀌기도 합니다. 그래서 역사를 왜곡하는 일이 생기는 거예요. 일본이나 중국이 역사를 제멋대로 해석해 왜곡하는 것처럼 말이죠. 다시 말해 역사는 사실을 객관적으로 서술한 것이 아닙니다. 이 책에 기록된 역사도 꼭 100퍼센트 사실이라고 장담할 수 없습니다. 이것 역시 역사를 다루는 사람에 의해 주관적으로 해석되었기 때문입니다. 따라서 역사에서 사라져 버렸거나 잘못 알려진 부분을 찾아내는 작업이야말로 가장 의미 있는 작업이라고 할 수 있을 것입니다. 흔히 역사는 승자의 기록이라고 합니다. 그렇다면 패자의 역사에 대해서도 관심을 가져 보길 바랍니다. 중요한 것은 우리 아버지 시대의 역사관을 유산처럼 고스란히 물려받을 것이 아니라 우리 시대의 역사관을 새롭게 만들어 가는 것입니다.

11 어둠 속의 빛 |
동로마 제국과 프랑크 왕국

고대 로마 제국의 문화를 그대로 계승한 동로마 제국(비잔티움 제국)은 아시아와 유럽, 흑해, 에게 해의 무역로에 있는 지중해의 중심 국가로서 경제 대국으로 성장할 수 있었습니다. 또한, 유럽을 페르시아와 아랍, 오스만 튀르크의 침략으로부터 보호하는 방파제 역할을 하기도 했습니다. 이는 동로마 제국이 강력한 전제 군주의 통치 아래 한때 활발한 정복 사업으로 옛 로마 제국의 땅을 거의 되찾았을 뿐만 아니라 심지어 중동 지역까지 진출하려고 노력했기 때문에 가능한 일이었습니다.

- **481년** 프랑크족의 클로비스 1세가 메로빙거 왕조를 열고 프랑크 왕국을 수립하다. 클로비스는 게르만어로 '위대한 전사'를 뜻한다.
- **496년** 클로비스 1세가 로마 가톨릭교회로 개종하다. 프랑크족은 게르만 정복자 중에서 로마 가톨릭교회로 개종한 첫 번째 부족이다. 이 때문에 프랑스는 '교회의 장녀'라고 불린다. 이 시기에 우리나라에서는 부여가 고구려에 항복하다.
- **527년** 유스티누스 1세가 조카 유스티니아누스를 동로마 제국의 공동 황제로 지명하다. 같은 해에 유스티누스가 세상을 떠나고 유스티니아누스 대제가 단독 황제가 되다.

(역사상의) 아서 왕. 앵글족·색슨족과의 싸움에서 크게 활약함(5~6세기)

브리타시 왕국

앵글로 색슨 7왕국

훈족

프랑크 왕국

파리

클로비스 1세, 프랑크 왕국 건설(481년). 아내에게 감화를 받아 가톨릭교로 개종(496년)

부르군드 왕국

동고트 왕국

서고트 왕국

유스티니아누스 대제, 동로마 제국 황제 즉위(527년). 『유스티니아누스 법전』 「로마법 대전」 편찬(529년)

로마 · 수비아코 · 몬테카시노

동로마 제국

콘스탄티노플

사르데냐 섬

베네딕투스, 몬테카시노 수도원 창립(529년)

시칠리아 섬

법전을 집대성한 유스티니아누스 대제

⊙ 유스티니아누스 대제
콘스탄티노플에는 아직 동로마 제국이 건재했고, 한 로마인이 다스렸습니다. 그의 이름은 유스티니아누스 대제였습니다.

당시에는 백성을 다스리기 위한 규칙이나 법이 많았어요. 그러나 온갖 잡다한 법들이 뒤섞여 있어서 문제가 많았습니다. 어떤 법의 기준으로는 큰 죄가 되지만 다른 법의 기준으로 보면 죄가 아닌 것이 비일비재했던 거예요. 가령 아버지는 8시에 자야 한다고 말하는데 어머니는 9시까지 자지 말고 공부해야 한다고 말하는 상황과 같았어요. 그래서 사람들은 무엇을 하고 무엇을 하지 말아야 할지 분간하기가 어려웠습니다.

527년 동로마 제국의 황제가 된 유스티니아누스 대제(유스티니아누스 1세)는 이런 혼란을 없애기 위해 법률 연구를 장려했습니다. 이듬해 위원회를 설치하고, 제국의 법령을 담은 새로운 법전을 편찬하도록 했지요. 몇 십 년에 걸쳐 다듬어진 법률들은 내용이 올바르고 공정해서 모든 사람들이 믿고 따랐어요. 이 법전의 내용은 오늘날까지 여러 나라 법률의 근간을 이루고 있습니다. 유스티니아누스라는 이름이 '공정한(Just)'으로 시작하는 걸 보면 공정한 법을 만든 사람이라는 걸 쉽게 기억할 수 있을 거예요.

유스티니아누스는 옛 로마 영토를 되찾는 데 성공했습니다. 고트족과 반달족에게 빼앗긴 서부 이탈리아와 시칠리아, 스페인이 다시 동로마 제국의 품으로 돌아오게 된 거예요.

유스티니아누스는 전쟁을 대비하는 데 나라의 재정을 많이 사용했지만, 전쟁과 지진으로 파괴된 도시를 재정비하는 데도 노력했어요. 수로와 다리를 다시 만들었을 뿐만 아니라 수도원과 고아원도 만들었습니다. 그중에 오늘날에도 여전히 그 자리에 남아 위용을 자랑하는 건축물이 있습니다. 바로 콘스탄티노플에 있는 성 소피아라는 아름다운 성당이에요. 이 성당은 세계에서 가장 세련된 건축물로 유명합니다.

영토도 넓어지고 제도가 정비되면서 종교 유산까지 만들어졌으니, 이만하면 과거 로마 제국의 영광이 재현되는 것 같지 않나요? 그러나 문제는 종교였습니다. 로마 교황청과의 갈등이 시작된 거예요. 당시 기독교의 중심은 로마 교황청이었습니다. 유스티니아누스 대제도 이 점을 인정해 로마 교황청과 로마를 따로 '보호령'으로 지정했습니다. 그런데 안타깝게도 로마 부활의 꿈은 유스티니아누스 대제가 눈을 감자 물거품이 되고 말았습니다. 더 이상 뛰어난 황제가 나타나지 않았거든요.

○ 성 소피아 대성당
콘스탄티누스 대제가 창건하고 유스티니아누스 대제가 재건해 537년에 완성한 비잔티움 양식의 대표적인 건축물입니다. 1452년 이래로는 이슬람교 사원이 되었고, 지금은 국립박물관이 되어 관광객을 맞이하고 있어요

❂ 세례를 받는 클로비스 1세

유스티니아누스 대제와 같은 시대에 프랑스에는 클로비스 1세라는 왕이 있었습니다. 클로비스가 게르만 민족 중에서도 프랑크족에 속한 사람이었기 때문에 나라 이름이 '프랑스'가 되었습니다. 클로비스는 프랑크족의 여느 부족민과 마찬가지로 토르와 보덴을 믿었지만 나중에 개종했습니다.

클로비스 왕

유스티니아누스 대제가 다스리던 동로마 제국 밖에는 미개한 게르만 민족이 살고 있었습니다. 게르만인이 당시 사회를 이끌어 나갈 지식을 습득하기까지는 약 1,000년이라는 세월이 필요했습니다. 그들이 처음 배운 것은 기독교였습니다. 유스티니아누스와 같은 시대에 프랑스에는 메로빙거 왕조를 세운 클로비스 1세가 살고 있었어요. 당시에는 프랑스가 아니고 프랑크라고 불렀습니다. 클로비스가 게르만 민족 중에서도 프랑크족에 속한 사람이었기 때문이에요.

클로비스는 아내인 클로틸드를 몹시 사랑했습니다. 클로틸드는 가톨릭교도인 부르군드 왕국의 공주였어요. 클로틸드는 남편 클로비스가 자신과 같은 신을 섬기길 바랐어요. 하지만 그때까지 전쟁에서 승리한 이유가 자신이 믿는 신 덕분이라고 여겼던 클로비스는 쉽게 종교를 바꿀 수 없었어요.

그러던 그가 결혼한 지 3년쯤 되던 어느 날 라인 강 중류 지방에 정착한 알라만족을 토벌하러 나섰다가 패배를 맛보게 되었습니다. 그때 아내가 다가와 자신이 믿는 신에게 도움을 청해 보라고 조언했어요. 귀가 얇았던 클로비스는 아내의 말에 따라 가톨릭교의 신에게 기도를 드리고 나서 대승을 거두게 되었습니다. 이에 클로비스는 가톨릭교로 개종했어요. 그뿐만 아니라 병사들에게도 세례를 받고 종교를 바꿀 것을 권했어요. 이렇게 해서 그는 로마인이 아닌 이방인의 왕으로는 처음으로 로마 가톨릭교도가 되었답니다.

클로비스와 거의 같은 시기에 영국을 다스렸던 왕은 아서입니다. 아서 왕에 관한 이야기는 정말 많지만 대부분은 전설일 뿐 역사는 아닙니다. 엑스칼리버의 이야기도 마찬가지입니다. 전설에 의하면 돌에 박혀 있는 칼을 뽑는 사람이 영국의 왕이 된다고 했는데, 아서라는 젊은 청년이 이 칼을 뽑아 영국의 왕이 되었다고 합니다. 아서 왕은 엑스칼리버의 힘을 빌려 영국을 통일했던 거죠.

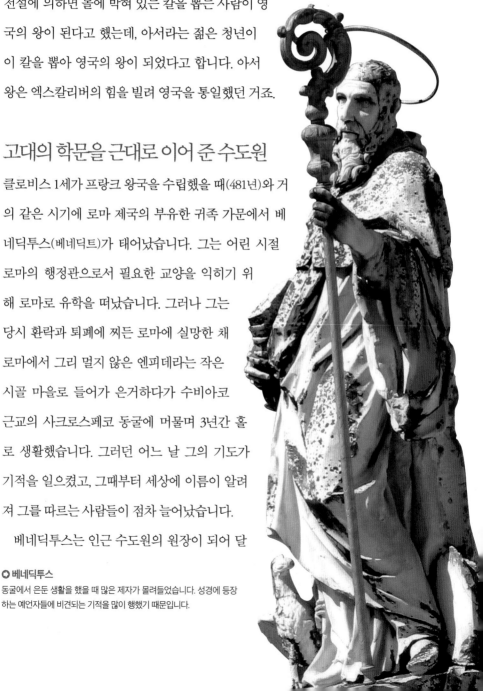

고대의 학문을 근대로 이어 준 수도원

클로비스 1세가 프랑크 왕국을 수립했을 때(481년)와 거의 같은 시기에 로마 제국의 부유한 귀족 가문에서 베네딕투스(베네딕트)가 태어났습니다. 그는 어린 시절 로마의 행정관으로서 필요한 교양을 익히기 위해 로마로 유학을 떠났습니다. 그러나 그는 당시 환락과 퇴폐에 찌든 로마에 실망한 채 로마에서 그리 멀지 않은 엔피데라는 작은 시골 마을로 들어가 은거하다가 수비아코 근교의 사크로스페코 동굴에 머물며 3년간 홀로 생활했습니다. 그러던 어느 날 그의 기도가 기적을 일으켰고, 그때부터 세상에 이름이 알려져 그를 따르는 사람들이 점차 늘어났습니다.

베네딕투스는 인근 수도원의 원장이 되어 달

◐ 베네딕투스
동굴에서 은둔 생활을 했을 때 많은 제자가 몰려들었습니다. 성경에 등장하는 예언자들에 비견되는 기적을 많이 행했기 때문입니다.

○ 수도사

세월이 흐르면서 신성하게 살려는 사람들이 외따로 떨어져 살지 않고 한데 모여 집을 짓고 살기 시작했습니다. 이런 사람을 수도사라고 하며, 수도사가 살던 집을 수도원 또는 대수도원이라고 했습니다. 그림은 폴 세잔의 「수도사의 모습을 한 도미니크 아저씨의 초상」입니다.

라는 부탁을 받고, 규율이 무너진 채 퇴폐에 찌들어 있는 수도원의 생활을 바꾸기 위해 개혁을 시도했습니다. 하지만 너무나 엄격한 규칙을 요구한다는 이유로 수도자들은 불만을 품게 되었습니다. 그들은 베네딕투스를 살해하려는 흉계를 꾸미고 점심때 마실 포도주에 독약을 섞어서 그에게 권했습니다. 베네딕투스는 포도주를 마시기 전에 늘 하던 대로 성호를 그었습니다. 그 순간 잔이 깨지며 포도주가 모두 쏟아져 버렸습니다. 이에 베네딕투스는 그들의 음모를 눈치채고 탄식하면서 수도원을 떠나 다시 수비아코에 있는 동굴로 돌아갔습니다. 그 후 베네딕투스는 자신을 따르는 열두 명의 제자들을 중심으로 열두 개의 작은 수도원을 설립해 그들과 함께 수도 생활을 시작했습니다.

베네딕투스는 신성하게 살려면 노동해야 하고 노동은 신성한 삶에서 빠질 수 없는 부분이라고 강조했습니다. 또 수도사는 돈을 소유해서도 안 된다고 믿었습니다. 성경에서 그리스도가 "네가 온전하고자 할진대 가서 네 소유를 팔아 가난한 자들에게 주라."라고 했기 때문입니다.

베네딕투스는 청빈, 정결, 순종의 규칙에 동의하는 수도사를 모아 529년 이탈리아의 몬테카시노에 수도원을 세웠습니다. 수도사들은 이런 규율에 따라 성경과 그리스·로마의 책들을 필사하는 일에 몰두했어요. 그 결과 수도원은 중세의 학문 연구와 교육의 중심지가 되었고, 고대의 문화유산을 근대에 이어 주는 징검다리 역할을 담당했지요. 🚶

동로마 제국은 어떻게
1,000년 동안 유지될 수 있었을까요?

동로마 제국은 슬라브족이나 바이킹족처럼 호전적인 이민족에 둘러싸여 있었지만 1,000년 왕국을 유지할 수 있었습니다. 어떻게 그런 일이 가능했을까요? 그 이유는 간단합니다. 동로마 제국에서는 누구든지 능력만 있으면 황제가 될 수 있었거든요. 그만큼 사회 체제가 유연했을 뿐만 아니라 국내외 정황에 맞추어 그 체제를 변화시킬 수 있었기 때문입니다. 변화에 대응하는 포용력과 유연성이야말로 동로마 제국의 최대 장점이라고 할 수 있습니다. 콘스탄티누스 대제의 기독교 공인이 좋은 예입니다. 아서 왕의 원탁의 기사 이야기도 이런 정신적 토대 위에 만들어졌습니다. 이러한 개방성과 다양성이 바탕이 되어 동로마 제국은 성 소피아 대성당을 비롯한 위대한 문화 예술품을 많이 남길 수 있었습니다.

12 낙타를 끄는 사나이 |
이슬람교의 창시

5 70년경 사우디아라비아 서부에 있는 도시 메카에서 무함마드(마호메트)가 태어났습니다. 그는 낙타를 끌며 다른 사람의 심부름을 해 주던 가난한 사나이였습니다. 그러던 어느 날, 메카 교외에서 명상과 기도를 하다가 잠깐 잠이 들었는데, 천사 가브리엘이 나타나 알라의 계시를 전했습니다. 무함마드는 자신의 아내를 비롯한 많은 사람에게 "만인은 평등하다."라는 알라의 말씀을 전했습니다. 그의 가르침은 그리스도의 가르침처럼 널리 퍼지면서 또 하나의 종교 세력을 형성하게 되었습니다. 이것이 바로 세계 3대 종교 가운데 하나인 이슬람교입니다. 이슬람교는 어떻게 빠른 속도로 퍼져 나갈 수 있었을까요?

- **622년** 무함마드가 이슬람을 널리 전하기 위해 메카에서 메디나로 이주하다. 이를 헤지라라고 한다.
- **636년** 제2대 칼리프 우마르 1세가 동로마 제국으로부터 예루살렘을 빼앗은 뒤, 이슬람 사원을 모리아 산 정상에 세우다. 이 시기에 우리나라에서는 고구려가 당의 침략에 대비해 천리장성을 쌓다.
- **732년** 프랑크 왕국의 카롤루스 마르텔이 투르·푸아티에 전투에서 이슬람군을 격퇴하고 이베리아 반도에서 이슬람 세력을 몰아내다.

카롤루스 마르텔, 투르·푸아티에 전투에서 이슬람군을 격퇴(732년)

투르 프랑크 왕국

코르도바

롱바르드

사르데냐섬 왕국

콘스탄티노플

카르타고

동로마 제국

아바스 왕조, 바그다드를 이슬람 제국의 수도로 건설(762년)

무아위야 1세, 다마스쿠스를 수도로 하여 칼리프가 세습되는 옴미아드 왕조(661~750년)를 세움

다마스쿠스 · 바그다드

알렉산드리아

예루살렘

바스라

제2대 칼리프 우마르 1세, 동로마 제국으로부터 예루살렘을 빼앗고(636년) 사산 왕조 페르시아를 멸망시킴(651년)

이슬람 제국

메디나

무함마드, 메카에서 메디나로 이주(헤지라, 622년)

메카

117

설법하는 무함마드
점차 세력을 키워 가던 무함마드는 622년에 이르러 마침내 많은 신도를 확보하게 되었습니다. 이슬람교를 믿는 사람이 기독교를 믿는 사람만큼 많아진 거예요.

귀부인과 결혼한 심부름꾼

100년을 1세기라고 합니다. 501년부터 600년까지의 100년을 5세기가 아닌 6세기라 하고, 601년부터 700년까지의 100년을 6세기가 아닌 7세기라 한다는 사실을 기억하세요. 그러므로 615년과 625년, 그리고 650년은 모두 7세기에 속합니다. 지금부터 7세기로 돌아가서 전 세계를 바꿔 놓았던 한 남자를 만나 볼까요? 그는 로마인도 아니고, 그리스인도 아니었습니다. 프랑크족도 아니고 고트족도 아니었습니다. 그는 누구일까요?

아라비아 반도에 살던 셈계의 아랍인이었던 그의 이름은 '아부 알 카심 무함마드 이븐 아브드 알라 이븐 아브드 알무탈리브 이븐 하심'이었습니다. 이름이 참 길죠? 아무튼 이 무함마드는 부모가 일찍 죽어 이곳저곳을 떠돌다 큰 상인의 집안에 심부름꾼으로 고용되어 주인 여자와 사랑에 빠지게 되었습니다. 그녀의 이름은 하디자로, 아이까지 딸린 40세의 미망인이었어요. 그때 무함마드의 나이는 25세였고, 두 사람은 그 후로 15년 동안 행복하게 살았습니다.

그러던 어느 날이었습니다. 평소 무함마드는 사막의 동굴에 들어가 명상에 잠기길 좋아했습니다. 하루는 생각에 잠겨 있다가 꿈을 꾸었습니다. 아니, 멀쩡히 깨어 있는 상태에서 환영을 본 것인지도 모릅니다. 그의 말에 따르면 천사 가브리엘이 나타나 사람들에게 새로운 종교를 전파하라는 알라 신의 계시를 전해 주었다고 합니다.

무함마드는 집으로 돌아와 동굴에서 있었던 일을 아내에게
이야기해 주었습니다. 아내는 그의 이야기를 믿고 그의 첫 번째
신도가 되었습니다. 이후 무함마드는 친척과 친구들에게 만인
이 평등하다는 알라 신의 가르침을 전파했고, 그들 역시 그의 신
도가 되었습니다.

당시는 사산 왕조 페르시아와 동로마 제국의 대립으로 홍해
를 통한 무역이 발달했습니다. 그런데 일부 상인들이 무역을 독
점하는 바람에 빈부 격차가 심했지요. 부자 상인들과 귀족들은
만민 평등을 주장하는 무함마드를 없앨 계획을 세웠어요. 그들
의 계획을 알게 된 무함마드는 짐을 챙겨 아내와 신도들을 이끌

☾ 메디나의 '예언자의 모스크'
무함마드는 아내와 신도들
을 이끌고 메카를 탈출해 거
기서 조금 떨어져 있는 메
디나라는 마을로 갔습니다.
622년에 있었던 이 일을 헤
지라라고 합니다. 사진은 '예
언자의 모스크'인데, 원래는
무함마드의 집이 있던 곳이
었습니다.

고 메카를 탈출해 메디나라는 마을로 들어갔습니다. 622년에 있었던 이 일을 헤지라라고 하는데, 헤지라는 아랍어로 '이주'를 뜻합니다.

이렇게 정확한 연도를 언급하는 이유는 점차 세력을 키워 가던 무함마드의 종교가 622년에 이르러 마침내 기독교를 믿는 사람들의 수만큼 많아졌기 때문입니다. 기독교도가 예수가 탄생한 해를 1년이라 칭하는 것처럼, 그리스인이 첫 번째 올림피아 제전이 열리던 해를 1년이라고 칭하는 것처럼, 로마인이 로마를 건국한 해를 1년이라고 칭하는 것처럼 무함마드의 신도들은 622년을 1년이라고 칭하기 시작했습니다. 결국 그리스인, 로마인, 기독교도, 아랍인 모두 각기 다른 1년을 갖게 된 셈이에요.

무함마드가 창시한 새로운 종교는 다름 아닌 이슬람교입니다.

○ 바위의 돔
이슬람 제국의 제2대 칼리프인 우마르 1세는 예루살렘을 점령한 후 솔로몬의 성전이 서 있던 자리에 이슬람 사원을 지었습니다. 이 사원을 '바위의 돔(황금 사원)'이라고 부릅니다.

그는 알라 신에게서 받은 계시를 널리 알리고 다녔습니다. 글을 쓸 줄도 모르고 읽을 줄도 몰랐기 때문에 종려나무 잎에 계시를 적게 했습니다. 내용이 얼마나 방대한지 나중에 하나로 모아 놓으니 두꺼운 책이 한 권 만들어졌습니다. 이것이 바로 『쿠란』(코란)이라고 불리는 책입니다. 무슬림이 해야 할 일과 하지 말아야 할 일을 적어 놓은 이슬람교의 성서라고 할 수 있습니다.

무함마드가 태어난 도시인 메카는 이슬람교의 성지입니다. 독실한 무슬림이라면 메카에서 아무리 멀리 떨어져 살아도 죽기 전에 한 번은 꼭 그곳을 찾으려고 합니다. 그뿐만 아니라 무슬림은 언제나 메카가 있는 쪽을 향해 절을 합니다. 오늘날에도 메카는 성지를 찾는 여행객들로 북적입니다. 성지를 찾는 여행객을 다른 말로는 순례자라고 합니다. 이슬람교 사원을 모스크라고 하는데, 이곳에서 예배를 드리기도 하고, 꼭 모스크에 가지 않더라도 하루에 다섯 번씩 기도를 해야 합니다. 이슬람교를 환영하는 사람은 의외로 많았습니다. 무슬림은 얼마 지나지 않아 기독교도의 수만큼 늘어났습니다.

이슬람 제국은 정복지의 사람이라도 인두세(지즈야)를 내면 신앙의 자유를 허락하는 관용을 베풀었고, 이슬람교로 개종하면 인두세 감면의 혜택까지 주었어요. 인두세의 액수는 이전의 동로마 제국이 부과하던 세금보다 훨씬 적었습니다. 이슬람교로 개종하는 사람이 너무 많아지자 이슬람 통치자들이 개종을 말릴 정도였어요. 따라서 이슬람 제국이 정복지의 사람들을 '칼이냐, 쿠란이냐'를 외치며 폭력으로 개종시켰다는 주장은 사실과는 다르답니다.

칼리프 시대

무함마드는 헤지라 이후 10년밖에 살지 못하고 632년에 세상을 떠났습니다. 그러나 무함마드를 따르던 아랍인들은 그 후에도 이슬람교를 계승했습니다. 그의 뒤를 잇는 새로운 통치자를 칼리프라고 합니다. 제2대 칼리프인 우마르 1세는 제1대 칼리프였던 아부 바크르의 정복 사업을 이어받아 동로마 제국으로부터 시리아, 팔레스타인, 이집트를 빼앗고 사산 왕조 페르시아를 멸망시켜 이슬람 제국의 바탕을 이룩했습니다. 그는 예루살렘으로 가서 솔로몬 신전이 있던 자리에 이슬람 사원을 지었습니다.

칼리프 시대는 약 30년간 지속되었는데, 칼리프 선출을 둘러싸고 제4대 칼리프가 암살되면서 정통 칼리프 시대는 종말을 고했습니다. 그 후 칼리프 자리가 세습되는 옴미아드 왕조(우마이야 왕조)가 세워졌습니다. 옴미아드 왕조의 이슬람 세력은 유럽을 향해 북으로 전진하면서 주변 국가를 모두 정복하고 수많은 사람을 이슬람교로 개종시켰습니다. 그리고 마침내 콘스탄티누스 대제의 도시인 콘스탄티노플에 당도했습니다. 그곳은 기독교도의 도시였습니다. 아랍인들은 아시아와 유럽을 잇는 관문과도 같은 이 도시 안으로 진입하고자 했으나 기독교도가 성벽 위에서 뜨거운 타르와 팔팔 끓는 기름을 퍼붓는 바람에 한 걸음도 전진할 수 없었습니다. 몇 번이나 콘스탄티노플을 함락하려고 시도했지만 실패로 끝나고 말았지요.

이번에는 아프리카 대륙을 통해 빙 돌아서 유럽에 진입하기로 했습니다. 이 과정에서 별 어려움 없이 이집트를 평정하며 이

사산 왕조 페르시아
아케메네스 왕조가 알렉산드로스 대왕에 의해 무너진 지 550년만에 파르티아의 지방 영주인 아르다시르가 반란을 일으켜 사산 왕조(226~651년)를 세웠다. 그는 쿠샨 왕조를 속주로 만들고 소아시아까지 정복했다. 250년경 조로아스터교, 불교, 기독교의 교리를 통합한 마니교가 유행했지만 곧 쇠퇴하고, 아케메네스 왕조 때 공인했던 조로아스터교가 국교가 된다.

○ 투르 · 푸아티에 전투
프랑크 왕국의 재상인 카롤루스 마르텔은 프랑스군을 이끌고 이슬람군에 직접 맞섰고, 732년 투르 근교에서 다시는 접근할 엄두조차 내지 못하도록 혼쭐을 내주었습니다. 그렇게 해서 유럽은 이슬람과 사라센으로부터 무사할 수 있었습니다.

집트인을 모두 이슬람교로 개종시켰습니다.

그러고는 바다에 이르러 북쪽으로 방향을 틀어 배를 타고 지브롤터 해협을 건너서 스페인으로 진군했습니다. 여기서 그치지 않고 더 위로 올라가 프랑스에 진입하기에 이르렀습니다. 금세라도 유럽 전역을 정복하고 문명화된 모든 사람을 이슬람교로 개종시킬 기세였습니다. 그러나 프랑스의 투르 지방에서 난관에 부딪치고 말았습니다. 당시 프랑스 국왕에게는 카롤루스(샤를)라는 오른손잡이 신하가 하나 있었는데, 주먹이 어찌나 센지 마르텔('망치'라는 뜻)이라는 별칭이 붙은 사나이였습니다. 카롤루스의 또 다른 이름은 궁재(宮宰)였습니다. 궁재는 원래 왕을 받드는 최고 신하를 뜻하나 카롤루스는 왕보다도 훨씬 큰 권력을 갖고 있었습니다. 당시 프랑스 국왕은 아주 하찮은 존재에 불과했습니다.

카롤루스 마르텔은 프랑스군을 이끌고 이슬람군에 직접 맞섰고, 투르 근교에서 다시 접근할 엄두조차 내지 못하도록 혼쭐을 내주었습니다. 투르 · 푸아티에 전투가 벌어진 것은 732년의 일이었습니다. 이슬람교가 창시된 지 겨우 110년밖에 지나지 않은 때였습니다. 그러나 아랍인들은 이 짧은 시간 동안에 지중해와 접하고 있는 모든 국가를 정복하고 개종시켰습니다. 여기서 지중해에 접해 있는 국가란 콘스탄티노플에서부터 남쪽으로 빙 돌아 프랑스의 투르 지방에 이르기까지의 모든 국가를 의미합니다. 이런 연유로 지중해 남쪽과 동쪽의 국가들은 오늘날까지도 이슬람교를 믿습니다.

옴미아드 왕조를 정통으로 받드는 무슬림을 흔히 수니파라고 부릅니다. 반면 예언자 무함마드의 사위인 알리의 후손만이 칼리프의 자리에 오를 수 있다고 생각한 사람들은 옴미아드 왕조를 등지고 이란 지역으로 도망가서 자신들의 세력을 키웠습니다. 이들을 시아파라고 하는데, 시아는 '알리를 따르는 무리'를 뜻합니다.

시아파는 결국 750년에 옴미아드 왕조를 멸망시키고 바그다드에 새로운 왕국을 건설합니다. 바로 아바스 왕조이지요. 아바스 왕조는 민족 차별을 폐지하고 알라 앞에서 모든 사람이 평등하다고 외치며 그 신념을 구현하기 위해 노력한 왕조였습니다. 비아랍권과 아랍권의 사람들을 묶어서 조화로운 융합을 꾀했어요. 아바스 왕조는 이런 노력으로 범이슬람적인 국가로 발전했어요. 현재의 이슬람 문명권도 사실상 이때 형성되었습니다. 제5대 칼리프 하룬 알 라시드의 이야기가 『아라비안나이트』에 가장 많이 등장할 정도로 아바스 왕조는 이슬람 문명의 중심이었습니다.

아바스 왕조는 상업과 학문을 장려했지만 성지 예루살렘을 찾는 순례자를 박해했습니다. 그 때문에 십자군 운동이 일어나 쇠퇴의 길을 걷게 됩니다. 아바스 왕조가 쇠퇴하자, 셀주크 튀르크족이 파미르 고원에서 지중해에 이르는 대제국을 세우고 새로운 지배자가 되었습니다. 🕌

이슬람교가 세계 3대 종교로 발전하게 된 이유는 무엇일까요?

흔히 '한 손에는 쿠란, 다른 한 손에는 칼'이라는 문구와 함께 시아파의 자살 폭탄 테러를 떠올리며 이슬람교를 잔인한 종교라고 생각하는 사람들이 많습니다. 하지만 그렇지 않습니다. 이스라엘 건국을 위해 팔레스타인에서 이슬람 아랍인들을 내쫓을 때부터 일부 이슬람 원리주의자들이 테러를 일으키기 시작했습니다. 무함마드가 죽고 난 뒤에 이슬람교가 시아파와 수니파로 분열되었지만, 본래 이슬람교는 자비와 통합을 강조하는 종교입니다. 그래서 대부분의 사람들이 이슬람교를 쉽게 받아들였던 거지요. 여기에는 기독교의 비리도 한몫했습니다. 제정이 분리된 사회에서 교회와 왕이 결탁해 많은 문제를 일으킨 거예요. 이런 이유로 이슬람교는 급격히 퍼져 나가게 되었고, 종국에는 기독교를 제치고 거대한 세력으로 성장하게 되었습니다. 이는 무슬림의 기본 의무가 단순한 데다 일상적인 삶 속에 침투되어 있었기 때문에 가능한 일이었습니다.

13 물고 물리는 세상 |
수·당 시대

이슬람 세력은 동로마 제국과 프랑크 제국에 가로막혀 더 이상 서쪽으로 나아갈 수 없게 되자 중앙아시아의 동쪽으로 눈길을 돌려 중국의 당과 마주쳤습니다. 그들은 751년 고구려 유민 출신의 고선지 장군이 이끄는 당 군대를 맞이해 탈라스 전투에서 승리한 이후 중국과 활발하게 교류했습니다. 이때 이슬람 제국에 사로잡힌 당의 병사들 가운데 제지 기술자가 있어 종이 만드는 기술이 이슬람 세계를 거쳐 유럽에까지 전파되기도 했습니다. 그 후로 이슬람 세력은 중국과 유럽을 잇는 비단길을 이용해 막대한 이익을 챙길 수 있었습니다. 당 또한 유럽과 문물을 교환하면서 대제국의 찬란한 문화를 꽃피울 수 있었습니다.

- **712년** 당의 제6대 황제로 현종이 즉위하다. 28세에 황제로 즉위해 나라를 크게 발전시켰지만, 말년에 양귀비 때문에 오점을 남기다. 이 시기에 우리나라에서는 대조영이 발해를 세우고 왕이 되다.
- **751년** 탈라스 전투가 벌어지다. 고선지가 거느린 당의 군사들과 아바스 왕조의 이슬람 군대 사이에서 세계 최초 및 최대 규모로 벌어진 동서양 문명의 충돌이다.
- **755년** 안녹산과 사사명 등이 주동이 되어 안사의 난을 일으키다. 당은 안사의 난 이후 쇠퇴하다가 황소의 난으로 멸망의 길을 걷게 된다.

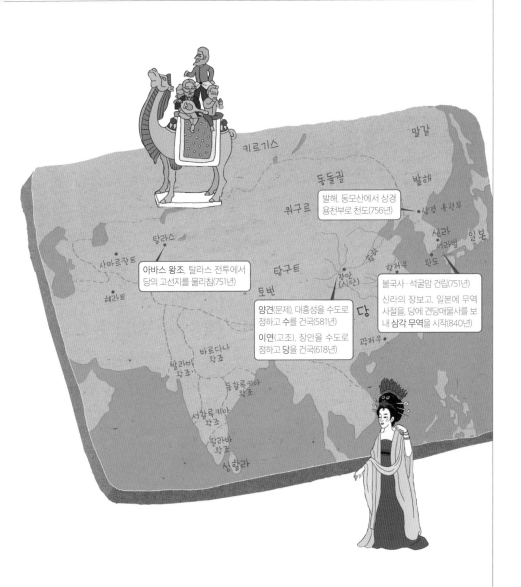

발해, 동모산에서 상경 용천부로 천도(756년)

아바스 왕조, 탈라스 전투에서 당의 고선지를 물리침(751년)

양견(문제), 대흥성을 수도로 정하고 수를 건국(581년)

이연(고조), 장안을 수도로 정하고 당을 건국(618년)

불국사·석굴암 건립(751년)

신라의 장보고, 일본에 무역 사절을, 당에 견당매물사를 보내 삼각 무역을 시작(840년)

위·진·남북조시대

후한이 멸망한 후 중국은 위·촉·오 삼국으로 분열되어 있다가 265년 사마염이 세운 진(晉)에 의해 통일되었어요. 그러나 중국은 이내 5호 16국, 남북조 시대라는 분열기로 접어듭니다. 5호 16국 시대는 흉노족·선비족·갈족·저족·강족의 다섯개 유목 민족이 황허 지역에 들어와 16개의 나라를 세우며 분열을 거듭했던 시대입니다. 5호 16국은 선비족 출신의 북위에 의해 통일됩니다. 북위의 뒤를 이어 동위·서위·북제·북주의 유목 민족 국가가 들어섰는데, 이를 북조라고 합니다.

한편 진은 강남으로 쫓겨 가 동진을 세웠어요. 강남에는 동진의 뒤를 이어 송·제·양·진의 한족 국가가 들어섰는데, 이를 남조라고 합니다. 이렇게 북쪽의 유목 민족과 남쪽의 한족이 중국을 나누어 차지하고 있던 때를 '남북조 시대'라고 합니다.

220년 후한이 멸망한 다음 해부터 수(隋)의 문제(文帝)가 진(陳)을 멸망시키기까지 나라 간의 대립과 분열은 무려 360년간이나 계속되었습니다. 이 시기를 위·진·남북조 시대라고 합니다.

북위의 제6대 황제 효문제는 유목 민

○ **윈강 석굴의 석불**
중국 산시 성 서쪽에 있는 석굴 사원인 윈강 석굴은 둔황, 룽먼 석굴과 함께 중국 3대 석굴을 이루고 있습니다. 동서로 1킬로미터에 걸쳐 약 100개의 굴이 있습니다.

○ 룽먼 석굴

윈강 석굴이 성긴 사암질로
되어 있는 데 반해, 룽먼 석
굴은 딱딱하고 촘촘한 감람
석으로 되어 있어 거대한 석
굴을 깎는 데 기술적으로 한
계가 있었습니다. 『위서』 「석
로지」에도 선무제가 효문제
를 위해서 축조한 석굴은 규
모가 너무 커서 햇빛이 들지
않고, 작업이 힘들어 계획을
축소할 수밖에 없었다고 기
록하고 있습니다.

균전제

토지를 균등하게 분배하는
제도다. 남북조 시대 북위
에서 시작해 북제와 북주로
이어졌고, 이후 당 대 중반
까지 시행되었다.

족만의 국가가 아닌 중국 전체를 지배하는 국가를 만들기 위해
적극적으로 개혁 정책을 펼쳤습니다. 관리를 능력에 따라 구품
으로 나누어 등용하는 구품관인법을 실시했습니다. 이 제도로
인해 문벌 귀족이 형성되었어요. 자영농 육성을 위해 농민에게
연령과 성별에 따라 토지를 나눠 주는 균전제를 실시했으나, 이
제도는 호족의 토지 겸병을 촉진하는 빌미가 되었습니다.

위·진·남북조 시대에는 한 대(漢代)에 전해진 불교가 귀족
뿐 아니라 평민에게까지 널리 보급되었어요. 고구려와 백제에
불교가 전해진 시기도 바로 이 무렵이었어요. 둔황 석굴과 윈
강 석굴, 룽먼 석굴 등 이 시기에 만들어진 석굴 사원에서는 그
리스·로마풍의 간다라 미술 양식을 엿볼 수 있습니다. 중국의
석굴 사원 중에서 가장 큰 것은 윈강 석굴 사원이에요. 동서로
약 1킬로미터에 걸쳐 100개의 굴과 1만 개에 가까운 불상이 있
습니다.

수 왕조의 탄생

한족이 세운 남조와 유목 민족이 세운 북조가 대립하던 남북조 시대에 두 나라는 개와 원숭이처럼 사이가 좋지 않았습니다. 어찌나 사이가 안 좋았던지 남조 사람들은 북조의 왕을 협잡꾼이라고 욕했고, 북조 사람들은 남조를 '아궁이 속같이 뜨겁고 벌레가 우글거리는 미개한 곳'이라고 비하했습니다.

그러던 중 북주의 장군이자 외척인 양견(문제)이 541년에 나이 어린 정제(靜帝)를 몰아내고 수 왕조를 세웠습니다. 중국을 하나로 통일하려는 야망을 가진 문제는 군대를 이끌고 남조를 공격했습니다. 남조의 군대는 강력한 북조의 공격에 맥없이 무너졌습니다. 이로써 양견은 남북조의 모든 지역을 장악하고 중국을 하나로 통일했습니다. 그는 자신의 통일 제국이 영원히 유지되기를 바랐습니다.

하지만 수의 초대 황제가 된 문제에게는 한 가지 문제가 있었습니다. 황허와 양쯔 강이 중국을 남북으로 가로지르고 있었던 것입니다. 북쪽에 있는 황허는 남쪽으로 가는 길을 막고 있었고, 남쪽에 있는 양쯔 강은 북쪽으로 가는 길을 막고 있었습니다. 두 강이 너무 넓고 깊었기 때문에 사람들의 왕래가 자유롭지 못했습니다. 문제의 뒤를 이어 왕이 된 양제는 이대로 가다가는 남과 북이 다시 갈라질 것이라고 우려했습니다. 그래서 남쪽과 북쪽 사람들이 서로 만나서 대화도 하고 거래도 할 수 있도록 남북을 잇는 대운하를 건설하기로 했습니다.

○ 수 양제
시황제보다 성격이 더 포악하고 무자비해 중국의 황제 가운데 가장 폭군으로 알려진 인물입니다. 결국 고구려 원정군 사령관 우문술의 아들 우문화급의 손에 목숨을 잃고 말았습니다.

대운하를 건설하는 데는 오랜 시간과 막대한 돈이 필요했기 때문에 공사 자금을 조달하기 위해 전국의 모든 가구가 10년치 세금을 미리 내야 했습니다. 또 수백만 명의 백성이 강제 노역에 동원되었습니다. 여자나 어린아이, 노인도 예외가 아니었습니다. 과다한 세금을 부담하며 노역에 시달리던 백성들은 농사일조차 제대로 할 수 없었습니다. 그 때문에 백성들의 살림은 나날이 궁핍해졌습니다. 게다가 공사 중에 죽은 사람의 수가 헤아릴 수 없을 정도로 늘어났습니다.

대운하는 공사를 시작한 지 6년 만에 완공되었습니다. 양쯔 강에서 황허까지 총 길이가 1,500킬로미터가 넘는 대공사였습니다. 수양제는 무려 62척이나 되는 배를 동원해 대운하를 돌아봤습니다. 배들을 모두 밧줄로 묶어 끌게 했는데, 그 작업에 동원된 인원만 해도 자그마치 8만 명에 달할 정도였다고 합니다. 대운하가 세워지자 중국 사람들은 남과 북을 왕래하면서 물자를 교류하기가 한결 쉬워졌습니다.

정관의 치

고구려 원정
동북아시아의 강자로 떠오른 고구려가 늘 마음에 걸렸던 양제는 113만 명의 대군을 이끌고 고구려를 침략했지만 살수에서 을지문덕 장군에게 대패했다. 이를 살수 대첩이라고 한다.

대운하 건설과 고구려 원정의 실패로 지칠 대로 지친 백성들은 마침내 반란을 일으켰습니다. 결국 문제의 뒤를 이어 수의 두 번째 왕이 된 양제는 신하들의 손에 의해 살해되고 말았습니다. 수의 마지막 왕이 된 거예요. 그리고 수의 변방을 지키던 이연이 민심이 흉흉해진 틈을 타서 아들과 함께 군대를 일으켜 당을 세운 거예요.

당 고조 이연의 뒤를 이어 왕이 된 당 태종 이세민은 백성을

○ 당 태종

굶주리게 하는 왕은 오래가지 못한다는 사실을 잘 알고 있었습니다. 그는 백성들이 풍요롭게 사는 나라를 만들기 위해 도시를 정비하고 체계적인 통치 제도를 마련했습니다. 당 태종은 먼저 중앙에 3성 6부를 두고 율령 체제를 정비했습니다. 법에는 율령 격식의 네 가지가 있었는데, 율은 형벌 규정이고, 영은 여러 제도에 관한 규정이며, 격은 율령의 규정을 보충하고 변경하는 역할을 하고, 식은 앞의 세 가지 법을 시행하는 데 필요한 세칙이에요. 격식을 차린다는 표현은 이미 당 태종 때 나온 말입니다.

당 태종은 백성들을 배불리 먹이면서 나라를 튼튼하게 하기 위한 작업도 게을리하지 않았습니다. 호적을 만들어 성년 양민(정남)에게 일정한 토지를 지급하는 균전제를 시행했고, 균전을 받은 농민에게는 군역의 의무를 지웠어요. 농민들은 농사철에는 농사를 짓고 농한기에는 훈련을 받았는데, 전쟁이 일어나면 출정했습니다. 군복이나 무기에 드는 비용은 각자가 부담했어요. 군역의 의무는 21세 때부터 시작하고, 60세가 되어서야 면제를 받았습니다. 성인이 되어서는 평생 동안 병역의 의무를 다한 거예요. 당 태종은 『주역』·『상서』·『모시(시경)』·『예기』·『춘추좌씨전』 등 다섯 경전의 문자와 해석을 통일해 한 대 이후의 훈고학을 집대성한 『오경정의』를 편찬하게 했습니다. 『오경정의』는 과거 공부의 기본서가 되었지요. 중국 사람들은 당 태종 시대를 '정관(貞觀)의 치(治)'라고 하며 자랑스러워합니다. '정관'은 당 태종 때 사용하던 연호예요.

수는 고작 40년도 못 가서 멸망했지만 당은 300년 이상 황금시대를 누렸습니다. 그들은 옻칠한 그릇과 수저를 사용했어요.

훈고학

언어를 연구해 문장을 바르게 해석하고 고전 본래의 사상을 이해하려는 학문이다. 훈고학은 중국의 경서 연구에서 시작되었는데, '훈(訓)'은 언어라는 뜻이고, '고(詁)'는 옛 언어를 말한다.

중세 초까지만 해도 세계의 거의 모든 곳에서 사람들이 손가락으로 음식을 집어 먹었다는 것을 감안할 때, 중국인들이 '더럽고 비위생적인 민족'이라는 말은 적절하지 않은 것 같아요. 여러분이 잘 아는 로미오와 줄리엣도 손가락으로 음식을 집어 먹었을 거예요.

당 사람들이 즐겨 먹었던 만두는 그 요리법만 해도 수십 가지나 됩니다. 보석으로 장식한 비단옷은 물론 100여 종류가 넘는 치마를 입기도 했습니다. 심지어 새의 깃털로 만든 옷도 있었어요. 그만큼 문화가 발달한 거예요.

중국 유일의 여황제, 측천무후

당 태종 이세민의 뒤를 이어 그의 아홉 번째 아들 이치가 왕위에 올라 제3대 왕 고종이 되었습니다. 고종의 황후인 왕씨는 고종의 사랑을 독차지하던 소숙비를 무척이나 싫어했어요. 고종에게서 소숙비를 떼어 놓기 위해 고민하던 황후 왕씨는 태종의 후궁이었다가 관례대로 태종이 죽은 뒤 절에서 비구니 생활을 하고 있던 무조를 불러들였습니다. 그러나 이것은 여우를 잡기 위해 범을 불러들인 격이 되었어요.

무조는 고종의 사랑을 독차지하며 4남 2녀의 자녀를 낳았습니다. 그녀는 황후 왕씨의 소원대로 소숙비를 폐출시키고, 소숙비를 대신해 비(妃)가 되었어요. 그러던 어느 날 왕씨가 무조의 딸을 보고 간후, 무조는 자신의 손으로 딸을 목 졸라 죽였어요. 그런 후 딸의 시신을 이불로 덮어 두었지요.

○당 고종

당 태종과 장손 황후 사이에서는 세 명의 왕자가 태어났는데, 이치는 그중 막내였습니다. 두 형이 태종의 마음에 들지 않아 황태자의 자리에서 폐위되었고, 이후 그가 황태자가 되었습니다.

○ 측천무후
당 고종의 황후로서 중국 역
사상 유일한 여황제입니다.
음탕하고 간악한 요녀라는
비난과 민생을 보살펴서 나
라를 훌륭히 다스린 여걸이
라는 칭송을 같이 받고 있습
니다. 무후, 무측천이라고도
합니다.

이때 고종이 딸을 보러 왔다가 딸이 죽었다는 것을 알게 되자,
무조는 이 모든 것이 황후의 소행이라고 모함했어요. 이에 고종
은 황후 왕씨를 폐서인시키고 무조를 황후로 삼았습니다.

고종은 건강이 악화되자, 무후의 장남 이홍에게 제위를 물려
주려 했습니다. 총명하고 겸손했던 이홍은 고종과 대소 신료들
에게도 신임이 두터웠어요. 이에 위기감을 느낀 무후는 675년
이홍에게 독약을 보내 죽여 버렸지요.

측천무후는 총명한 둘째 아들도 여색을 밝힌다고 모함해서
죽인 후 셋째 아들 이현을 황태자로 삼았습니다. 이현은 형들
과 달리 유약했고, 어머니의 말에 절대 순종했어요. 고종이 사
망하고 황태자 이현이 황제에 올랐는데, 그가 제4대 왕 중종입
니다. 그러나 중종의 황후 위씨가 겁도 없이 정사에 간섭하자
무후는 중종을 왕으로 강등시키고 막내아들인 이단을 황제에
올렸는데, 그가 제5대 왕 예종입니다.

이때부터 무후는 모든 실권을 장악하고 정사를 직접 관장했
어요. 690년 9월 9일 그녀는 예종을 황제에서 폐한 후 스스로
황제에 오릅니다. 그리고 장안(지금의 시안 부근)에서 뤄양으로
천도한 다음 '대주'라는 나라를 세웁니다. 이로써 중국 역사에서
유일한 여황제가 탄생한 것이에요.

무후는 황제에 오르자마자 악독한 대신들을 불러들여 당 황
조의 종친과 전대의 대신들을 잔혹하게 몰살시켰습니다. 그녀
는 과거 제도를 다시 개편하고 인재를 배출해 적재적소에 등용
시켰습니다. 또 근무가 태만한 관리들을 모두 파면했고, 심지어
잡아 죽이기까지 했어요. 그녀가 다스리던 시기는 당 태종 이세

민이 다스리던 시대에 버금갔고, 백성들의 생활은 풍족했습니다. 일부 역사가들은 그녀의 치세를 '무주의 치(武周之治)'라고 불렀습니다.

반세기 동안 천하를 주물렀던 여걸 측천무후는 82세의 나이로 파란만장한 삶을 마감했습니다. 뒤이어 중종이 다시 즉위했지만 황후 위씨에게 암살당하고 위씨가 또다시 국정을 농락하자 예종의 아들 이융기가 그녀를 제거하고 예종을 왕위에 앉혔어요. 예종의 뒤를 이어 이융기가 황위에 오르니, 그가 바로 현종입니다.

양귀비의 미소에 나라가 흔들리다

712년 현종이 즉위하자 당은 다시 전성기를 누렸습니다. 이를 '개원의 치(開元之治)'라고 합니다. '개원'은 현종 때 사용하던 연호예요. 수도 장안은 신라와 동로마 제국에서까지 사신, 유학생, 상인들이 모여들었습니다. 당시 장안은 인구 100만 명이 넘는 국제도시로 발전했습니다.

당의 옛 무덤에서는 녹색, 갈색, 흰색의 세 가지 색을 칠한 도자기 인형이 많이 발굴되고 있습니다. 이를 당삼채라고 합니다. 이 시기에는 서방의 조로아스터교, 기독교 계통의 경교, 이슬람교가 전래될 정도로 국제적이고 개방적인 모습을 띠었어요.

751년경 중앙아시아의 탈라스 강 근처에서 이슬람 제국 가운데 두 번째로 규모가 큰 아바스 왕조가 당과

○ 단발머리의 서역인과 삼채 말

당의 무덤에서는 녹색, 갈색, 흰색의 세 가지 색을 주로 사용한 도자기 인형이 많이 발굴되는데, 이를 '당삼채'라고 합니다. 당삼채에는 낙타, 서역인, 서역 악기 등이 많이 표현되어 있습니다. 당삼채는 당과 서역인 사이에 교역이 활발하게 이루어졌다는 사실을 알려 줍니다. 국립중앙박물관 소장

전쟁을 벌였습니다. 당시 당의 군대는 고구려 출신의 명장 고선지가 지휘했는데 아쉽게도 전쟁에서 패해 2만 명이 포로로 붙잡혀 갔습니다. 이들 포로 가운데 종이를 만드는 기술자들을 사마르칸트로 보내는 과정에서 중국의 위대한 발명품인 종이가 이슬람을 거쳐 유럽으로 빠르게 전파되었습니다.

당 대의 사람들은 갖가지 금속과 화학 약품을 섞어 금을 만들어 보려고 했습니다. 비록 실패로 끝났지만 그 과정에서 놀라운 것을 발견할 수 있었습니다. 숯에 질산칼륨과 황을 섞으면 까만 가루가 생기는데, 우연한 기회에 그것이 터져 버린 것입니다. 금을 만들려던 엉터리 연금술사가 화약을 발명한 셈이에요. 그들은 대나무 대롱에 화약 가루를 집어넣어 폭죽을 만들었습니다.

당은 탈라스 전투에서 패한 후, 이민족의 침입을 막기 위해 변방에 군대를 배치했습니다. 그들의 우두머리를 절도사라고 불렀는데, 이민족과의 전쟁이 잦아지면서 주변 지역까지 다스리게 되었습니다. 환관과 외척이 내분을 일으키는 동안에는 봉건 제후와 같은 지위를 누리기도 했습니다.

안녹산은 절도사 중에서 가장 큰 세력을 형성한 인물입니다. 어찌나 뚱뚱했던지 말을 탈 때 뱃살을 얹을 안장이 따로 필요했을 정도였습니다. 하지만 여섯 나라의 언어를 사용할 줄 알았습니다. 안녹산은 뛰어난 말솜씨로 현종에게 접근했습니다. 어느 날 현종이 배를 보며 뚱뚱하다고 놀리자, 안녹산은 이렇게 말했습니다.

"이 배에는 충성심이 가득 차 있습니다."

그 말에 현종은 환하게 웃었습니다. 사실 안녹산의 배에는 나

종이
중국 후한 때의 환관 채륜이 나무껍질과 삼베 조각, 헝겊, 낡은 그물 따위를 사용해 종이를 만들고, 105년에 황제에게 바쳐 널리 사용할 수 있도록 했다. 채륜은 제지법을 발명했다기보다는 기존의 제지 기술을 개량해 대중화하는 데 기여했다고 볼 수 있다. 식물 섬유로 만든 중국의 종이는 아시아는 물론 유럽에까지 전파되어 학문과 예술의 발달에 큰 영향을 끼쳤다.

○ 화칭츠의 해당탕

중국 산시 성 시안 시에서 동쪽으로 35킬로미터 떨어진 리산 일대에 온천이 있습니다. 이곳에 당 현종이 화칭츠를 짓고 '해당탕'이란 욕실을 만들었습니다. 해당탕에는 물이 나오는 곳과 배출되는 곳이 있어 당시에는 최첨단 시설이었습니다.

라를 뒤집어엎을 욕심이 가득 차 있었습니다.

말년에 혼자가 된 현종은 하얀 피부에 풍만한 몸매를 지닌 양귀비를 보고 한눈에 반했습니다. 현종은 본래 며느리였던 양귀비를 강제로 아들과 이혼시켜 자신의 후궁으로 삼았습니다. 양귀비의 총명함과 미모에 넋이 나간 현종은 점점 나랏일을 소홀히 하게 되었습니다. 시인 백낙천은 양귀비의 미모에 대해 "눈동자를 굴리며 살짝 웃으면 백 가지 요염한 표정이 나타난다."라고 묘사했습니다.

양귀비 덕분에 친척 오빠 양국충은 재상의 자리까지 오를 수 있었습니다. 그는 뇌물을 받고 관직을 팔거나 백성으로부터 과도한 세금을 거두는 등 온갖 부정부패를 저질렀습니다. 이때 안녹산이 반란을 일으켜 양국충과 양귀비를 죽이고, 현종까지 쫓아냈습니다. 그러나 궁을 점령하고 새 왕조를 건설할 꿈에 부풀어 있던 안녹산은 자신의 아들에게 암살을 당하고 말았습니다. 그 후 수많은 반란이 이어졌습니다.

결국 소금 밀매상이었던 황소를 우두머리로 하는 농민 반란이 중국 전역으로 확산되었습니다. 이를 황소의 난이라고 합니다. 황소의 난은 주전충의 배신으로 진압되지만 당은 멸망의 길로 빠져들게 됩니다. 이후 다섯 왕조가 교체되었으나 모두 오래가지 못하고 다시 절도사들이 10개국을 세워 서로 힘을 겨루게 되는데, 이를 5대 10국 시대라고 합니다.

당과 송이 멸망한 원인은 무엇일까요?

당은 중앙의 힘이 약한 데 반해 지방의 힘이 너무 강했기 때문에 멸망했습니다. 다시 말해 중앙의 통제가 느슨해지자 지방의 절도사들이 힘을 키울 수 있었고, 그로 인해 결국 멸망한 것입니다. 절도사들의 난립이 심해지자 나라 안은 어지러워졌고 반란이 끊이지 않았거든요. 그렇다면 중앙 정부의 힘이 약해진 이유는 무엇일까요? 양귀비 때문이라는 지적도 있지만 그보다는 균전제 붕괴가 재정난을 가져온 데다가 영토가 확장되면서 절도사의 힘이 막강해진 것에서 그 원인을 찾을 수 있습니다. 반면 송은 지방의 힘을 축소시키기 위해 문치에만 치중한 나머지 군사력이 약화되어 멸망하고 말았습니다. 스스로 나라를 지킬 힘을 기르지 못해 주변 강대국에게 조공을 바치며 겨우 나라를 유지했던 거예요. 문치를 통해 찬란하게 꽃피운 유교 문화를 지켜 낼 힘이 없었던 것이지요.

14 아라비안나이트 |
아랍의 문화

지금부터 시작할 이야기는 아라비아 고전 문학의 진수인 『아라비안 나이트』만큼이나 흥미로운 이야기입니다. 아라비아는 여전히 베일에 가려진 나라거든요. 아라비아의 이슬람 세력은 처음에는 유럽의 앞문을 열고 들어가려고 했습니다. 그러나 끝내 꿈을 이루지 못하고 뒷문으로라도 들어가려고 다시 시도했지만 그마저 실패했습니다. 처음 콘스탄티노플에서는 펄펄 끓는 타르와 기름이, 그다음으로 투르에서는 망치라고 불리는 카롤루스 마르텔이 그들의 앞길을 가로막았기 때문입니다. 그렇게 유럽은 이슬람 세력으로부터 자신을 지켜 냈습니다. 만약 아랍인이 유럽 정복에 성공했다면 유럽은 어떻게 되었을까요?

- **732년** 프랑크 왕국의 카롤루스 마르텔이 투르와 푸아티에에서 옴미아드(우마이야) 왕조의 이슬람군을 무찌르다. 이를 투르·푸아티에 전투라고 한다.
- **762년** 옴미아드 왕조를 전복시키고 들어선 아바스 왕조가 시리아의 다마스쿠스에서 이라크의 바그다드로 수도를 옮기면서 서양의 비잔티움 문화보다 동양의 페르시아 문화를 받아들이다.
- **875년** 아바스 왕조의 칼리프 알 무타미드의 동생 알 무와파크가 처음으로 술탄이라는 칭호를 수여받다. 술탄은 이슬람교 최고 권위자인 칼리프가 수여하는 세속적(정치적)인 지배자를 가리킨다.

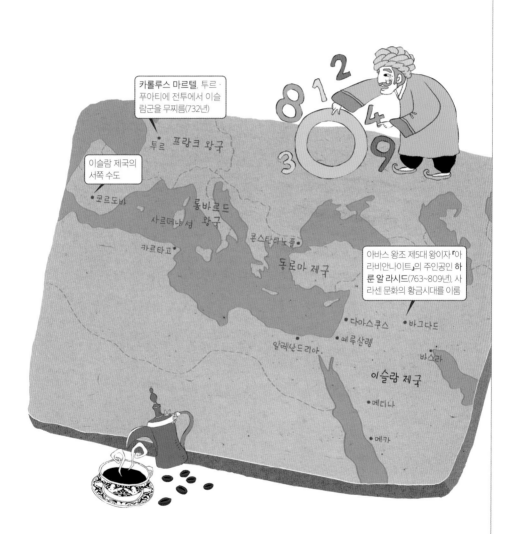

카롤루스 마르텔, 투르·푸아티에 전투에서 이슬람군을 무찌름(732년)

이슬람 제국의 서쪽 수도

아바스 왕조 제5대 왕이자 「아라비안나이트」의 주인공인 하룬 알 라시드(763~809년), 사라센 문화의 황금시대를 이룸

투르 프랑크 왕국

코르도바

롱바르드 왕국
사르데냐섬

콘스탄티노플

카르타고

동로마 제국

다마스쿠스　　바그다드
예루살렘
알렉산드리아
바스라
이슬람 제국
메디나
메카

아라비아 숫자

아라비아는 수학의 고향입니다. 알파벳뿐만 아니라 숫자를 만든 것도 아랍인입니다. 그래서 '1, 2, 3, 4……'를 아라비아 숫자라고 합니다. 로마인은 숫자를 대신해서 문자를 사용했습니다. V는 5, X는 10, C는 100, M은 1,000을 뜻하는 문자입니다. 다음과 같은 식을 계산하는 것이 로마 학생에게 얼마나 힘든 일이었을지 상상해 보세요.

$$IV$$
$$XII$$
$$MC$$
$$CXII$$
$$+ VII$$

이런 식으로 덧셈을 할 수 있을까요? 곱셈이나 나눗셈을 하는 것은 거의 불가능한 일처럼 보입니다. 물론 지금도 로마 숫자를 사용하기는 합니다. 시계가 대표적인 예입니다. 하지만 학생들이 산수 문제를 풀 때 사용하는 숫자와 아버지가 은행이나 회사에서 사용하는 숫자는 모두 아라비아 숫자입니다.

모자이크로 꾸며진 도시

아라비아에는 아름다운 건축물이 유난히 많습니다. 아라비아의 건축물은 그리스나 로마의 건축물과 뚜렷이 구분됩니다. 창문이나 대문은 말발굽 모양의 아치형으로 꾸며져 있고, 모스크 꼭대기에는 양파 모양의 둥근 지붕이 덮여 있으며, 그 위로 첨탑이 세워져 있습니다. 건물 안으로 들어가면 벽이 온통 아름다운 모자이크로 뒤덮여 있습니다.

『쿠란』의 율법에 "너희는 하늘에 있는 것, 땅 위에 있는 것, 물 속에 있는 것 중에 그 무엇과도 닮은 것을 만들지 말지어다."라는 말이 있기 때문에 무슬림은 식물이나 꽃, 동물과 같이 살아 있는 것을 결코 그리지 않았습니다.

생물을 그리는 건 곧 율법을 어기는 것과 같습니다. 그래서 무슬림인 아랍인들은 자연을 본뜨는 대신 오로지 직선과 곡선만으로 도안을 만들어 내곤 합니다. 이러한 무늬를 아라베스크라고 합니다. 아라베스크는 자연에서 볼 수 있는 그 무엇과도 닮지 않았지만 아름답기 그지없습니다.

아라비아 반도에는 키 작은 관목이 많은데, 여기에는 조그마한 열매들이 주렁주렁 열립니다. 전하는 이야기에 따르면 한 에티오피아 목동이 그 열매를 먹은 양이 흥분하는 것을 보고 그때부터 그 열매를 먹기 시작했다고 합니다. 열매의 씨앗을 볶고 갈아서 끓여 마신 거예요. 이것이 바로 오늘날의 커피입니다. 현재 전 세계인이 즐겨 마시는 커피 또한 아랍인이 발견한 거예요.

또한, 아랍인은 과일과 곡식의 즙을 썩히면 변화가 일어난다는 사실을 알았습니다. 발효라는 과정을 거친 주스를 마시면 누구든지 흥분하고 심지어 정신이 나간 사람처럼 행동했습니다. 아랍인은 이 새로운 음료에 술이라는 이름을 붙이고 술을 멀리했습니다.

❍ 아라베스크가 새겨진 향로
식물의 가지나 잎, 꽃을 형상화한 아라베스크는 기하학적인 무늬를 사용함으로써 수학과 기하학의 발전을 가져왔고, 중국의 도자기 발전에도 영향을 끼쳤습니다.
대영박물관 소장

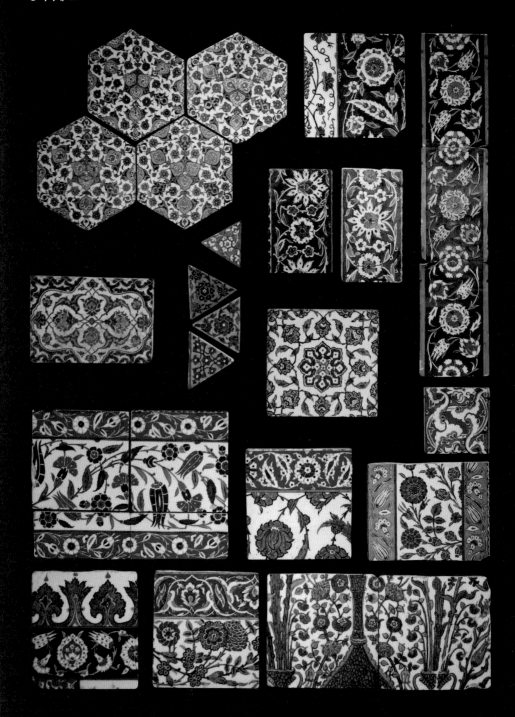

무슬림이 알코올이 들어간 음료를 마시지 않는 것은 바로 그 때문입니다. 술을 발견한 장본인들이 술을 멀리하게 된 거예요. 이는 무려 1,000년 동안이나 지속되고 있습니다.

옷을 만드는 방식도 바뀌었습니다. 양이나 염소의 털을 이용해 옷을 만들려면, 많이 만들 수도 없고 값도 비쌌기 때문에 아랍인들은 목화라는 식물로 천을 만들어 내는 법을 알아냈습니다. 식물로 만든 옷의 가격이 싼 것은 말할 것도 없었습니다. 또 더욱 예쁘게 만들기 위해 아랍인들은 여러 가지 모양의 나무토막으로 무늬를 찍기도 했습니다. 아랍인이 만들어 낸 이 염색 천을 캘리코라고 합니다.

○ 캘리코
아랍인들은 목화로 천을 만들어내는 법을 알아냈습니다. 더 예쁘게 만들기 위해 여러 가지 모양의 나무토막으로 무늬를 찍고 염색했습니다. 아랍인이 만들어 낸 이 날염(捺染) 천을 캘리코라고 합니다. 이로써 의생활에 획기적인 변화가 일어나게 되었습니다.

문화의 황금시대

바그다드는 메소포타미아 문명의 중심지이자, 중세를 호령했던 이슬람 제국의 수도로서 동서 교역의 요충지입니다. 또한 『아라비안나이트』의 배경으로 등장하는 신비의 도시입니다.

페르시아 문학의 진수인 『아라비안나이트』는 원래 페르시아, 이집트, 인도의 전설적인 이야기를 담은 『1001일 밤의 이야기』라는 페르시아의 책에서 유래되었어요. 이 책에는 아바스 왕조 시대의 이야기에서부터 십자군을 물리친 이야기, 이집트의 이야기, 몽골에서 전래된 이야기에 이르기까지 당시 세상의 모든 이야기가 담겨 있었어요. 우리가 잘 알고 있는 「알라딘과 요술램프」와 「신드바드의 모험」, 「알리바바와 40인의 도적」도 실려 있지요. 『아라비안나이트』의 주인공이라고 할 수 있는 하룬 알 라시드는 학예를 후원하고, 학자와 시인을 궁중으로 모아들였기 때문에 사라센 문화의 황금시대가 열리게 되었습니다.

하룬은 매우 현명하고 훌륭한 통치자였습니다. 종종 일꾼처럼 낡은 옷을 입고 백성들 사이에 섞여 여기저기를 돌아다녔습니다. 길이나 시장에서 만난 사람들과 이야기를 나누다가 군주를 어떻게 생각하는지 또 전반적으로 어떤 생각을 갖고 있는지 물어보았습니다. 그가 낡은 옷을 입고 있었기 때문에 사람들은 그의 정체를 눈치채지 못하고 편하게 이야기를 꺼낼 수 있었습니다. 그렇게 주워들은 이야기들은 바로 규칙과 법을 수정하는 데 사용되었습니다.

아랍인은 언제 어디서나 메카의 방향을 알아내기 위해 정교한 나침반을 만들었고, 뛰어난 수학적 사고 능력을 발휘해 체스 게임을 고안하기도 했습니다. 어디 그뿐인가요? 세계 최고의 칼을 만들어 내기도 했습니다. 그들의 칼은 물 위에 떠 있는 가느다란 머리카락 한 올까지 벨 수 있을 만큼 날카로우면서 강철 막대를 두 동강 낼 수 있을 만큼 강하다고 알려져 있습니다. 칼이 만들어진 곳의 이름을 따서 다마스쿠스 검 혹은 톨레도 검이라고 하는데, 이제 더 이상 그런 칼을 만들 수는 없습니다. 칼을 만드는 비법이 전해지지 않고 있기 때문입니다.

셈족의 후예로서 매우 지혜로웠던 아랍인들은『쿠란』의 가르침에 따라 여자가 남자에게 얼굴을 보이는 것이 천박한 일이라고 생각했습니다. 여성이 자신을 드러내는 것은 남성을 유혹하는 행위로 간주되었던 것이지요. 그래서 외출하려면 언제나 얼굴을 제외한 몸 전체를 두꺼운 베일로 가려야 했습니다. 이를 차도르라고 합니다.

● 다마스쿠스 검
아라비아 반도에 있는 다마스쿠스에서 만들어졌습니다. 이토록 멋진 검을 만들던 아랍인의 비법을 아는 사람이 없다는 것은 안타까운 일입니다.

아랍 여성에게
차도르는 어떤 의미가 있을까요?

차도르는 『쿠란』의 가르침에 따라 여성의 얼굴을 가리는 베일로서 우리의 쓰개치마와 비슷합니다. 다른 점이 있다면 차도르는 여성의 머리카락을 성적인 매력이 있는 것으로 간주해 이를 가림으로써 욕망을 정화하려는 목적이 있습니다. 가리는 부위에 따라 머리카락만 가리고 얼굴을 드러내는 히잡, 온몸을 가리는 부르카, 온몸을 가리고 얼굴만 드러내는 차도르 등이 있습니다. 1979년 호메이니가 집권하기 전에는 차도르에 대한 제약이 전혀 없었습니다. 실제로 1936~1941년에는 레자 샤 팔라비가 근대화 정책에 따라 차도르를 안 써도 된다는 정책을 펴기도 했습니다. 하지만 호메이니의 이슬람 혁명 이후 "이슬람으로 돌아가자!"라는 구호와 함께 차도르를 의무적으로 착용하게 되었습니다. 즉, 차도르는 종교적인 이유뿐만 아니라 정치적인 이유로도 착용했던 거예요.

15 카롤링거 왕조 르네상스 |
프랑크 왕국

카롤루스 대제(샤를마뉴 대제)는 유럽 대부분을 정복하고 프랑크 왕국을 제국으로 확장시킨 인물입니다. 그는 이탈리아를 정복하고 로마 교황 레오 3세에 의해 서로마 제국의 황제로 임명되었고, 황제가 된 후 교회를 통해 예술, 종교, 문화를 크게 발전시켜 카롤링거 왕조 르네상스를 일으켰습니다. 카롤루스 대제는 로마의 예술과 문화에 지대한 관심을 가졌습니다. 카이사르의 『갈리아 전기』를 비롯한 대부분의 작품들은 모두 카롤루스 대제 시대의 학자들이 후대에 전한 것입니다. 교육과 문화를 중시했던 카롤루스 대제의 정신은 독일 문명의 토대가 되었고, 오늘날 서유럽의 기반을 닦은 왕으로 묘사되고 있습니다.

- **771년** 카롤루스 대제가 아버지 피핀 3세의 뒤를 이어 동생 카를로만과 왕국을 공동으로 통치하다가 동생이 죽고 난 뒤에 프랑크 왕국을 통일하다.
- **800년** 카롤루스 마르텔의 손자이자 유럽의 아버지로 불리는 카롤루스 대제가 12월 25일 성 베드로 대성당에서 교황 레오 3세 주재하에 서로마 제국 대관식을 치르다.
- **843년** 루트비히 1세(경건왕 루트비히)의 세 아들이 프랑크 왕국을 셋으로 나누는 베르 조약을 체결하다. 오늘날 프랑스, 독일, 이탈리아의 원형이 형성되다. 이 시기에 우리나라에서는 장보고가 살해되다.

카롤루스 대제, 수도를 파리에서 엑스라샤펠로 이전. 프랑크 왕국 통일(771년)

루트비히 1세의 사후 세 아들이 유산 분쟁 끝에 프랑크 왕국을 분할하는 베르됭 조약을 체결(843년). 오늘날 프랑스, 독일, 이탈리아의 원형을 형성

카롤루스 대제, 성 베드로 대성당에서 교황 레오 3세로부터 서로마 황제의 대관을 받음(800년)

카롤루스 대제, 스페인의 무슬림과의 싸움에서 패함(778년)-「롤랑의 노래」의 주제가 됨

테오도시우스 1세, 로마 제국을 두 아들에게 나누어 주고 사망하면서 동서로 분열됨(395년).

서로마 제국(384~476년)의 초대 황제는 호노리우스이고, 동로마 제국(330~1453년)의 초대 황제는 아르카디우스임

카롤루스 대제

투르에서 이슬람을 물리쳤던 카롤루스 마르텔의 뒤를 이어 궁재가 된 피핀은 곧바로 왕을 수도원에 가두어 버리고 스스로 왕이 되었습니다. 이로써 클로비스 1세가 창건한 메로빙거 왕조의 맥이 끊기고 피핀이 창건한 카롤링거 왕조가 시작되었어요. 피핀(피핀 1세)은 왕권 강화를 위해 로마 교황을 지지했습니다. 당시 동로마 제국의 보호령이었던 로마 교황청은 동로마 제국에 대항하기 위해서라도 피핀의 지원이 필요했습니다. 피핀의 아들 카롤루스 대제는 프랑스 왕이었지만 한 나라의 왕으로 만족하지 않고 프랑스에 인접한 나라들, 즉 스페인과 독일의 일부까지 정복했습니다.

그리고 제국의 수도를 프랑스 파리에서 독일의 엑스라샤펠(지금의 아헨)로 옮겼습니다. 지리적으로 드넓은 제국을 통치하는 데 파리보다 엑스라샤펠이 더 편리했기 때문이라고 하는데, 사실은 엑스라샤펠이 따뜻한 지역이라 목욕하기 안성맞춤이었다는 것이 더 중요한 이유일 거예요. 카롤루스 대제는 목욕하는 것을 좋아하고 수영도 잘했거든요.

800년에 카롤루스 대제는 성 베드로 대성당을 찾았습니다. 동로

○ 서로마 황제의 대관을 받는 카롤루스 대제
카롤루스가 성 베드로 대성당의 제단에서 기도를 드리고 있는데, 교황이 앞으로 나와 그의 머리에 왕관을 씌우며 그에게 '서로마 황제'의 칭호를 내렸습니다. 당시에는 교황에게 왕과 황제를 임명할 권한이 있었습니다.

마 제국의 보호령에서 벗어나기를 원했던 로마 교황 레오 3세는 성탄절에 카롤루스 대제의 머리에 왕관을 씌워 주며 그에게 서로마 황제의 칭호를 내렸습니다. 카롤루스 대제가 서로마 황제가 되었다는 것은 서로마 제국의 정통성을 프랑크 왕국이 갖게 되었다는 것을 의미합니다. 로마 교황은 동로마 제국을 로마 제국으로 인정하지 않고 프랑크 왕국을 로마 제국의 후계자로 인정한 것입니다.

이제 프랑크 왕국은 게르만인이 통치하는 '로마 제국'이 된 셈이에요. 레오 3세의 의도대로 정치는 프랑크 왕국의 황제가 맡고, 종교는 로마 교황이 분담하는 정교분리가 이루어진 거예요. 이로써 카롤루스 대제는 이미 통치 중인 여러 국가와 더불어 이탈리아까지 통치하는 황제가 되었습니다. 실제로 그가 통치한 나라들은 고대 로마 제국의 서쪽 지역과 일치했습니다. 다시 말해 카롤루스의 제국은 제2의 로마 제국과 같았지만 둘 사이엔 커다란 차이가 있었습니다. 바로 로마인이 아닌 게르만인이 통치하는 제국이라는 점입니다.

카롤루스 대제는 제대로 교육을 받지 못한 게르만인이었지만 무지한 여느 게르만인과는 전혀 달랐습니다. 그는 세상의 모든 것을 알고자 하는 마음이 간절했고, 남들이 할 수 있는 것은 뭐든지 할 수 있기를 바랐습니다. 게르만인이 지배하는 프랑크 왕국에서는 교육을 받은 이가 별로 없어 거의 모든 사람들이 글을 읽고 쓸 줄 몰랐습니다. 카롤루스는 교육을 원했으나 그가 사는 곳에서는 그를 가르칠 만한 사람이 거의 없었습니다.

바다 건너 영국에 앨퀸이라는 이름을 가진 박식한 수도자가 있었습니다. 앨퀸은 당시 어느 누구보다도 아는 것이 많았습니다. 카롤루스 대제는 앨퀸을 프랑스로 초대해 프랑스 국민의 스승이 되어 줄 것을 부탁했습니다. 앨퀸은 카롤루스에게 철학과 과학을 가르치고, 라틴어와 그리스어로 된 시를 낭송해 주었습니다.

카롤루스는 모든 것을 쉽게 배웠지만, 글을 읽고 쓰는 일만큼은 매우 어려워했습니다. 잠자리에 들 때마다 베개 밑에 공책을 넣어 두고 아침에 일어나자마자 글쓰기 연습을 했는데도 자기 이름 외에는 결국 아무것도 쓰지 못했습니다. 성인이 될 때까지 공부라곤 전혀 해 본 적이 없었지만, 성인이 된 후로는 평생을 공부하며 살았습니다. 카롤루스는 공주에게도 스스로 생계를 유지할 수 있도록 옷 만드는 방법에서부터 요리까지 전부 가르쳤습니다.

카롤루스는 재력과 권력을 모두 가진 군주였지만 소박한 음식을 먹고 검소한 옷을 즐겨 입었습니다. 화려한 옷에는 관심이 없었습니다. 하루는 귀족들이 입고 있는 사치스러운 옷이 얼마나 우스꽝스러운지 깨닫게 해 주기로 마음먹고, 폭풍우가 몰아치는 날 귀족들을 데리고 숲 속으로 사냥을 나갔습니다. 어떻게 되었을까요? 비단이나 공단으로 만든 귀족의 옷이 비에 홀딱 젖은 채로 진흙투성이가 되고 가시에 찢겼지요. 카롤루스는 그들의 모습을 보며 아주 즐거워했답니다.

카롤루스가 살아 있을 때 바그다드에는 하룬 알 라시드가 있었습니다. 아바스 왕조의 제5대 칼리프 하룬이 『아라비안나이

○ 카롤루스와 앨퀸

영국에 앨퀸이라는 이름을 가진 매우 박식한 수도자가 있었습니다. 고대 학예에서 자유칠과(문법, 논리, 수사, 산술, 기하, 음악, 천문)를 신학의 예비 학과로 편성해 중세 대학의 교양학부 체계에 영향을 끼쳤습니다. 카롤루스는 앨퀸을 프랑스로 초대해 자신을 포함한 프랑스 국민들에게 가르침을 줄 것을 부탁했습니다.

트』의 주인공이란 사실을 기억하고 있지요? 무슬림인 하룬은 기독교를 싫어했지만 카롤루스만큼은 예외였습니다. 온갖 값진 선물을 보내 카롤루스에 대한 존경심을 표현하곤 했습니다. 그중에는 아랍인이 발명한 시계도 들어 있었습니다. 하룬이 보내온 종시계는 엄청난 호기심을 불러일으켰습니다. 당시 유럽에는 시계가 없어서 사람들이 해시계나 물시계, 모래시계를 이용하곤 했거든요.

서유럽의 탄생

로마가 분열되던 시기로 거슬러 올라가 중세 서유럽의 흐름을 한번 살펴볼까요? 로마 제국의 콘스탄티누스 대제가 330년 콘스탄티노플에 제2의 수도를 건설하면서 동로마 제국이 건설되었습니다. 훈족의 침입으로 대대적인 게르만 민족의 대이동이 시작되면서 테오도시우스 1세가 로마 제국을 두 아들에게 나누어 주고 사망함으로써 로마 제국은 395년에 동서로 분열되었습니다. 서로마 제국은 사실상 '국가 속의 국가'를 건설한 게르만 용병 대장 오도아케르가 476년에 서로마 제국의 두 살배기 황제 로물루스 아우구스툴루스를 폐하고 동로마 황제의 신하가되면서 멸망했습니다. 로마는 로물루스에서 시작해 로물루스로 끝난 셈이에요.

그 후 게르만의 여러 부족 국가의 왕들은 오도아케르와 같은 방식으로 동로마 제국의 신하를 자청하면서 동시에 황제의 권위를 이용했습니다. 동로마 제국(330~1453년)은 1,000여 년을 이어 오다가 오스만 튀르크에게 멸망당했습니다.

테오도시우스 1세
그라티아누스 황제로부터 동로마 제국을 다스릴 것을 임명받은 이후 동로마와 서로마 모두를 통치한 황제다. 그가 죽은 후 로마 제국은 동과 서로 완전히 분리되었다. 그는 기독교를 로마 제국의 공식적인 국교로 만들었다.

○ 오토 1세

독일 국왕(재위 936~973년)
이자 신성 로마 제국 황제(재
위 962~973년)입니다. 부왕
하인리히 1세의 유업을 이어
받아 독일의 국가 통일을 강
력히 추진했습니다. 교황 요
한네스 12세의 파병 요청에
따라 이탈리아로 출정했고,
962년에 교황으로부터 신성
로마 제국의 제관을 받았습
니다.

481년 프랑크족의 클로비스 1세가 메로빙거 왕조를 수립했고, 카롤링거 왕조를 세운 피핀 1세의 아들 카롤루스가 800년에 서로마 황제의 칭호를 받으면서 이탈리아까지 통치하게 되었어요. 사실상 유럽을 통일한 카롤루스는 카이사르, 나폴레옹과 함께 유럽의 3대 정복자로 손꼽히고 있어요.

프랑크족은 재산을 분할해서 상속하는 관습이 있었습니다. 카롤루스의 뒤를 이어 왕이 된 루트비히 1세는 첫째 아들 로타르 1세에게는 프랑크 중부 지역을, 둘째 아들 루트비히 2세에게는 동부 지역을, 셋째 아들 카롤루스 2세(카를 2세)에게는 서부 지역을 물려주었어요. 루트비히 1세가 세상을 떠난 후 세 아들은 서로 영토 다툼을 벌이다 843년 전쟁을 끝내고 모두 딴살림을 차리기로 합의했어요. 이 조약이 베르됭 조약입니다. 중프랑크의 로타르 2세가 세상을 떠나자 서프랑크와 동프랑크가 중프랑크를 놓고 맞붙었습니다. 870년 두 나라는 오늘날 네덜란드 땅인 메르센에서 전쟁을 끝내기로 합의했는데, 이것이 바로 오늘날의 프랑스(서프랑크), 독일(동프랑크), 이탈리아를 형성한 메르센 조약입니다.

동프랑크의 제후국 중 하나인 작센의 대공 하인리히 1세가 왕으로 선출되면서 동프랑크 왕국의 첫 왕조인 작센 왕조가 시작되었어요. 하인리히 1세는 오늘날의 헝가리 민족인 마자르족을 물리쳤어요. 뒤를 이어 왕이 된 오토 1세는 로마 교황을 보호하기 위해 이탈리아에 군대를 파견했습니다. 교황 요한네스 12세는 오토 1세가 든든한 후원자 역할을 해 준 것에 보답하기 위해 오토 1세를 신성 로마 제국(962~1806)의 황제로 임명했어요.

카롤루스 대제가
유럽의 역사에 끼친 영향은 무엇일까요?

카롤루스 대제는 프랑크 왕국을 통일하고 주변 지역을 점령함으로써 유럽의 정서적 통합을 이끌어 내는 데 성공했습니다. 또한 라인 강 하류 지역을 공격한 이민족에 맞서 열여덟 차례의 전투를 치르면서 작센족에게 세례를 받게 했고, 그에 대한 보상으로 당시 동로마와 대립하고 있던 서로마의 교황 레오 3세로부터 세례를 받았습니다. 이로써 서유럽에서 기독교가 널리 공인받을 수 있었고, 이후 카롤루스 대제 시절에 이르러 서유럽이 정치적으로나 종교적으로 통일을 맞이할 수 있었습니다. 이 때문에 카롤루스 대제를 '유럽의 아버지'라고 부르는 것입니다.

16 걸음마의 시작 |
영국의 탄생

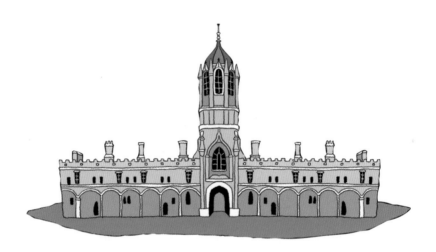

한쪽 팔에 출생의 징표가 빨갛게 새겨진 소년이 있었습니다. 그 징표는 영국 땅의 모양과 비슷해서 소년은 이를 '나의 영국'이라고 불렀습니다. 그가 바로 영국 역사상 유일하게 대왕이라고 불렸던 앨프레드입니다. 앨프레드는 당시 조그만 섬 나라에 지나지 않았던 영국을 세계 최강의 섬나라로 만들었습니다. 그래서 그런지 영국인들은 앨프레드 대왕을 기독교와 라틴어 학습을 통해 국가를 건설하려고 했던 진정한 조상으로 추모하고 있습니다. 아직도 많은 사학자가 영국의 뿌리를 앨프레드에게서 찾고자 하는 것도 그 때문입니다.

- **800년** 비옥한 땅을 얻기 위해 바이킹이 유럽과 러시아 등지로 민족 이동을 시작하다. 이 시기에 우리나라에서는 가야산에 해인사를 창건하다.
- **871년** 잉글랜드 웨식스의 왕으로 앨프레드 대왕이 즉위하다. 앵글족과 색슨족을 통합하고 바이킹을 기독교로 개종시키다. 이 시기에 우리나라에서는 황룡사 탑이 세워지다.
- **1000년** 아이슬란드의 탐험가 레이브 에릭슨이 북아메리카를 최초로 발견하다. 그가 발견한 땅에 '빈랜드'라는 이름을 붙이다.

아이슬란드의 탐험가 레이브 에릭슨, 바이킹 시대인 1000년경 북아메리카를 최초로 발견

앨프레드 대왕(849~899년), 앵글족과 색슨족을 통합. 바이킹(데인족)을 물리치고 기독교로 개종시킴

해적을 제압한 앨프레드 대왕

앨프레드는 어린 시절 유난히 공부를 싫어해서 읽기를 배우는 데도 꽤 애를 먹었습니다. 어느 날 앨프레드의 어머니는 앨프레드 형제에게 수도사들이 직접 쓰고 꾸민 책을 한 권 보여 주면서 가장 먼저 읽은 사람에게 그 책을 선물로 주겠다고 약속했습니다. 앨프레드는 처음으로 노력이란 걸 했습니다. 열심히 공부한 덕분에 금세 책을 읽을 수 있게 되었고, 가장 먼저 그 책을 읽었습니다.

앨프레드가 성인이 되었을 때, 영국은 해적들 때문에 골머리를 썩고 있었습니다. 해적도 그냥 해적이 아니라 바이킹이라고 불리는 데인족이었습니다. 당시 영국인은 어느 정도 문명화되어 있었지만, 데인족은 거칠고 야만적이었습니다. 그들은 영국을 침략해 약탈을 일삼았습니다. 마치 울타리 밖으로 나와 있는 사과나무의 사과를 따듯 거침이 없었습니다.

시간이 지날수록 그들은 점점 더 대담해졌고, 나중에는 약탈하고 나서도 자기네 나라로 돌아가려고 하지 않았습니다. 뒤쫓아 나오는 주인에게 혀를 날름 내밀며 오히려 돌팔매질을 해 대는 격이었습니다. 이 해적들을 혼내 주기 위해 왕의 군대가 투입되었지만, 승리는커녕 패배만 안고 돌아서야 했습니다. 원하는 건 뭐든 얻어 내는 데인족이 영국 땅을 지배하고 영국인을 지배하는 건 시간문제인 것처럼 보였습니다.

앨프레드는 자신의 형 애설레드 1세의 뒤를 이어 871년에 왕이 되었지만 영국의 앞날은 암담하기만 했습니다. 그러던 어느 날, 앨프레드는 호위대도 없이 누더기 차림으로 혼자서 궁전을 나섰습니다. 홀로 떠돌다가 지치고 굶주린 그는 무턱대고 어느 양치기의 오두막으로 들어가 먹을 것을 달라고 청했습니다. 화덕 앞에 앉아 빵을 굽고 있던 양치기 부인은 앨프레드에게 소젖을 짜러 나갔다 올테니 그동안 빵을 봐 주면 먹을 것을 주겠다고 했습니다.

앨프레드는 그녀의 말대로 화덕 앞에 앉았습니다. 그러나 데인족을 어떻게 하면 물리칠 수 있을까 너무 골몰한 나머지 빵 굽는 일은 까맣게 잊어버리고 말았습니다. 양치기 부인이 돌아왔을 때는 빵이 전부 시커멓게 타 버리고 난 뒤였습니다. 양치기 부인은 크게 화를 내며 앨프레드를 내쫓았습니다. 물론 자기가 쫓아낸 사람이 다름 아닌 앨프레드 대왕이란 사실은 꿈에도 모른 채였습니다. 앨프레드가 자기 신분을 입 밖에 내지 않았기 때문입니다.

앨프레드는 생각 끝에 데인족을 이기려면 육지보다 바다를 정복해야 한다는 결론에 도달했습니다. 그래서 그는 데인족보다 훨씬 크고 튼튼한 배를 만드는 일에 착수했습니다. 얼마 뒤 그는 함대를 구축하게 되었고, 바라던 대로 데인족보다 훨씬 더 큰 배를 갖게 되었습니다. 하지만 배가 너무 커서 물이 얕은 곳에서는 좌초된다는 문제가 있었습니다. 반대로 데인족의 배는 작아서

○ 바이킹의 배
바이킹은 800년에서 1050년 사이에 활약한 스칸디나비아 출신의 해양 상인들을 일컫는 말입니다. 해적으로 알려져 있지만 무역 활동에도 적극적으로 참여했습니다.

무사히 육지로 진입할 수 있었습니다. 그러나 앨프레드의 함대는 넓고 깊은 바다에서는 매우 강력한 힘을 발휘했습니다. 이것이 영국 해군의 시작이었습니다. 지금까지도 세계 최강으로 손꼽히는 영국 함대는 이미 1,000년 전에 만들어진 것입니다.

수년에 걸친 전쟁 끝에 앨프레드는 데인족과 협정을 맺어 그들에게 도둑질을 그만두고 평화롭게 산다는 조건하에 영국 땅의 일부를 내주는 것이 최선의 방법이라는 결론을 얻었습니다. 데인족도 앨프레드의 제안에 선뜻 동의했고, 그가 내준 땅에서 조용히 터를 잡고 살면서 기독교도가 되었습니다. 그 후로 영국과 데인족의 충돌은 없었습니다.

데인족
8~11세기 잉글랜드에 침입한 노르만족의 일파로서 북게르만 민족에 속한다. 처음에는 스칸디나비아 반도 남부에 거주했으나 5세기 중엽 이후 덴마크 지방으로 이주했다. 덴마크는 '데인인의 나라'를 뜻한다.

걸음마를 시작한 영국

앨프레드 대왕은 엄격한 법률을 제정해 죄를 저지른 자들을 엄히 다스렸습니다. 그래서 백성들은 길거리에 황금이 떨어져 있어도 아무도 가져가는 사람이 없을 정도였습니다. 또한, 앨프레드 대왕은 유럽 각지에서 학식 있는 사람들을 데려다가 백성들에게 기술을 가르치도록 했습니다. 읽고 쓰는 법도 교육했습니다. 1,000년 역사의 옥스퍼드 대학교 또한 그가 처음 건립했다고 알려져 있습니다.

이외에도 앨프레드 대왕은 양초가 타들어 가는 것을 보고, 한 시간 동안 타는 양을 계산해 양초에 표시했습니다. 이를 양초시계라고 합니다. 또한 양초를 밖에서도 사용할 수 있도록 조그만 상자에 쇠뿔을 얇게 잘라 붙인 휴대용 랜턴을 만들기도 했습니다. 처음에는 쇠뿔로 만든 램프라는 뜻으로 램프혼(lamphorn)이

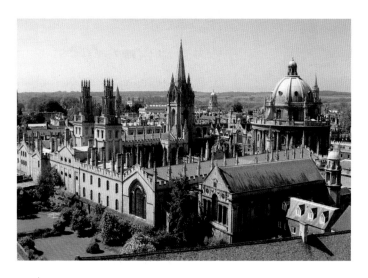
라 불렀지만, 곧 랜턴으로 이름이 바뀌었습니다. 랜턴의 어원이 '등대'라는 뜻의 라틴어 '랜터나'에서 유래했다는 설도 있습니다.

앨프레드 대왕의 발명품은 전혀 다른 의미에서 우리에게 놀라움을 줍니다. 너무 원시적이라는 거죠. 이를 통해 당시 영국이 유럽의 다른 게르만 민족과 마찬가지로 매우 미개했음을 알 수 있습니다. 종 시계를 개발한 아랍인들이 오히려 훨씬 더 앞선 문명을 이루고 있었던 거예요. 영국은 이제 막 '걸음마'를 시작했거든요.

신대륙을 발견한 노르만족

누군가 세상의 종말을 기다리고 있을 때, 유럽 북부에는 기독교를 믿지 않는 또 다른 게르만 민족이 살고 있었습니다. 그들은 성경에서 세상의 종말에 관해 뭐라고 이야기하고 있는지 알지도 못했고 관심도 없었습니다. 앨프레드 대왕 시대부터 영국에 터를 잡았던 데인족과 뿌리가 같은 이들을 노르만족이라고

○ 레이브 에릭손
바이킹 역사상 가장 위대한 인물로 손꼽힙니다. 콜럼버스가 아메리카 대륙을 발견하기 500년 전에 선원들을 이끌고 바다를 건너 아메리카 대륙에 진출했습니다. 하지만 그는 아메리카 대륙을 그다지 중요하게 여기지 않았습니다.

합니다. 노르만족은 매우 용감한 바다 민족으로 고대 페니키아인들보다 더 대담하고 겁이 없었습니다. 그들은 배를 검게 칠하고 뱃머리에는 바다 괴물이나 용의 형상을 새겼습니다. 그러고는 북쪽 바다를 항해하면서 해가 지는 쪽을 따라 서쪽으로 멀리멀리 배를 저어 가다가 누구도 밟지 못한 아이슬란드와 그린란드를 발견했으며, 나아가 레이브 에릭손이 이끄는 배가 아메리카 대륙의 해안가에 상륙하기도 했습니다. 즉, 유럽의 기독교도들이 세상의 끝을 기다리던 그때, 바이킹족은 '세계의 끝'이라고 생각했던 곳에 도착한 셈입니다.

그들은 새로 발견한 땅을 빈랜드 혹은 와인랜드라고 불렀습니다. 포도주의 주원료인 포도가 그 땅에서 자라고 있었기 때문입니다. 그러나 그들은 해안가에서 크게 벗어나지 않고 그 땅 역시 작은 섬에 불과할 거라고 생각했습니다. 그곳이 신세계일 거라고는 전혀 꿈에도 생각지 못했던 거예요.

자기네 나라에서 너무 멀리까지 와 버린 데다가 야만적인 원주민들 때문에 불편한 생활을 해야 했던 그들은 결국 새로운 땅을 떠나 고국으로 돌아갔습니다. 신대륙은 그로부터 다시 500년이라는 시간이 지날 때까지 잠을 자고 있어야 했습니다.

앨프레드 대왕은 영국 역사에서 어떤 역할을 했을까요?

앨프레드 대왕은 잉글랜드의 진정한 통일을 이룩한 왕입니다. 그에 앞서 앨프레드의 할아버지인 에그버트 왕이 잉글랜드의 통일을 이룩했지만 완전하지 못했거든요. 당시 영국은 앵글족과 색슨족으로 나누어져 있었어요. 앨프레드 대왕은 런던을 공격함으로써 앵글족과 색슨족을 사실상 하나의 국가로 통일했습니다. 이외에도 기존에 내려오던 관습법을 법전으로 명문화해서 현재 영미법의 기본 틀을 완성하기도 했습니다. 또한 19세기 영국을 '해가 지지 않는 나라'로 만든 해군을 처음 창설해 '영국 해군의 아버지'라고 불렸고, 라틴어 문학 작품을 영어로 번역해 널리 알림으로써 '영국 산문의 아버지'라고도 불렸습니다. 그래서 영국의 수많은 왕 중에서 유일하게 대왕이라는 칭호를 붙이게 된 것입니다.

17 영주와 기사 |
중세 유럽의 역사

성은 공주와 왕자가 등장하는 동화 속에서만 존재한다고 생각하나
요? 사실 중세 유럽의 거의 모든 나라에는 성이 있었고, 그건 동화
속에나 등장하는 가짜 성이 아니라 진짜 성이었습니다. 마치 동화 속의
성과 같은 곳도 있습니다. 독일 퓌센에 있는 노이슈반슈타인 성은 독특하
고 낭만적인 느낌을 주기 때문에 흔히 '백조의 성'이라고도 불립니다. 디
즈니랜드는 이 성을 본떠 만들어진 것입니다. 그렇다면 중세 시대의 성에
는 누가 살았으며, 어떻게 살았을까요? 지금부터 중세 시대의 성을 찾아
가 보겠습니다.

- **1070년** 노르만 왕조를 정복한 윌리엄 1세(정복왕 윌리엄)가 수도의 서쪽 지역을 방어하기 위해 목조의 성채를 설계하고, 헨리 8세에 의해 윈저 성이 완성된다.
- **1100년** 십자군 전쟁을 계기로 구호 기사단, 빈자 기사단, 성전 기사단 등이 등장하다. 이 시기에 우리나라에서는 숙종이 고려의 제15대 왕으로 즉위하다.
- **1869년** '광인왕 루트비히'라고 불리던 독일의 바이에른 왕 루트비히 2세에 의해 노이슈반슈타인 성(백조의 성)의 공사가 시작되다.

장원 한가운데에 있었음. 적의 공격을 막기 위해 성벽 주위에 해자를 설치

영주의 성

공동 방목지

목초지

농민은 목초지에서 소나 양을 키우고 영주에게 대가를 지불

휴경지

추경지

농지는 경계가 없는 가느다란 땅으로 이루어짐. 춘경지, 추경지, 휴경지로 나누어 토질을 유지

전쟁에 필요한 무기와 장원에 필요한 농기구 제작

춘경지

대장간

주말에는 장원에 속한 모든 사람들이 의무적으로 교회에 나가 예배를 함

영주는 방앗간을 설치하고 농민에게 사용료를 받음

교회

방앗간

촌락

충성을 사고 파는 봉건제

중세 시대에는 전쟁을 통해 다른 나라를 정복했을 때, 전쟁을 승리로 이끄는 데 공헌한 장군에게 돈 대신 정복한 땅의 일부를 떼어 주는 것이 관례였습니다. 땅이 곧 권력의 중심이었기 때문입니다. 이렇게 받은 땅을 봉토(封土)라고 하고, 봉토를 떼어 받은 장군을 봉신(封臣)이라고 합니다. 봉신은 영주가 원하면 언제든지 함께 전쟁에 나가겠다고 서약했습니다.

서약은 봉신이 영주 앞에 무릎을 꿇은 다음, 영주의 두 손 사이에 자기 두 손을 넣은 채, 영주의 손에 입을 맞추는 행위를 통해서 이루어졌습니다. 이를 충성 서약이라고 합니다. 적어도 1년에 한 번씩 똑같은 의식을 반복해야 했습니다. 봉토를 나눠 주고 충성의 맹세를 받는 이러한 방식을 봉건제라고 합니다.

봉건제는 왕의 권위가 무너지고 민족 및 혈연의 유대 관계가 약해지면서 이민족의 침략이 기승을 부릴 때 지역 방위의 유일한 수단이 되었습니다. 하지만 강력한 왕의 부재 때문에 분열과 권력 다툼의 온상이 되기도 했습니다.

중세의 생활 모습

영주는 하사받은 토지에 성을 짓고, 자신에게 보호를 의탁하는 농노들을 다스리며 마치 작은 왕처럼 살았습니다. 성은 영주의 집이기도 했지만 다른 영주로부터 자신을 보호하는 요새이기도 했습니다. 그래서 영주들은 적이 쉽게 쳐들어올 수 없도록 산 정상이나 절벽 위에 성을 지었습니다.

봉건제

유럽의 봉건제는 게르만 민족의 종사 제도와 로마의 은대지 제도를 토대로 형성되었다. 종사 제도는 종사가 주군에게 충성을 다하고, 주군은 종사에게 무기와 식량 따위를 주는 주종 관계 제도다. 은대지 제도는 봉건 군주가 가신에게 은대지를 주는 대가로 군역 따위의 봉사 의무를 요구하는 제도다. 은대지란 은혜를 베풀 목적으로 나누어 주는 토지를 의미한다.

⬤ 윈저 성

영국 런던 서쪽 교외의 템스 강 변에 세워진 윈저 성은 세계에서 가장 오랫동안 보존되어 온 성채입니다. 11세기에는 목조와 석조가 어우러진 작은 성이었으나 윌리엄 1세 이후 왕이 머물게 되면서 증개축을 거듭했습니다. 좌익(左翼)은 정원을 둘러싼 정청과 주거 구역이 중심을 이루고 있고, 우익(右翼)은 대표적인 왕실 예배당의 하나로 손꼽히는 세인트 조지 예배당(15세기)과 이를 둘러싼 성벽으로 이루어져 있습니다.

커다란 돌로 쌓은 성벽의 두께는 자그마치 3미터가 넘었습니다. 성벽 주위에는 적들이 쉽게 진입할 수 없도록 물을 가득 채운 수로를 둘렀는데, 이 수로를 해자(垓字)라고 합니다. 사람들은 전쟁이 없는 평화로운 시절에는 성 외곽에서 농사를 짓다가 영주들 간에 전쟁이 벌어지면 음식이나 가축 등 재산을 전부 챙겨서 성안으로 들어갔습니다. 그리고 전쟁이 지속되는 몇 달 혹은 몇 년 동안 성안에서 살았습니다. 따라서 성은 성벽에 둘러싸인 하나의 마을이라고 할 수 있었습니다.

성안에는 사람이 사는 집과 음식을 만들고 저장하는 건물이 모여 있었습니다. 심지어 교회도 있었습니다. 그중에 탑처럼 높은 건물에는 영주가 살았습니다. 탑에서 가장 큰 방을 회당이라고 하는데, 이는 큰 응접실과 식당을 하나로 합쳐 놓은 개념입니

◆ 노이슈반슈타인 성

바이에른의 왕 루트비히 2세가 지은 성입니다. 흔히 '백조의 성'으로 불리지요. 대포의 발명으로 성이 이미 쓸모가 없어진 시대였기 때문에, 루트비히 2세는 순전히 취미로 세상에서 가장 아름다운 성을 지었습니다. 루트비히 2세는 성이 관광지로 전락하는 것을 보고 싶지 않다며, 자신이 죽으면 성을 부수어 버리라고 유언했다고 합니다. 하지만 성은 유언과는 반대로 최고의 관광지가 되었습니다. 디즈니랜드 성도 이 성을 본뜬 것이지요. 아돌프 히틀러도 루트비히 2세와 같은 말을 했지만, 역시 그때도 성은 부서지지 않았습니다.

다. 회당에서 식사할 때는 정해진 곳에 긴 판자를 올려놓고 식탁으로 사용했습니다. '하숙집(boardinghouse)'을 뜻하는 단어에 '판자(boarding)'라는 단어가 들어가 있는 것은 그 때문입니다.

당시에는 포크도 숟가락도 없었습니다. 하나같이 손가락으로 음식을 집어 먹으면서 손을 혀로 핥거나 옷에 비벼 닦았습니다. 먹다 남은 뼈다귀나 음식 찌꺼기는 바닥에 그냥 던지거나 방에 따라 들어온 개에게 주었습니다.

손을 씻고 싶은 사람들을 위해 식사가 끝날 때쯤 물이 가득 담긴 큰 통과 수건이 나왔습니다. 만찬이 끝나고 난 뒤에는 음유 시인의 노래를 듣거나 이야기로 시간을 보내곤 했습니다.

이런 성을 함락시키는 것은 쉽지 않은 일입니다. 우선 성안으로 들어가려면 성 입구로 이어지는 도개교를 건너 아래로 내려 닫는 격자 모양의 철문을 지나야 하는데, 해자를 건널 수 없도록 도개교를 올려놓기 때문입니다. 설령 도개교를 올릴 틈도 없이 빠르게 공격했다고 하더라도 철문이 닫혀 있다면 돌이나 타르, 화살 세례를 고스란히 받아야 합니다.

그래서 성을 공격할 때는 바퀴가 달린 탑을 이용해 성 가까이 다가가 화살을 쏘거나 땅 밑으로 굴을 파서 해자 밑과 성벽 아래를 지나 성안으로 들어가기도 했습니다. 그도 아니면 공성퇴 라는 커다란 무기를 만들어 성벽을 무너뜨리기도 했습니다.

그뿐만 아니라 새총의 원리를 이용해서 성벽에 돌을 던지는 무기를 발명하기도 했습니다. 물론 당시는 대포나 포탄, 총, 화약 등이 아직 발명되기 전이었습니다.

공성퇴
끝을 뾰족하게 깎은 커다란 통나무(쇠를 씌우기도 함)로 만든 장비다. 이것을 밀고 가서 성벽이나 성문을 파괴했다.

인간돼지

영주와 그의 가족은 상류층이었으나 그 외의 사람들은 노예와 다를 바 없었습니다. 전쟁이 없을 때 농민들은 성 바깥에 있는 장원이라는 땅에 살았습니다. 영주는 자신을 위해 싸우고 봉사하는 사람들을 먹여 주고 보살펴 줄 책임이 있었습니다. 말과 소에게 먹이를 주고 보살피는 것과 똑같은 이치였습니다. 그러나 영주는 농민들을 자기가 기르는 가축보다 하찮게 대했습니다. 농민들의 시간과 노동은 영주의 것이나 마찬가지였습니다. 수확한 농작물의 일부를 영주에게 바쳐야만 했기 때문입니다.

정작 농민들은 방이 달랑 하나뿐인 돼지 우리나 다름없는 헛간에서 살아야 했습니다. 바닥에는 더러운 먼지가 가득 쌓여 있

○ **장원의 농노**
장원은 카롤링거 왕조 시대에 처음으로 등장했고, 농노는 장원의 영주에게 예속된 반자유의 신분이었습니다. 농노는 결혼해 가정을 이루고 재산을 소유할 수 있었습니다.
메트로폴리탄 박물관 소장

었습니다. 그래서 잠잘 때는 사다리를 타고 다락으로 올라갔습니다. 하지만 볏단을 쌓아 올린 잠자리가 전부였고, 잠옷 대신 낮에 입었던 옷을 그대로 입고 잠자야 했습니다. 이들을 농노라고 합니다. 이런 비참한 삶을 견디다 못해 도망치는 사람도 있었습니다. 만약 1년하고도 하루가 지날 때까지 잡히지 않으면 그는 자유의 몸이 되었습니다. 그러나 그 안에 붙잡히면 영주는 농노에게 채찍질을 하고 인두로 몸을 지지기까지 했습니다. 이것이 봉건제입니다.

기사, 그리고 기사도의 시대

기사도의 시대란 귀족들의 시대를 의미하기도 합니다. 영주와 그의 가족은 귀족이었고, 그들보다 훨씬 많은 사람은 평민이었습니다. 평민에게는 교육의 기회가 주어지지 않았고 혜택도 없었습니다. 그들은 일 외에는 아무것도 배울 수가 없었습니다.

그러나 영주의 아들들에게는 매우 세심한 교육이 이루어졌습니다. 물론 당시의 교육이란 기사가 되는 법과 전쟁에서 이기는 법, 단 두 가지뿐이었습니다. 글을 읽고 쓰는 것은 중요하게 여기지 않았습니다. 오히려 시간 낭비라고 생각했습니다.

영주의 아들은 일곱 살이 되면 어머니 곁을 떠나야 했습니다. 일곱 살이 된 아이는 시동(侍童)이라고 불리며 7년 동안 귀족 여인의 심부름을 하거나 식사 시중을 들어야 했습니다. 물론 말을 타는 방법을 배우고 용맹과 예의도 몸에 익혀야 했지요. 열네 살이 되면 종자가 되어 7년 동안 귀족 남성의 시중을 들어야 했습니다. 그들의 말을 돌보고 필요할 때는 창을 가져다주기도 했습니다.

○ **기사 작위를 내리는 영주**
영주가 무릎을 꿇고 있는 종자의 어깨를 검으로 두드리며 "기사 작위를 내린다."라고 선언하고 있습니다.

이들은 스물한 살이 되어야 기사가 될 수 있었습니다. 기사가 되는 것은 오늘날의 졸업식처럼 중요한 행사였습니다. 소년이 자라서 성인 남자가 되었음을 의미하기 때문입니다.

이 의식을 준비하기 위해서 가장 먼저 하는 일은 목욕이었습니다. 당시에는 몇 년 동안 목욕을 하지 않는 일이 아주 흔했기 때문입니다. 목욕을 마치고 나면 새 옷을 입었습니다. 그렇게 깨끗이 씻고 새 옷으로 갈아입은 다음 교회에 가서 밤새도록 기도를 올렸습니다. 그리고 날이 밝으면 모든 사람들 앞에 나가 다음과 같이 엄숙하게 맹세했습니다.

용맹하고 훌륭한 기사가 되겠습니다.
기독교를 위해 싸우겠습니다.
약한 자를 보호하겠습니다.
여자를 보호하겠습니다.

맹세가 끝난 뒤에는, 하얀색 가죽 벨트를 허리에 차고 금으로 만든 박차를 신발에 단단히 부착시켰습니다. 이 과정이 모두 끝나고 나면 영주 앞에 무릎을 꿇었고, 영주는 어깨를 검으로 톡톡 두드리며 "그대에게 작위를 내리노라."라고 선언했습니다.

기사는 강철판으로 만든 갑옷과 강철 투구로 무장하고 전쟁터에 나갔습니다. 그렇게 무장하고 나가야 적의 화살과 창으로부터 스스로를 안

○ 헨리 2세의 갑옷과 투구
갑옷의 섬세한 세공과 장식을 가만히 보고 있으면, 갑옷이 아니라 예술 작품이라는 생각이 듭니다. 헨리 2세는 12세기 후반의 서유럽 군주 가운데 가장 강력하고 영명한 인물로 평가받고 있습니다. 하지만 영토 상속권을 둘러싼 왕자 리처드와 존의 반란에 직면해 불우한 만년을 보냈습니다.
메트로폴리탄 박물관 소장

전하게 지킬 수 있었기 때문입니다. 물론 총이나 탄환이 있었다면 갑옷이나 투구쯤은 아무 소용이 없었겠지만, 당시에는 총과 탄환이 없었습니다. 기사는 갑옷과 투구로 완전 무장을 하고 있어서 전쟁 중에 양쪽 기사들이 섞이게 되면 누가 누구인지 분간할 수 없어 아군과 적군을 구별하기가 사실상 불가능했습니다. 그래서 기사들은 갑옷 위에 두르는 코트에 사자 같은 동물의 도안을 새겨 넣거나 풀, 꽃, 십자가 등의 그림을 새겼습니다. 이런 그림을 문장(紋章)이라고 합니다.

중세 시대에는 봉건 기사들의 모험과 사랑을 다룬 문학이 유행했습니다. 켈트인의 전설에 등장하는 영웅을 그린 『아서 왕 이야기』, 이슬람과의 전쟁에서 활약한 롤랑의 용맹을 그린 「롤랑의 노래」, 니벨룽겐의 보물을 둘러싼 복수를 다룬「니벨룽겐의 노래」 등은 기사에 관한 유명한 이야기입니다.

기사가 가장 먼저 배우는 것은 바로 신사가 되는 법이었습니다. 그래서 여자에게 예의 바르게 행동하는 남자를 두고 기사도 정신이 투철하다고 합니다. 기사는 여자 앞에서는 반드시 투구를 벗었습니다. 그것은 "나는 당신의 친구입니다. 따라서 당신 앞에서는 투구를 쓰지 않습니다."라는 의미였어요. 요즘에도 신사들이 여자를 만나면 모자를 벗는 이유가 바로 여기에 있습니다. 중세 서유럽 봉건제의 꽃인 '기사도'는 신라 화랑도의 세속오계(世俗伍戒)와 비교할 만합니다. 서유럽의 봉건적 주종 관계는 계약적·쌍무적인 성격을 지니고 있어 한국의 세속오계에서처럼 충효를 바탕으로 한 절대적인 것은 아니었어요. 세속오계의 임전무퇴와는 달리 기사가 포로가 되는 것은 수치스러운 일이 아니었습니다. 주군은 포로가 된 봉건 가신을 몸값을 지불하고 빼 와야 할 의무가 있었을 정도였으니까요.

니벨룽겐의 노래
작자 미상의 중세 영웅 서사 시인 「니벨룽겐의 노래」에는 지크프리트와 크림힐트가 등장한다. 군터 왕의 누이동생 크림힐트는 훈족의 국왕 에첼과 결혼해 남편 지크프리트의 원수를 갚을 결심을 한다. 이렇게 해서 훈노국에 초청된 부르군드족과 훈족 간에 사투가 벌어지고, 마침내 양쪽 민족이 모두 무너지게 된다. 이 이야기를 바탕으로 독일의 작곡가 바그너가 「니벨룽겐의 반지」라는 네 개의 서사 악극을 작곡했다.

◐ 마상 시합에 출전하는 기사
기사들에게는 마상 시합이라는 일종의 모의 전투가 주요 스포츠였습니다. 마상 시합은 '리스트'라는 들판에서 열렸습니다. 리스트에는 수많은 관중이 모여 깃발을 흔들거나 나팔을 불면서 모의 전투를 관람했습니다.
메트로폴리탄 박물관 소장

마상 시합

기사가 익혀야 할 가장 중요한 덕목은 싸움에서 이기는 것이었습니다. 기사에게는 놀이도 싸움이나 다름없었습니다. 나라마다 또는 시대마다 특별히 즐기는 놀이나 스포츠가 있게 마련입니다. 그리스인에게는 올림피아 제전이 있었고, 로마인에게는 전차 경주와 검투사 싸움이 있었으며, 현대를 사는 우리에게는 축구와 야구가 있습니다. 그러나 기사들에게는 마상 시합이라는 일종의 모의 전투가 주요 스포츠였습니다.

마상 시합은 '리스트'라고 알려진 들판에서 열렸습니다. 리스트에는 수많은 관중이 모여 깃발을 흔들거나 나팔을 불면서 모의 전투를 관람했습니다. 중요한 축구 경기가 열리는 날이면 구름 떼처럼 관객이 모여들어 깃발을 흔들거나 뿔피리를 불면서 좋아하는 팀을 응원하는 요즘의 모습과 같습니다.

말을 탄 기사들이 리스트의 양 끝에 자리를 잡고 서서 상처를 입지 않도록 창끝을 감싼 채 신호와 함께 리스트 가운데로 말을 달려 나옵니다. 그리고 손에 든 창을 이용해서 상대를 말에서 떨어뜨립니다. 상대를 말에서 떨어뜨린 기사는 귀부인으로부터 리본이나 기념품을 부상으로 받았습니다. 기사는 이 승리의 기념품을 매우 소중히 여겼습니다. 요즘으로 치면 테니스 경기에서 우승컵을 거머쥔 것과 같다고 할 수 있습니다.

생각해 보세요

중세에 봉건제가 등장한 이유는 무엇일까요?

봉건제는 정치적으로 지방 분권제의 형식을 취하고 있으나 모든 나라에 반드시 등장한 제도는 아닙니다. 엄밀히 말해 우리나라의 경우는 봉건제를 거치지 않았습니다. 하지만 서양에서는 봉건제가 발달할 수밖에 없었어요. 첫 번째는 교황이 존재했기 때문이고, 두 번째는 화폐가 없었기 때문입니다. 교황의 힘이 강했기 때문에 왕은 상대적으로 힘이 약할 수밖에 없었습니다. 또한, 화폐 제도가 발달하지 않았기 때문에 돈을 주는 대신에 토지를 나누어 줌으로써 충성을 강요할 수밖에 없었던 겁니다. 하지만 교황의 힘이 약해지는 시기와 맞물려 봉건제 역시 쇠퇴의 길을 걷게 됩니다. 왕권이 강해지면서 중앙 집권적인 체제로 가게 된 거예요. 후에 화폐 경제가 시작되고 경제가 발전하면서 상인들이 왕과 결탁해 중앙 집권 국가를 지지하기도 했습니다.

18 사무라이의 나라 |
일본의 역사

역사적으로 일본이라는 나라의 이름이 처음 등장한 것은 700년경의 일입니다. 섬나라이기 때문에 해가 가장 먼저 뜨는 나라라는 뜻을 담은 말이에요. 하지만 일본의 주변 국가들은 그 이전부터 일본을 '왜'라고 불렀습니다. 그렇게 부른 이유에는 여러 가지 속설이 있는데, 그중에는 일본인의 신체적 특징이 왜소하기 때문이라는 설도 있습니다. 하지만 일본은 결코 왜소한 나라가 아닙니다. 무사도 정신으로 무장한 사무라이의 나라였거든요. 중세 유럽에 영주가 기사에게 땅을 주고, 그 대가로 영주에게 충성을 맹세하는 봉건제가 있었다면, 일본에는 사무라이라고 부르는 기사와 다이묘라고 부르는 영주가 있었습니다.

- **1192년** 미나모토 요리토모가 가마쿠라에 일본 최초의 막부를 열다. 이때의 막부는 영주와 무사의 관계만 규정할 뿐, 귀족이나 승려에 대해서는 거의 간섭하지 않다.
- **1592년** 일본을 통합한 도요토미 히데요시가 임진왜란을 일으키다. 그의 등장으로 일본은 전국 시대가 끝나고 근세 사회로 진입하게 된다.
- **1614년** 제1대 쇼군 도쿠가와 이에야스가 이끈 에도 막부가 도요토미 히데요시 가문을 멸망시키다. 이 시기에 우리나라에서는 허준이 『동의보감』을 완성하다.

간무 천황, 헤이안쿄로 천도(794년)

헤이안 시대(794~1192년) 장원 발달, 무사단 성립

일본 최초의 **가마쿠라 막부**(1192~1333년)가 들어섬

에도 막부, 오사카 전투에서 도요토미 히데요시 가문을 공격해 멸망시킴(1614년)

쇼토쿠 태자(574~622년), 호류사 창건. 일본 최초의 통일 국가인 **야마토 정권**을 안정시킴 일본 최초의 불교 예술인 **아스카 문화**가 꽃핌

도쿠가와 이에야스 세 번째이자 마지막 막부인 **에도 막부**(1603~1867년)를 세움

조선

니가타

헤이안쿄 (교토)

일본

나가사키

규슈

시코쿠

오사카

나라

가마쿠라

에도(도쿄)

기사와 사무라이

중국은 기원전 10세기경 주 왕조 때 왕과 제후로 이루어진 봉건제를 실시했고, 일본에서도 기원후 7세기경에 다이묘와 사무라이라는 봉건제를 실시했습니다. 유럽과 달리 일본에는 왕이 있었지만 직접 백성을 다스리지는 않았습니다. 실제로 백성을 다스린 사람은 다이묘였습니다. 물론 다이묘는 자신의 영토를 확장하는 데 관심이 많았습니다. 서로 세력 다툼을 일삼던 다이묘들은 자신과 영토를 지키기 위해 사무라이를 고용했습니다. 그들은 사무라이에게 땅과 돈을 주고, 사무라이들은 다이묘를 대신해 싸웠습니다. 유럽의 기사들이 영주에게 봉토를 받고 그 대가로 충성을 맹세한 것처럼 사무라이들도 다이묘로부터 봉토를 받고 충성을 맹세한 거예요.

○ 사무라이의 투구와 갑옷
일본의 다이묘와 사무라이는 중세 유럽의 영주와 기사에 해당합니다. 사무라이는 녹이스는 것을 방지하기 위해 옻칠한 갑옷을 입었고, 일본의 전통적인 무기인 휘어진 칼을 사용했습니다.
프랑스 기메 박물관 소장

사무라이들은 신분 상승을 위해 좀 더 강해질 필요가 있었습니다. 강한 사무라이가 되어야 제대로 대접받을 수 있었기 때문입니다. 그래서 좀 더 부드럽고, 빠르게 움직이기 위해 녹이 슬지 않도록 옻칠한 갑옷을 입었습니다. 칼도 힘이 적게 들어가면서 날카롭게 벨 수 있는 것을 사용했습니다. 현재의 일본도 모양과 비슷합니다.

사무라이는 언제든지 전쟁에 임하기 위해 다이묘와 함께 성에서 살았습니다. 성의 형태는 중세 유럽의 성과는 매우 달랐습니다. 성벽의 기초는 돌로 쌓았지만 대부분은 나무로 만들었거든요. 당시 일본은 싸울 때 서로 부딪쳐 난전이 되는 양상이었고, 화약도 없었기 때문에 성벽을 튼튼하게 돌로 쌓을 필요가 없었던 거예요. 기사와 사무라이의 공통점은 무사도 정신에서 찾을 수 있습니다. 기사들이 영주에게 봉토를 받고 충성을 바치는 일련의 과정을 기사도로 포장했듯이 사무라이도 다이묘에게 땅과 돈을 받고 충성을 바치는 과정을 무사도로 포장했거든요. 봉건 영주와 다이묘에 의해 강요된 충성을 달리 표현한 말이라고 볼 수 있습니다.

물론 기사와 사무라이는 조금 달랐습니다. 기사들은 전쟁에서 져도 자살하지는 않았지만 사무라이들은 달랐어요. 사무라이는 전쟁에서 지면 스스로 배를 가르는 할복을 했거든요. 여기에는 종교적인 의미가 포함되어 있습니다. 할복 자살을 하면 다음 생애에도 사무라이로 태어난다고 믿었던 거예요. 그래서 사무라이들은 포로가 될 바에는 할복을 하여 명예를 지키고 다음 생애에도 사무라이로 태어나고자 했습니다. 그런 이유로 할복은 엄숙한 의식처럼 이루어졌답니다.

막부 정치

영국이 정복왕 윌리엄 1세의 통치를 받기 시작했을 무렵, 일본에서는 최초의 통일 국가를 이룬 야마토 가문이 백성을 통치하고 있었습니다. 쇼토쿠 태자는 야마토 정권을 안정된 기반 위에 올려놓았습니다. 그는 백제로부터 불교를

○ 쇼토쿠 태자
쇼토쿠 태자가 앞장서서 절을 짓고 호족들에게도 이를 적극적으로 권장한 덕분에, 6세기 후반 일본에서는 '아스카 문화'라는 일본 최초의 불교 예술이 꽃피었습니다.

받아들여 많은 절을 세웠어요. 금당 벽화로 유명한 호류사[法隆寺]는 그가 세운 절 중에서 가장 유명한 곳입니다. 그는 백제뿐 아니라 수와 당에도 외교 사절단을 보내 중국의 선진 문물을 받아들였습니다.

　호족의 한 명이었던 후지와라 가마타리는 황태자와 손을 잡고 조정을 장악한 후 대규모의 개혁을 단행했습니다. 천황의 절대적인 권위를 확립하기 위해 당의 통치 제도를 받아들였던 것입니다. 대대적인 개혁을 통해 645년 중앙 집권적 율령 국가의 체제를 갖추었는데, 이를 '다이카 개신'이라고 합니다. 통치 체제를 정비한 야마토 정권은 나라 이름을 일본으로 정하고, 오늘날의 교토에 있는 헤이안쿄에 새로운 수도를 건설했습니다.

　'귀한 사람을 가까이에서 모신다'는 뜻을 가진 사무라이는 헤이안 시대 초기의 무인들을 일컫던 말이었습니다. 처음에는 귀

○ 호류사
쇼토쿠 태자는 백제로부터 불교를 받아들여 많은 절을 세웠습니다. 고구려의 승려 담징이 그린 금당 벽화로 유명한 호류사는 그가 세운 절 중에서도 가장 유명한 곳입니다.

족들의 경호원에 불과했던 무인들이 점차 실권을 장악하면서 일본 중세 사회의 지배층이 되었습니다. 12세기 말에는 미나모토 요리토모가 전국의 귀족과 무사 세력을 제압한 후 가마쿠라 막부를 열었습니다. 막부의 쇼군[將軍]은 무인의 최고 우두머리에 해당하는 관직입니다. 쇼군이 거처하는 곳을 막부(바쿠후)라고 하고, 막부가 중심이 되는 정치를 막부 정치라고 합니다. 막부 정치는 1192년에 시작되어 1867년까지 지속되었고, 모두 세 개의 막부가 일본을 다스렸습니다.

○ 미나모토 요리토모
일본 헤이안 시대 말기와 가마쿠라 시대 초기의 무장으로, 1192년 가마쿠라 막부를 개창한 초대 쇼군입니다.

새가 울기를 기다리다

두 번째 막부는 지배력이 확고하지 못해 쇼군 집안과 유력한 영주 가문들이 후계자 문제를 놓고 서로 싸우면서 전국 시대로 접어들게 됩니다. 난세에는 영웅이 태어나는 법입니다. 포르투갈 상인을 통해 조총을 수입한 오다 노부나가는 조총 부대를 앞세워 사실상 전국 시대를 통일하는 단계에 이릅니다. 그러나 그는 전국 통일을 눈앞에 두고 부하의 습격을 받아 자살하고 말았습니다.

오다 노부나가가 죽은 후 그의 신하였던 도요토미 히데요시가 정권을 장악하고 1590년에 100여 년 동안이나 지속되던 전국 시대를 통일했습니다. 그는 신하들에게 나누어 줄 영토를 확보하고 야심이 많은 무사들의 세력을 약화시키기 위해 해외 침략을 계획했습니다. 그는 조선에 "명을 치러 가니 길을 빌려 달라."라고 요구했습니다. 하지만 조선은 "길을 빌려 주기보다는 싸워서 죽는 편이 더 쉽다."라고 대답했습니다.

● 전국 시대의 영웅들
오다 노부나가(왼쪽)가 죽은
후 그의 신하였던 도요토미
히데요시(가운데)가 정권을
장악하고 100여 년 동안 지
속되던 전국 시대를 통일했
습니다. 도요토미 히데요시
가 죽은 후 도쿠가와 이에야
스(오른쪽)가에도 막부를 열
었습니다.

도요토미 히데요시는 15만 명의 대군을 조선에 보내 임진왜
란을 일으켰지만 전쟁 중에 병으로 사망했습니다. 도요토미 히
데요시가 죽자 세력을 보존하면서 기회를 엿보고 있던 도쿠가
와 이에야스가 저항 세력을 물리치고 1603년에 세 번째 막부인
에도 막부를 열었습니다.

오다 노부나가, 도요토미 히데요시, 도쿠가와 이에야스는 전
국 시대의 영웅들이지만 성품은 매우 달랐습니다. 흔히 손안에
든 새가 울지 않을 때, 세 사람의 반응을 통해 그것을 비교하곤
합니다. 노부나가는 성격이 급해서 새가 울기를 기다리지 않고
칼로 새의 목을 쳐 울게 만들지만, 지혜로운 히데요시는 온갖 수
단을 써서 새를 울리려고 노력하고, 인내심이 강한 이에야스는
무릎을 꿇고 새가 울 때까지 기다린다고 합니다.

이 세 사람 중 누가 지도자로서 가장 알맞은 성품을 지닌 걸
까요? 이에 관해서도 사람들은 흔히 이렇게 말합니다. "노부나
가는 고기를 열심히 잡았고, 히데요시는 그 고기로 맛있는 찌개
를 끓여 국물 맛을 보았으며, 이에야스는 그 찌개를 통째로 먹었
다."는 것입니다. 즉, 인내심이 강한 사람이 결국에는 가장 큰 이
득을 보게 된다는 말입니다.

임진왜란은
조선에 어떤 영향을 끼쳤을까요?

임진왜란 당시 조선 조정이 왜군의 침략을 제대로 막지 못하고 북쪽으로 후퇴하면서, 조정에 대한 백성들의 불신은 커졌습니다. 하늘 같은 임금이 자신들을 지켜 줄 거라는 철석 같은 믿음이 무너졌으니 오죽했을까요? 하지만 조선 백성들은 좌절하거나 포기하지 않고 스스로 의병을 일으켜 왜군을 막아 내면서 폭넓은 사고를 갖게 되었습니다. 임진왜란이 끝난 후 조선 문화는 양반 중심에서 서민 중심으로 변하기 시작했습니다. 한글이 서민 사이에 보급되어 조정의 행동을 비판하는 등 서민들의 의식이 깨어나기 시작했던 거예요. 임진왜란 이후 서민들 스스로 삶에 대해 능동적으로 대처하다 보니 탈춤이나 판소리 같은 서민 문화도 발달하기 시작했습니다. 조선은 더 이상 이씨 왕조의 것이 아니라 백성들의 것이 된 셈이에요.

19 해적의 후예, 윌리엄 |
영국의 역사

런던의 템스 강 북쪽 언덕에 가면 웅장한 런던탑이 한눈에 들어옵니다. 런던탑의 구역 가운데 가장 널리 알려진 장소는 화이트 타워입니다. 런던탑은 1078년 정복왕 윌리엄 1세가 건설한 광장과 요새에 기원을 두고 있습니다. 노르망디 공국의 정복왕 윌리엄 1세는 잉글랜드 국왕 해럴드 2세와 헤이스팅스 전투에서 맞붙었습니다. 이 전투에서 노르망디 군대가 승리해 영국의 노르망디 왕가를 열었습니다. 윌리엄은 해적의 후손이었지만 그 어떤 왕보다 영국을 잘 다스렸습니다. 그의 사후에 장남 로베르가 노르망디 공(公)이 되고, 차남이 잉글랜드 왕 윌리엄 2세가 되었습니다.

- **1066년** 노르망디의 공작 윌리엄 1세가 도버 해협을 건너 잉글랜드를 공격해 해럴드 2세를 죽이고 노르망디 왕가를 세우다.

- **1077년** 성직자를 임명하는 권한을 둘러싸고 벌어진 신성 로마 제국 황제와 교황의 싸움에서 신성 로마 제국의 하인리히 4세가 굴복해 자신을 파문한 교황을 찾아가 용서를 구하다. 이를 '카노사의 굴욕'이라고 한다.

- **1078년** 정복왕 윌리엄 1세가 런던탑의 여러 구역 가운데 가장 유명한 화이트 타워를 세우다. 런던탑의 공식 명칭은 '여왕 폐하의 왕궁 겸 요새'지만 교도소로 가장 널리 활용되다.

윌리엄 1세, 노르망디 왕가를 세움(1066년)

노르망디 공 윌리엄 1세, 헤이스팅스 전투에서 잉글랜드 국왕 해럴드 2세를 전사시킴(1066년)

신성 로마 제국의 하인리히 4세, 카노사 성에서 자신을 파문한 교황 그레고리우스 7세에게 용서를 구함. '카노사의 굴욕'으로 불림(1077년)

덴마크 왕국

웨일스　잉글랜드 왕국　런던

포메른 공국　프로이센

헤이스팅스

독일

폴란드 왕국

브르타뉴　노르망디　파리

신성 로마 제국

프랑스 왕국

헝가리 왕국

카노사

노르망디 공이 된 남자

데인족이 잉글랜드를 침략했을 때, 잉글랜드의 왕 앨프레드는 데인족에게 해안의 일부를 내주었습니다. 순전히 손해만 본 것은 아니었고, 그로 인해 왕권을 강화할 수 있었습니다. 같은 시기에 데인족과 뿌리가 같은 노르만족이 프랑스 해안을 침략했고, 프랑스의 국왕 샤를 3세 역시 같은 조치를 취했습니다. 노르만족에게 프랑스 해안의 일부를 내준 거예요.

프랑스를 침략한 노르만족의 족장 롤로는 강인하고 용맹한 해적이었습니다. 그는 땅을 받은 보답으로 프랑스 왕의 발에 키스하고 충성을 맹세해야 했습니다. 하지만 무릎을 꿇고 키스해야 한다는 사실을 받아들이기 어려워 심복에게 대신하라고 시키려고 했으나 그마저 마음에 들지 않아 직접 하기는 했어요. 그런데 그때 프랑스 왕이 발을 너무 높이 치켜드는 바람에 뒤로 나자빠지고 말았습니다. 그렇게라도 자존심을 지키고 싶었던 모양이에요. 노르만족에게 주어진 프랑스 영토는 오늘날 노르망디라는 이름으로 불리고 있습니다.

1066년 매우 강력한 권력으로 노르망디를 통치한 인물이 있었습니다. 그가 바로 해적 롤로의 후예 윌리엄 1세였습니다. 윌리엄이라는 이름을 가진 사람이 있다면, 그는 해적의 후예일지도 모릅니다. 윌리엄은 건강하고 의지가 굳은 지도자였습니다. 어떤 기사도 윌리엄만큼 화살을 멀리, 정확하게 쏘지 못했습니다. 심지어 그가 쓰는 활은 그 누구도 구부릴 수 없을 정도였습니다.

◐ 롤로
노르망디 공국의 시조입니다. 노르웨이 바이킹의 두목이었던 롤로가 프랑스의 센 강 어귀를 점령하자, 프랑스 왕 샤를 3세는 그를 달래기 위해 노르망디 공작으로 봉했습니다.

윌리엄을 비롯한 노르만족의 후예들은 기독교도가 되었으나, 그들은 하나님이 이름만 다를 뿐 자기 민족의 주신이었던 보덴과 별반 다르지 않다고 생각했습니다. 윌리엄은 '힘이 곧 정의'라고 믿었고, 해적의 후예로서 해적처럼 생각하고 행동했습니다. 기독교도로서 하지 말아야 할 일이 있는데도 개의치 않고 갖고 싶은 것이 생기면 무조건 찾아가 빼앗았습니다. 공작이었던 윌리엄은 왕이 되고 싶었습니다. 특히 자기 공작령에서 해협 하나를 사이에 두고 있는 잉글랜드의 왕이 되고 싶었습니다.

○ 윌리엄 1세
노르망디 왕가의 시조이자 잉글랜드의 국왕입니다. 1035년 노르망디 공작이 된 그는 노르망디 공국을 서프랑크 왕국과 대등할 정도로 발전시켰습니다. 또한, 헤이스팅스 전투에서 승리해 영국에 노르망디 왕가를 세웠습니다.

윌리엄은 노르망디 해안에서 당시 잉글랜드 왕자였던 나이 어린 해럴드(뒤의 해럴드 2세)의 함대를 격파하고 그를 붙잡아 자기 앞에 데려다 놓았습니다. 조만간 해럴드가 잉글랜드의 왕위를 계승할 것이 당연해 보였기 때문에 윌리엄은 잉글랜드의 왕위를 거머쥘 좋은 기회라고 생각했습니다. 윌리엄은 해럴드를 풀어 주기 전에 그가 왕위에 오르면 잉글랜드 땅을 자기에게 주겠다는 서약을 받아 냈습니다. 나라가 주고받을 수 있는 말이나 갑옷쯤 된다고 생각했던 모양이에요. 그는 이 서약에 강제성을 부여하기 위해 해럴드로 하여금 제단 위에 손을 올리고 맹세하게 했습니다. 요즘 사람들이 맹세할 때 성경에 손을 올려놓는 것과 같은 이치입니다.

해럴드가 제단 위에 손을 올려놓고 맹세하자, 윌리엄은 제단의 덮개를 열고 그 안에 들어 있던 성인들의 뼈를 보여 주었습니다. 성인들의 뼈를 앞에 놓고 하는 맹세는 인간이 할 수 있는 가장 엄숙한 맹세였습니다. 천벌이 무서워서라도 그런 맹세는 누구도 감히 깨뜨릴 수 없었습니다.

그 후 해럴드는 잉글랜드로 돌아갔고, 그가 왕위를 계승해야 할 때가 오자 주변 사람들은 윌리엄에게 가만히 잉글랜드를 넘겨주도록 내버려 두지 않았습니다. 게다가 해럴드 역시 속임수에 넘어가 강제로 맺은 그런 서약은 효력이 없다고 말했습니다. 결국 해럴드는 약속을 깨고 잉글랜드의 왕위에 올랐습니다.

헤이스팅스 전투

해럴드가 잉글랜드의 왕이 되었다는 소식을 전해 들은 윌리엄은 매우 화가 났습니다. 해럴드가 자기를 속이고 서약을 깨뜨렸기 때문이에요. 그는 바로 군대를 이끌고 해럴드를 공격해 잉글랜드를 빼앗으려고 했습니다.

◎ 해럴드 2세
잉글랜드의 왕으로 1066년 10월에 헤이스팅스 전투에서 크게 패하고 전사했습니다. 해럴드 2세가 죽은 후 윌리엄 1세가 세운 왕조를 노르망디 왕가라고 부릅니다.

그런데 배에서 내리던 윌리엄은 그만 발을 헛디뎌 모래사장에 곤두박질치고 말았습니다. 병사들은 크게 걱정하기 시작했습니다. 이것은 그리스인들이 말하는 나쁜 징조가 틀림없었기 때문입니다. 그러나 윌리엄은 두뇌 회전이 빠른 사람이었습니다. 그는 넘어진 상태에서 양손 가득 모래를 움켜쥐었습니다. 그러고는 일부러 넘어진 척 벌떡 일어서서 하늘 위로 두 팔을 번쩍 들어올리며 지금 이 모래를 움켜쥐었듯이 잉글랜드는 앞으로 자기 땅이 될 것이라고 외쳤습니다. 이로써 나쁜 징조는 행운으로 바뀌었습니다.

○ **헤이스팅스 전투**
노르망디 공국의 정복왕 윌리엄 1세는 잉글랜드 국왕 해럴드 2세와 헤이스팅스 전투에서 맞붙어 승리했습니다. 사진은 이 전투에서 해럴드 2세가 전사하는 모습을 묘사한 태피스트리입니다.

전쟁이 시작되었습니다. 잉글랜드 병사들은 자기네 땅을 빼앗으려는 이방인들로부터 스스로를 지키기 위해 맹렬히 전투에 임했습니다. 승리의 여신이 거의 잉글랜드 편에 설 무렵 윌리엄은 병사들에게 후퇴하는 척하라는 지시를 내렸습니다. 이에 잉글랜드군은 크게 기뻐하며 노르만족의 뒤를 쫓느라 전열이 흐트러졌습니다. 윌리엄은 잉글랜드군이 여기저기로 흩어지고 질서가 엉망이 된 틈을 놓치지 않고, 재빨리 방향을 바꾸라는 지시를 내렸습니다. 잉글랜드군은 깜짝 놀라 얼어붙고 말았습니다. 전열을 가다듬을 새도 없이 윌리엄의 공격에 꼼짝없이 당하고 말았거든요. 해럴드는 이 전투에서 눈에 화살을 맞고 전사했습니다. 이것이 잉글랜드 역사상 가장 유명한 전투 중 하나인 헤이스팅스 전투입니다. 해럴드는 용맹하게 싸웠으나 행운은 그의 편이 아니었습니다. 이 전투가 있기 불과 며칠 전에 해럴드는 예상치 못했던 친형의 공격을 받고 이미 한 차례 진쟁을 치러야만 했습니다. 해럴드에게는 안된 말이지만 윌리엄의 승리가 잉글랜드에 더 나은 결과를 가져온 듯합니다.

잉글랜드 왕이 된 해적의 후예

윌리엄은 런던으로 전진해 1066년 성탄절에 왕관을 썼습니다. 그 후 그는 정복왕 윌리엄으로 불렸고, 그 사건은 노르만 정복으로 널리 알려지게 되었습니다. 윌리엄의 노르만 정복 이후 노르망디 왕가가 잉글랜드를 통치하게 되었습니다.

윌리엄은 잉글랜드 땅을 파이 자르듯이 나눠서 그를 도운 귀족들에게 봉토로 하사했습니다. 땅을 하사받은 귀족들은 봉신으로서 윌리엄에게 충성을 맹세하고 그를 위해 싸우며 일할 것을 약속했습니다. 윌리엄의 귀족들은 모두 하사받은 봉토에 성을 하나씩 지었습니다. 윌리엄 역시 런던 템스 강 옆에 성을 지었습니다. 과거 율리우스 카이사르가 성채를 지었던 자리이자 앨프레드 대왕이 성을 지었던 자리였습니다. 이제는 둘 다 사라지고 없는 그 자리에 윌리엄이 성을 지었고 그 성은 오늘날까지도 건재합니다. 런던탑이 바로 윌리엄이 지은 성입니다.

○ 런던탑
지금도 탑 안에는 수비대가 있고, 런던탑 안에서는 런던 시장과 주교의 관할에서 벗어날 수 있는 자유가 있습니다. 비피터(beefeater)라고 불리는 보초 근위병은 지금도 튜더 왕가 때의 제복을 입고 있습니다.

윌리엄은 탁월하고 능력 있는 통치자였습니다. 그는 잉글랜드 땅을 모두 목차로 정리하고 백성과 그들의 재산까지 모두 일목요연하게 기록하는 일에 착수했습니다. 『둠즈데이 북』이라고 하는 이 기록서는 지금으로 치면 10년에 한 번씩 시행하는 인구조사와 그 성격이 비슷합니다. 『둠즈데이 북』에는 모든 백성의 이름뿐만 아니라 그들이 가진 재산 내역이 상세하게 기록되어 있습니다. 소나 돼지 한 마리까지도 빼놓지 않고 기록되어 있을 정도였습니다.

만약 여러분의 조상이 당시 잉글랜드에서 살았다면『둠즈데이 북』에서 이름을 찾아볼 수 있을 거예요. 어디 그뿐인가요? 땅은 얼마나 갖고 있었는지, 돼지는 몇 마리나 기르고 있었는지까지 다 알 수 있겠지요. 윌리엄은 밤중에 범죄가 일어나는 것을 막기 위해 소등령을 실시하기도 했습니다. 그는 해적의 후예였지만 잉글랜드를 잘 다스렸습니다. 덕분에 잉글랜드는 어느 국왕이 다스렸을 때보다 안정되고 살기 좋은 나라가 되었습니다.

카노사의 굴욕

윌리엄 1세가 노르망디 왕가를 세워 왕권을 강화하고 있었을 때, 신성 로마 제국에서는 황제가 파문을 당하는 일이 벌어졌습니다. 교황 그레고리우스 7세가 성직자를 직접 임명하겠다고 선언하자, 신성 로마 제국의 하인리히 4세는 한 술 더 떠 "주교들은 로마 교황에게 충성할 의무가 없다."라고 선언했던 거예요. 화가 난 교황은 하인리히 4세를 파문했어요. 그러자 제후국

○ 카노사의 굴욕
신성 로마 제국의 하인리히 4세는 파문을 면하기 위해 추운 겨울에 교황이 머물고있는 카노사로 가서 3일 동안 눈을 맞으며 참회했습니다.

들이 일제히 하인리히 4세에게서 등을 돌려 버렸죠. 결국 황제는 추운 겨울에 교황이 머물고 있는 카노사로 가서 3일 동안 눈을 맞으며 참회해야 했습니다. 1077년에 일어난 이 사건을 '카노사의 굴욕'이라고 합니다. 1077년의 77과 그레고리우스 7세의 7을 연결해서 연도를 기억하세요. 하인리히 4세는 다행히 파문을 면했지만 속으로는 칼을 갈았습니다. 결국 그는 군대를 이끌고 로마로 쳐들어가 그레고리우스 7세를 추방하고 클레멘스 3세를 새 교황에 앉혔어요.

잉글랜드의 윌리엄 1세는
영국 역사에 어떤 발자취를 남겼을까요?

윌리엄은 노르망디에서 건너와서 잉글랜드를 정복하고 잉글랜드의 왕이 되

었습니다. 그는 앨프레드 대왕으로부터 내려오던 영국 왕의 계보를 앵글로

색슨 왕조에서 노르망디 왕가로 바꾼 인물입니다. 이때 윌리엄은 자신을 따

랐던 신하들에게 보상으로 토지를 주었습니다. 왕의 권한이 약할 때 봉건제

가 시행되었던 역사적 유래와 달리 윌리엄은 특이하게도 왕의 권한을 강력

히 유지하기 위해서 봉건제를 시행한 거예요. 그래서 윌리엄이 실시한 봉건

제는 영국의 독자적인 봉건제라고 말합니다. 당시 윌리엄이 가톨릭교회와

타협하면서 교회 분쟁을 조정하는 역할을 함으로써 영국에 살던 대부분의

사람들이 가톨릭 신자가 되기도 했습니다.

20 십자군 원정 | 서양 전쟁사

예루살렘으로 성지 순례를 다녀온 사람들은 하나같이 분통을 터트렸습니다. 이슬람 국가인 셀주크 튀르크가 순례자들을 박해했기 때문입니다. 이에 위협을 느낀 동로마 제국의 황제 알렉시우스 1세는 로마 교황 우르바누스 2세에게 도움을 요청했습니다. 그러자 우르바누스 2세는 모든 기독교도에게 이슬람의 승리는 곧 기독교 세계의 불명예이므로 위대한 원정길에 오를 것을 호소했습니다. 그는 "하나님께서 원하신다."라고 외쳤습니다. 이렇게 시작된 십자군 원정은 1096년부터 무려 200년 동안이나 이어졌습니다. 십자군 원정은 정말로 하나님이 원한 전쟁이었을까요?

- **1099년** 서유럽의 기독교도로 구성된 제1차 십자군이 팔레스타인을 점령하고 예루살렘 왕국을 세우다. 이 과정에 서 부녀자와 어린이까지 살해함으로써 비기독교적인 만행을 저지르다.
- **1189년** 잉글랜드의 왕 리처드 1세와 프랑스의 왕 필리프 2세가 제3차 십자군 원정에 참여하지만 예루살렘 탈환 에 실패하다. 술탄 살라딘과 협상해 기독교도의 예루살렘 순례를 보장받다.
- **1204년** 제4차 십자군이 콘스탄티노플을 점령하고 라틴 제국을 세우다. 이를 계기로 동서 교회의 분열이 심화되 고 이슬람 세력에 대한 동방의 방위력이 약화되는 결과를 초래하다.

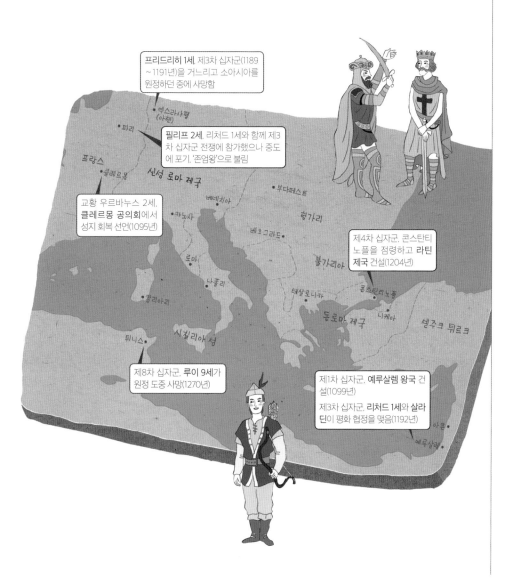

프리드리히 1세, 제3차 십자군(1189 ~1191년)을 거느리고 소아시아를 원정하던 중에 사망함

필리프 2세, 리처드 1세와 함께 제3 차 십자군 전쟁에 참가했으나 중도 에 포기. '존엄왕'으로 불림

교황 우르바누스 2세, **클레르몽 공의회**에서 성지 회복 선언(1095년)

제4차 십자군, 콘스탄티 노플을 점령하고 **라틴 제국** 건설(1204년)

제8차 십자군, 루이 9세가 원정 도중 사망(1270년)

제1차 십자군, **예루살렘 왕국** 건 설(1099년)

제3차 십자군, 리처드 1세와 살라 딘이 평화 협정을 맺음(1192년)

예루살렘으로 가는 길

유럽 전역에 흩어져 있던 모든 기독교도는 예루살렘에 꼭 한번 가보고 싶어 했습니다. 누가 그걸 막는다면 전쟁이라도 치를 태세였어요. 그만큼 기독교도들은 그리스도가 실제로 십자가에 못 박힌 곳에 가 보는 것을 평생의 소원으로 생각했습니다. 당시에는 기차나 비행기처럼 빠른 교통수단이 없었으므로 온종일 걸어도 예루살렘까지 가는 데 짧게는 몇 개월에서 길게는 몇 년까지 걸렸습니다. 이를 성지 순례라고 합니다.

　그전까지 예루살렘을 지배하던 무슬림은 성지 순례를 방해하지 않았는데, 셀주크 튀르크족이 이 지역을 장악하면서부터 기독교도의 성지 순례가 금지되었습니다. 전 세계 모든 기독교도의 수장인 로마 교황 우르바누스 2세는 순례자들의 말을 듣고 크게 놀라며 셀주크 튀르크족의 만행에 치를 떨었습니다. 그때 마침 동로마 제국의 황제 알렉시우스 1세가 도움을 요청해 왔습니다. 우르바누스 2세는 왕권을 누르는 한편, 비잔틴 교회를 로마 교회로 통합할 좋은 기회가 왔음을 알아차리고 1095년 클레르몽 공의회에서 십자군 원정을 촉구했습니다. 성스러운 도시 예루살렘을 되찾아 오자는 거였어요. 1095년은 우르바누스 2세가 울면서 십자군(10)에게 예루살렘을 구(9)하고 오(5)라고 촉구하는 모습을 생각하며 기억하세요.

　십자군은 기사로 구성된 정규 십자군 외에도 민중으로 구성된 비정규 십자군이 있었어요. 이들을 이끈 지도자 중에는 은자(隱者)라고 불린 수도자 피에르

◎ 우르바누스 2세
성지 탈환을 위해 제1차 십자군 원정을 일으킨 로마의 교황입니다. 교황권을 신장하기 위해 노력한 그는 이탈리아에 있는 동로마 영토를 회복해 그 지배권을 확립하기도 했습니다.

○ 은자 피에르

교황 우르바누스 2세는 신앙심이 두터운 피에르를 앞세워 십자군 전쟁을 교묘히 선동했습니다. 피에르는 제1차 십자군 원정을 고무시키며 합류했습니다. 그림에서 당나귀를 타고 있는 피에르가 십자군에게 예루살렘으로 가는 방향을 가리키고 있습니다.

가 있었습니다. 그는 어디서 누굴 만나든지 예루살렘을 무슬림의 손에 놔두는 것이야말로 가장 부끄러운 일이라고 열변을 토했습니다. 그리고 자기와 함께 예루살렘을 구하러 순례를 떠나자고 사람들을 선동했습니다. 그는 굉장한 달변가여서 그의 말을 들은 사람들은 하나같이 그의 뒤를 따랐습니다.

제1차 십자군 원정

오래지 않아서 수많은 사람이 십자군에 동참했습니다. 그들은 그리스도의 죽음을 상징하는 빨간색 천을 십자가 모양으로 오려서 옷 앞에 꿰매었습니다. 십자가 원정대라는 표식이었습니다. 아마도 십자가를 짊어진 예수 그리스도의 심정으로 원정에 임하고자 했던 것 같아요. 교황은 정규 십자군의 출발 날짜를 1096년 8월 15일 성모 승천 대축일로 잡았지만 비정규 십자군은 그때까지 기다리지 못했습니다. 피에르는 무리를 이끌고 미처 준비도 못한 상태에서 무모하게 원정길에 올랐습니다.

그들은 예루살렘이 얼마나 멀리 떨어져 있는지조차 알지 못했습니다. 시간이 얼마나 걸릴지, 먹고 자는 것은 어떻게 해결할지 구체적인 대책이 없었습니다. 그저 예루살렘을 향해 앞으로 나아갈 뿐이었습니다. 시작부터 문제가 많았던 탓일까요? 얼마 가지도 못해서 식량이 모두 떨어졌습니다. 하나둘 질병과 굶주림에 쓰러지기 시작하자 그들은 가까운 도시로 쳐들어가 무차별적으로 약탈하기 시작했습니다. 약탈을 일삼으며 우여곡절 끝에 예루살렘에 도착했지만 셀주크 튀르크족을 만나 제리고르돈 요새에서 전멸하고 말았습니다.

그로부터 얼마 지나지 않아 정규군으로 구성된 십자군이 예루살렘에 도착했습니다. 당시 이슬람 지도자들은 제각각 분열되어 있었기 때문에 십자군에 제대로 대응하지 못했습니다. 신앙심으로 무장한 십자군은 마침내 1099년에 예루살렘을 발아래 굴복시켰습니다. 그들은 예루살렘의 모든 거리를 피로 물들이며 학살과 약탈을 멈추지 않았습니다. "칼을 내려놓아라. 칼을 든 자는 칼로써 망할 것이다."라고 가르친 기독교도라고 보기 어려운 행동이었습니다. 제1차 십자군 원정을 이끌었던 고드프루아는 새로운 예루살렘의 통치자가 되었습니다.

세 마리의 용

십자군의 예루살렘 탈환은 그리 오래가지 못했습니다. 이슬람 세력이 반격을 시작하면서 도로 빼앗기고 말았기 때문입니다. 그리하여 제2차 원정을 위한 십자군이 다시 조직되었습니다. 이때부터 무려 200년 동안 예루살렘을 뺏고 뺏기는 싸움이 지루하게 반복되었습니다.

제3차 십자군 원정은 1200년경에 시작되었습니다. 십자군을 이끈 인물은 잉글랜드의 리처드 1세, 프랑스의 필리프 2세, 독일의 프리드리히 1

○ 프리드리히 1세
신성 로마 제국의 황제로서 후세에는 영웅으로까지 평가되었습니다. 붉은 수염이 특징적이었기 때문에 '붉은 수염왕 프리드리히'라고 불렸지요. 프리드리히 1세가 다른 두 왕과 함께 십자군 원정을 시작했을 때는 이미 꽤 나이가 든 후였습니다. 그러나 그는 예루살렘에 도착하기 전에 강을 건너다 익사하고 말았습니다.

세 등 세 명의 왕이었습니다. 이들의 이름은 '리필은 프리(다시 채우는 것은 공짜)'라는 식으로 외우면 기억하기 쉬울 거예요.

우선 붉은 수염 때문에 '바르바로사(이탈리아어로 '붉은 수염'이라는 뜻)'라고 불렸던 독일의 프리드리히 1세는 카롤루스의 신성 로마 제국처럼 대제국을 건설하려고 했지만 그 정도로 큰 그릇이 되지 못했습니다. 프리드리히가 다른 두 왕과 함께 십자군 원정에 참여했을 때, 많은 나이 때문이었는지 아니면 갑옷의 무게 때문이었는지 강을 건너다 미끄러져서 익사하고 말았습니다.

○ 필리프 2세
강력한 왕권을 확립하고, 대대적으로 국가 체제를 정비해 프랑스의 국력을 신장시켰습니다. 십자군 원정에도 참가했습니다. 프랑스 국왕으로서는 최초로 위대한 왕이라고 평가되어 '존엄 왕'이라는 별칭이 붙었지요.

프랑스의 필리프 2세는 잉글랜드의 리처드 1세와 사이가 좋지 않아 사사건건 충돌하는 일이 많았습니다. 서로의 이해가 너무 달랐기 때문입니다. 어쩌면 리처드 1세에게 질투를 느꼈는지도 모릅니다. 그런 상황에서 필리프 2세는 국내 문제를 먼저 해결하기 위해 병을 핑계로 이스라엘 북부의 항구 도시 아콘을 탈환한 이후 바로 귀국해 버렸습니다.

리처드 1세는 끝까지 남아 십자군 원정을 지휘했지만 생애의 대부분을 전쟁터에서 보낸 그조차도 십자군 전쟁만큼은 승리에 대한 확신이 없었습니다. 피를 흘리며 예루살렘을 빼앗아 봤자 다시 빼앗길지도 모른다고 생각했기 때문입니다. 그래서 이슬람 제국의 술탄 살라딘과 휴전을 체결하게 되었습니다.

백전노장의 리처드를 사람들은 '사자심왕'이라고 불렀습니다. 그만큼 강하고 무서운 인물이었습니다. 살라딘과 휴전을 협상하는 중에도 이슬람 포로를 2,700여 명이나 학살할 정도였습니다. 그가 죽고 아주 오랜 시간이 흐른 뒤에도 엄마들은 우는 아이를 달랠 때 "쉿! 울면 리처드 왕이 잡아간다!"라고 겁을 주었다고 합니다.

하지만 리처드는 매우 매력적인 인물이었나 봅니다. 적군에게도 인기가 있었습니다. 살라딘 역시 리처드를 존경해 그의 친구가 되기를 자처했을 정도입니다. 잉글랜드로 돌아가는 길에 리처드가 포로가 되었을 때의 일입니다. 블롱델이라는 프랑스의 음유 시인은 리처드가 갇혀 있는 곳을 찾기 위해 노래를 부르며 이곳저곳을 떠돌아다녔다고 합니다.

그러던 어느 날, 블롱델이 이름 모를 탑 아래에서 노래를 불렀는데, 바로 그 탑이 리처드가 갇혀 있던 곳이었습니다. 블롱델의 노랫소리를 들은 리처드는 노래의 후렴구를 불러 그에게 자신의 위치를 알렸다고 합니다.

리처드는 우여곡절 끝에 잉글랜드에 도착했으나 이번에는 로빈 후드 때문에 골치를 썩어야 했습니다. 그는 로빈 후드의 포로가 되기로 마음먹었습니다. 그래야만 그를 잡을 수 있을 것이라고 생각했기 때문입니다. 계획대로 로빈 후드의 손에 잡혔으나 알고 보니 그는 정의로운 인물이었습니다. 리처드는 로빈 후드와 그 일당을 모두 용서하고 풀어 주었습니다.

지금도 몇몇 화가의 그림 속에서 리처드를 만날 수 있습니다. 사자심왕이라고 불렸

○ 잉글랜드의 리처드 1세
잉글랜드 왕국의 두 번째 국왕(재위 1189~1199년)입니다. 생애 대부분을 전쟁터에서 보냈고, 용맹함 때문에 '사자심왕(獅子心王)'이라는 별칭을 얻었어요. 그는 중세 기사 이야기에서 전형적인 영웅으로 여겨졌습니다. 영국 국회 의사당에 리처드 1세의 동상이 세워져 있습니다.

RICHARD·I·
CŒUR·DE·LION·
1189–1199·

● 로빈 후드
1160~1247년경의 인물이
라고 하지만 확증은 없습니
다. 문학 작품에서 로빈 후드
는 60여 명의 호걸들과 함
께 불의한 권력에 맞서는 의
적으로 등장합니다.

기 때문인지 그의 코트에는 항상 세 마리의 사자 문장이 그려져
있습니다. 두 마리는 아래에 있고, 한 마리는 위에 있는데, 이 사
자 문장은 영국의 수호자를 상징합니다.

소년 십자군 원정

리처드 1세의 십자군 원정 이후 제4차 십자군 원정이 이어졌고,
1212년에는 어린이만으로 구성된 십자군이 원정을 떠났습니
다. 12가 반복되는 해니까 기억하기 쉽죠? "하나 둘, 하나 둘!" 어
린이들이 행진하는 소리처럼 들리지 않나요? 신의 계시를 받았
다고 주장한 프랑스 소년 에티엔은 어린이 십자군 3만여 명을
이끌었어요.

프랑스 전역의 어린이들이 집과 부모를 떠나 지중해가 있는
남쪽으로 전진했습니다. 부모가 그렇게 먼 길을 떠나는 자식을
그냥 내버려 뒀다는 것이 우리 상식으로는 도저히 이해하기 어
렵지만 실제로 있었던 일입니다. 모세가 홍해 길을 따라 이집트
에서 이스라엘로 건너갔듯이, 남쪽 바다로 가면 바닷길이 열려
예루살렘으로 자신들을 인도해줄 것이라고 생각했던 거예요.
그러나 바닷길은 열리지 않았습니다.

그때 어린이들을 예루살렘까지 데려다 주겠다는 선원들이 나
타났습니다. 그들은 아무것도 바라지 않는다고 말했습니다. 하
지만 그들은 해적이었습니다. 어린이들이 배에 올라타자마자
선원들은 지중해를 건너 이슬람의 땅인 아프리카로 배를 몰았
습니다. 해적들은 아프리카 노예 상인들에게 어린이들을 팔아
버렸습니다.

마지막 십자군 원정

제8차 십자군 원정은 프랑스의 왕 루이 9세가 이끌었습니다. 그는 매우 신앙심이 깊고 바른 정치를 펴기 위해 노력했기 때문에 성(聖) 루이라고 불렸습니다. 그러나 제8차 십자군 원정은 실패로 끝이 났고, 그 후 예루살렘은 1918년 영국군에 포위되기 전까지 이슬람 세력의 지배 하에 놓이게 되었습니다. 제8차 십자군 원정을 마지막으로 십자군 원정은 막을 내렸습니다. 십자군 원정에 참여한 기독교도 가운데 선량하지 않은 사람도 많았습니다. 입으로만 하나님을 믿는 사람들도 적지 않았지요. 사실 십자군 원정에 나섰던 대다수 사람들은 건달이었어요. 그들에게 십자군 원정은 그저 약탈을 위한 핑곗거리에 불과했습니다.

○ 루이 9세
마지막인 제8차 십자군 원정은 프랑스 국왕 루이 9세의 지휘로 이루어졌습니다. 신앙심이 매우 깊고 공정한 법으로 나라를 다스려 죽은 뒤 성인으로 추증되었습니다.

십자군 원정은 예루살렘을 지키겠다는 기독교도의 목적을 달성하는 데에는 실패했습니다. 그런데도 십자군 원정으로 얻은 것이 적지 않았습니다. 십자군 원정이 처음 시작되었을 때 십자군은 그들이 정복하러 가는 땅의 사람들보다 문명적으로 뒤떨어져 있었습니다. 그러나 여행이 때로는 책보다 더 많은 것을 가르쳐 주는 법입니다. 십자군은 원정을 통해 많은 것을 배울 수 있었습니다. 그들은 다른 땅의 문화나 말, 문학 등을 배웠습니다.

당시만 해도 유럽에는 공립 학교가 없었습니다. 아주 극소수의 사람만이 교육을 받을 수 있던 시절이었습니다. 그러던 때에 십자군이 학교 역할을 했던 것입니다. 그들의 가르침 덕분에 무지했던 유럽의 암흑시대도 점차 저물어 갔습니다.

생각해 보세요

십자군 원정의 역사적 의의는 무엇일까요?

십자군 원정은 유럽의 거의 모든 기독교도들이 신의 이름으로 칼을 들고 나선 가장 큰 전쟁이었습니다. 모두 여덟 차례에 걸쳐 이루어진 기나긴 전쟁이기도 했습니다. 유럽의 관점에서 보면 십자군 전쟁은 성전이지만, 이슬람의 관점에서 보면 이민족의 침략에 불과했습니다. 실제로 십자군 전쟁은 점차 정치적·경제적 이권에 따라 움직이면서 본래의 목적에서 멀어졌습니다. 교황은 교황권 강화를, 영주는 영토 확장을 목적으로 하는 등 정치적이고 경제적인 성향이 반영되었습니다. 사자심왕 리처드 1세 등 대표적인 서유럽 세 나라의 군주들이 함께 참가한 제3차 십자군이 가장 유명하고, 절정은 콘스탄티노플을 함락시켜 같은 기독교 국가인 동로마 제국을 몰아내고 라틴 제국을 세운 제4차 십자군이었습니다. 이 전쟁에서 약탈해 온 유물과 서적들은 당시 암흑시대를 살아가고 있던 중세에 큰 영향을 끼쳐 훗날 르네상스 운동에 영향을 주었습니다. 2001년 교황 요한 바오로 2세는 그리스를 방문해 과거 십자군에 의한 침략과 학살, 약탈 행위 등에 대해 정식으로 사과했습니다.

21 돌과 유리로 만들어진 성경 |
중세의 성당

대부분의 사람들은 분위기에 좌우됩니다. 기독교도도 마찬가지예요. 성당이 엄숙한 분위기를 자아내면 예배를 드리는 사람들도 절로 경건해집니다. 영국의 캔터베리 대성당, 프랑스의 노트르담 대성당, 독일의 쾰른 대성당 등 중세의 성당들은 엄숙한 분위기를 넘어 그 자체가 돌과 유리로 만들어진 성경이라고 할 수 있습니다. 대성당을 장식하는 뾰족한 첨탑에서부터 스테인드글라스, 벽화, 조각상 등에 성경 이야기가 고스란히 녹아 있기 때문이에요. 자, 그렇다면 이제 황홀한 중세 성당으로 여행을 떠나 볼까요?

- **1160년** 노트르담 성당 학교가 발전해 파리 대학이 설립되다. 설립자는 교회이며, 주교 또는 교황이 학교의 감독 자가 되고, 대학 구성원이 선출한 학장이 경영자이며 그 학장은 교수 조합에서 선출하다.

- **1163년** 파리 최고의 고딕 건물인 노트르담 대성당을 짓기 시작하다. 1208년에 1차로 완성되고, 최종 완성은 1345 년에 이루어지다.

- **1309년** 프랑스 왕 필리프 4세가 직접 뽑은 교황 클레멘스 5세를 아비뇽에 유폐시키다. 이를 아비뇽 유수라고 한다.

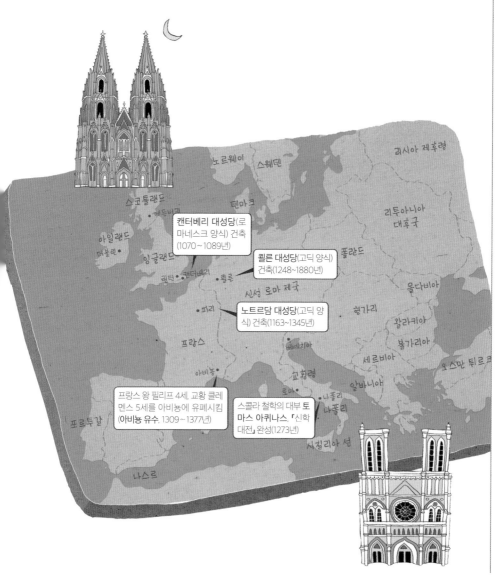

캔터베리 대성당(로마네스크 양식) 건축 (1070~1089년)

쾰른 대성당(고딕 양식) 건축(1248~1880년)

노트르담 대성당(고딕 양식) 건축(1163~1345년)

프랑스 왕 필리프 4세, 교황 클레멘스 5세를 아비뇽에 유폐시킴 (아비뇽 유수, 1309~1377년)

스콜라 철학의 대부 토마스 아퀴나스, 『신학 대전』 완성(1273년)

노르웨이 스웨덴 러시아 제후령

스코틀랜드 덴마크 리투아니아 대후국

에든버러 폴란드

아일랜드 잉글랜드 신성 로마 제국 몰다비아

더블린 런던 캔터베리 쾰른 파리 헝가리 왈라키아

프랑스 베네치아 불가리아

아비뇽 교황령 세르비아 오스만 튀르크

로마 알바니아

포르투갈 나폴리 나폴리

나스르 시칠리아 섬

만남의 장소

중세 시대 사람들은 매일 교회에 가서 몇 시간씩 머물다 오곤 했습니다. 예배가 있을 때만 교회를 찾아가는 것이 아니었습니다. 교회에 가서 신부에게 고민을 털어놓기도 하고, 조언을 듣기도 하며, 친구들과 수다를 떨기도 했습니다.

십자군 원정 전후로 사람들은 교회를 중요하게 생각하기 시작했습니다. 어느 곳이든지 한 마을에 교회가 하나만 있었고, 모두가 같은 교회를 다녔습니다. 침례교도 감리교도 장로교도 없었습니다. 다 같은 기독교일 뿐이었습니다.

교회는 만남의 장소였고, 자연히 사람들은 교회를 아름답게 짓기 위해 돈과 시간을 아끼지 않았습니다. 세계에서 가장 아름답다고 평가를 받는 교회와 성당이 이 시기에 유럽 지역에서 지어진 까닭이 바로 여기에 있습니다. 이 교회와 성당들은 아직도 그 자리에 그대로 있고, 중요한 관광지로 각광받고 있습니다.

여러분에게 성당은 어떤 곳인가요? 성당은 그저 큰 교회가 아닙니다. 가톨릭 주교의 교회를 성당이라고 합니다. 흔히 성당의 사제석에 주교를 위한 특별석이 있는데, 그 의자를 라틴어로 '카테드라(cathedra)'라고 합니다. 이에 근거해 주교 교회를 '카테드랄(cathedral)', 즉 대성당이라고 합니다.

로마 가톨릭교회에는 모든 가톨릭 신자가 이용할 수 있는 본당과 달리, 고위 성직자의 개인 기도실이나 수도회, 신앙 공동체의 기도실과 같이 한 개인이나 어떤 특정 공동체에서 집전하기 위해 세운 전용 성당이 있습니다. 이를 경당(chapel)이라고 부릅니다.

침례교
『신약 성경』에 근거해 예수에 대한 믿음을 고백한 후 물에 완전히 잠기는 침례를 주장하는 교파다. 창시자는 존 스미스다. 신앙 고백을 한 사람들에게만 세례를 베풀어야 한다고 믿기 때문에 유아 세례를 인정하지 않는다.

감리교
성공회 사제인 존 웨슬리의 복음주의 운동과 부흥 운동으로 등장한 개신교 교파다. 규칙적이면서도 조직적으로 행동해 메소디스트(Methodist, 격식주의자)로 불렸다. 감리교도들은 성경 공부에 힘쓰고, 빈민과 병자, 죄수들의 전도에 주력한다.

장로교
종교 개혁가인 칼뱅의 신학적 전통을 따른다는 점에서 다른 개혁 교회들과 같았다. 하지만 목사와 장로가 교회를 다스리고 계층적 교회 질서를 가지고 있다는 점에서 다른 개신교 교파와 구별된다.

공중에 뜬 버팀목

중세의 교회와 성당은 고대 그리스나 로마의 신전과 다를 뿐만 아니라 그 이전에 지어진 어떤 건축물과도 다릅니다. 벽돌로 지붕을 만들어 건물 꼭대기에 씌우는 방식은 고대 그리스와 로마인들이 신전을 짓던 방식입니다. 당시 유럽의 기독교도들은 그러한 방식을 활용하지 않았습니다. 벽돌 두 개를 세우고, 그 위에 두 개의 벽돌을 알파벳 A자 모양으로 서로를 기대어 지붕을 삼았습니다. 돌기둥에 돌 아치를 결합시킨 형태입니다. 돌 아치가 돌기둥을 밀어내면서 무너지는 것을 막기 위해 건축가들은 지주를 세우는 방법을 택했습니다. 지주 역시 돌로 만들어졌는데, 이렇게 돌로 만든 지주를 '공중에 뜬 버팀목(플라잉 버트레스, flying buttresses)'이라고 불렀습니다.

◑ 공중에 뜬 버팀목
당시의 성당은 돌기둥에 돌 아치가 결합된 형태였습니다. 돌 아치가 돌기둥을 밀어내며 무너져 내리는 것을 막기 위해 건축가들은 지주를 세우는 방법을 택했습니다. 지주 역시 돌로 만들어졌는데, 이렇게 돌로 만든 지주를 '공중에 뜬 버팀목'이라고 불렀습니다. 사진은 노트르담 대성당의 '벽 날개' 입니다.

이탈리아 사람들은 이를 보고 미친 건축 양식이라고 비웃었습니다. 그런 건축물은 불안정해서 카드로 만든 집처럼 쉽게 무너질 거라고 생각했던 거예요. 476년에 이탈리아를 정복했던 고트족의 야만성과 무지에 빗대어 그 이후의 사람들은 야만적이고 무지한 모든 것에 '고딕'이라는 수식어를 붙였습니다. 그래서 그들이 보기에 미친 건축 양식에도 '고딕'이라는 수식어를 붙였습니다. 따라서 고딕 양식은 고트족과 아무런 관련이 없습니다. 그들은 고딕 양식이 탄생하기 훨씬 전에 모두 죽었거든요.

그렇다면 고딕 양식의 건축물은 불안정하거나보기 흉할까요? 결코 그렇지 않습니다. 물론 부실하게 지은 건축물이라면 무너질 수도 있지만, 튼튼하게 지은 최고의 건축물은 몇 백년이 지난 오늘날까지도 멀쩡합니다. 로마나 그리스의 건축 양식으로 지은 건물이 아니면 아름답지 않다고 생각하는 사람들도 있어요. 하지만 이른바 고딕 건축물이라고 불리는 중세의 건축물들 역시 웅장한 아름다움을 모두에게 인정받고 있습니다.

고트족 스타일

고딕 양식의 성당에는 그리스나 로마의 신전과 구별되는 한 가지 특징이 더 있습니다. 고딕 성당을 짓기 전에 먼저 부지 위에 커다란 십자가를 그린다는 것입니다. 이때 십자가의 머리는 예루살렘이 있는 동쪽을 향해야 합니다. 이 설계도에 따라 성당을 짓고 나서 성당 꼭대기에 올라가 아래를 내려다보면, 성당은 십자가 모양을 하고 있고 제단은 언제나 동쪽을 향해 있습니다. 고딕 양식의 성당에는 아름다운 첨탑이 있습니다. 이는 하늘을 가리키는 손가락에 비유되곤 합니다. 성당 위의 문이나 창문은 사각형도 아니고 원형도 아닙니다. 기도를 하기 위해 고이 모은 손처럼 뾰족한 모양을 하고 있습니다.

고딕 성당은 사방이 거의 유리로 되어 있습니다. 그러나 평범한 유리가 아닙니다. 색색으로 물든 작은 유리 조각들을 모아 한편의 그림을 완성한 스테인드글라스입니다. 유리 위에 그린 그

○ 가고일
기묘한 괴물의 형상을 석상으로 만든 것입니다. 보통 지붕 양 끄트머리나 배수구 뒤쪽에 놓았습니다. 가고일은 악령이 성스러운 장소에 접근할 수 없도록 겁을 주어 내쫓는 역할을 했습니다.

림은 종이나 캔버스 위에 그
린 그림보다 아름답습니다.
왜냐하면 빛이 들어오면 온
갖 색상들이 보석처럼 반짝
이기 때문입니다. 화창한 하
늘색이나 노란 태양 빛, 루비
의 붉은색에는 성경의 이야
기가 담겨 있습니다. 세상에
서 가장 아름다운 그림책인
셈이죠. 그래서 글을 읽을 줄
모르는 사람들도 이 그림을
감상하면 성경의 내용을 알
수 있었습니다.

중세의 석공들은 성경에 등
장하는 성자와 천사 등을 석
상으로 만들었습니다. 성스러
운 존재뿐만 아니라 일상에
서 흔히 접할 수 없는 기묘한
괴물의 형상도 즐겨 만들었
습니다. 이런 석상들은 보통
지붕의 양 끄트머리나 배수
구 뒤쪽에 놓았는데, 이를 가
고일이라고 불렀습니다. 가고
일은 악령이 성스러운 장소에

○ 노트르담 대성당의 스테인드글라스
고딕 성당은 사방이 거의 유리로 되어 있습니다. 커다란 유리창은 보통의 유리창과 달
리 색색의 아름다운 그림들로 장식되어 있습니다. 각기 다른 색깔의 작은 조각들이 모
여 아름다운 그림을 완성합니다.

접근할 수 없도록 겁을 주어 내쫓는 역할을 했습니다. 당시의 성당은 돌과 유리로 만들어진 성경이나 다름없습니다. 누가 만든 석상인지, 누가 붙인 스테인드글라스인지 알 수는 없지만, 모든 사람들이 너나없이 소매를 걷어붙이고 참여했을 거예요.

고딕 성당 중에는 짓는 데만 수백 년의 세월이 걸린 것도 있습니다. 캔터베리 대성당, 노트르담 대성당, 쾰른 대성당 등이 예입니다. 그중에서도 독일의 쾰른 대성당은 짓는 데 가장 오랜 시간이 걸린 것으로 유명합니다. 건축을 시작한 지 무려 700년이라는 세월이 지나고 나서야 완성되었으니까요. 프랑스의 노트르담 대성당은 1900년대 중반 독일군의 포격으로 거의 파괴되었습니다.

○ 캔터베리 대성당

591년 로마 가톨릭교회가 파견한 성 아우구스티누스가 잉글랜드의 켄트에 상륙해 켄트인들을 개종시키고 캔터베리에 교회를 세운 것이 캔터베리 대성당의 기원입니다. 최초의 성당은 1070~1089년에 세워진 로마네스크 양식의 건축물이었으나, 1174년 화재 후 증축되면서 프랑스 번성기의 고딕 양식이 도입되었습니다.

12세기에 유행한 고딕 양식의 특징이 첨탑과 스테인드글라스라면, 11세기에 유행한 로마네스크 양식의 특징은 반원형의 아치와 돔형 천장이라고 할 수 있습니다. 피사의 성당을 그 예로 들 수 있습니다. 로마의 건축물을 모방해서 지은 로마네스크 양식 성당의 내부는 두꺼운 벽과 작은 창 때문에 늘 어둡다는 문제가 있었지만, 고딕 양식 성당의 내부는 높은 천장과 얇은 벽, 그리고 스테인드글라스로 꾸며진 큰 창 때문에 색색의 밝고 영롱한 빛으로 가득 차 있었어요.

○ 쾰른 대성당
세계 문화유산에 속하는 독일의 쾰른 대성당은 유네스코로부터 '인간의 창조적 특징이 드러난 뛰어난 작품'이라는 평을 받았습니다.

중세 유럽 사회에서 유일한 진리는 기독교의 교리였습니다. 따라서 성당 건축은 물론 신학 연구도 활발했습니다. 철학은 신학을 위해 존재하기 때문에 신학의 시녀라고 생각했어요. 중세 초기의 교부 철학자들은 그리스 철학을 지지했습니다.

고대 로마 교회의 교부인 아우구스티누스는 서유럽 최초의 역사 철학서라고 할 수 있는 『신국론』에서 "사람이 신의 은혜를 입는 것은 교회와 그 신비에 의해서만 가능할 뿐, 교회 밖에서의 구원은 없다."라고 주장했어요.

토마스 아퀴나스는 신앙과 이성(철학)의 조화를 추구했어요. 이성은 신앙에 도움이 되고, 자연에 대한 사랑은 기독교의 사랑과 통한다고 생각했습니다. 이를 스콜라 철학이라고 합니다. 아퀴나스는 『신학 대전』이라는 책을 써서 스콜라 철학을 집대성했지요.

교부
2세기 이후 신학의 기초를 세운 교회 지도자를 교부라고 하고, 이들의 신학을 바탕으로 하는 철학을 교부 철학이 라고 한다.

◑ 노트르담 대성당

프랑스 파리의 시테 섬 동쪽에 있는 대성당으로서 고딕 건축 양식의 정수로 꼽힙니다. 성당 오른쪽에는 카롤루스의 동상이 있습니다. 노트르담(Notre Dame)은 영어로 '우리의 성모(Our Lady)'를 뜻합니다. 따라서 노트르담 성당은 '성모의 성당'이라고 할 수 있겠지요. 그런데 유럽에는 왜 노트르담이라는 이름을 가진 성당이 많을까요? 유럽 전역과 북아메리카 쪽은 역사적으로 가톨릭이 널리 퍼져 있습니다. 그래서 가톨릭에서 중요한 의미를 지니는 성모 마리아를 기리는 성당이 많이 세워진 것입니다.

❂ 돌로 만든 성경

성당의 돌 세공소에서는 성경에 등장하는 성자와 천사 등을 석상으로 만들기도 했습니다. 따라서 당시의 성당은 돌과 유리로 만든 성경이나 다름없었습니다. 사진은 노트르담 대성당의 정면 모습입니다. 왼쪽부터 성모 마리아의 문, 최후의 심판의 문, 성 안나의 문입니다. 윗부분에는 28명의 이스라엘 왕이 조각되어 있군요.

○ 아비뇽 교황청
로마 가톨릭교회의 교황청
은 아비뇽으로 옮겨져 1309
년부터 1377년까지 교황들
이 머물렀습니다. 이 시기를
고대 유대인의 바빌론 유수
에 빗대어 '교황의 바빌론 유
수'라고 부릅니다.

아비뇽 유수

1096년부터 무려 200년 동안이나 이어진 십자
군 전쟁 시기에 수많은 성당이 지어졌습니다. 그
러나 전쟁의 패배로 교황의 권위가 추락하고, 반
대로 왕의 권위는 올라갔어요. 왕권이 강화되면
서 영국과 프랑스는 중앙 집권 국가가 되기 시작했습니다.

급기야 프랑스 왕이 교황을 아비뇽에 설치한 교황청에 가두
는 사건이 발생합니다. 이 사건은 필리프 4세가 프랑스 교회들
에 세금을 부과하면서 시작되었어요. 교황 보니파키우스 8세가
반발했지만, 필리프 4세는 1302년 성직자, 귀족, 평민 대표로
구성된 삼부회를 처음으로 소집해서 지지를 이끌어 냈어요. 결
국 프랑스 왕의 꼭두각시로 전락한 보니파키우스 8세가 화병으
로 1년 뒤 세상을 떠나자, 프랑스 사람인 클레멘스 5세가 교황
이 됩니다. 클레멘스 5세는 필리프 4세의 강압에 따라 1309년
에 아비뇽으로 교황청을 옮겼습니다.

1377년 교황 그레고리우스 11세가 로마로 복귀하면서 아비
뇽 유수가 끝났습니다. 그레고리우스 11세가 죽고 우르바누스
6세가 교황에 선출되자, 이에 반발한 프랑스는 클레멘스 7세를
따로 교황으로 선출했어요. 이때부터 두 교황 시대(1378~1417
년)가 시작되었지요. 이 우스꽝스러운 상황을 해결하기 위한 종
교 회의가 소집되었습니다. 중세 최대의 종교 회의인 콘스탄츠
공의회(1414~1418년)는 로마 교황을 정통으로 인정했고, 교황
도 교회 개혁에 관한 문제는 회의의 결정에 복종해야 한다는 감
독주의를 공표했습니다. 🏰

가톨릭에서
성모 마리아는 어떤 존재일까요?

가톨릭에서는 성모 마리아를 성인 가운데 가장 위대한 인물로 기립니다. 그래서 성모 마리아상 앞에 무릎을 꿇고 기도하는 거예요. 성경에 의하면 모든 인간은 원죄를 가지고 태어날 수밖에 없는데, 성모 마리아는 예수를 잉태하기 위해 특별히 원죄 없이 태어났고 평생 동정녀로 살면서 몸을 정갈히 했다고 합니다. 대천사 가브리엘도 꿈에 나타나 '주님의 어머니'라고 불렀다는 기록이 있습니다. 이에 근거해 성부 하나님과 성자 예수가 동격이듯이 성모 마리아 또한 동격으로 보아야 한다는 생각이 자리 잡은 거예요. 하지만 일반 개신교에서는 마리아가 동정녀이자 예수의 어머니라는 사실을 부정하지는 않지만 하나님 외에 다른 신을 섬길 수 없다는 교리 때문에 마리아에 대한 신앙 고백을 금하고 있습니다. 현재 가톨릭의 교의에 따르면 마리아는 죽은 후 부활해 하늘로 올라갔다고 합니다.

22 의회 민주주의의 씨앗 |
영국의 역사

사자심왕 리처드 1세가 전쟁터에서 화살에 맞아 죽자 헨리 2세의 아들이자 리처드 1세의 동생인 존이 왕위에 올랐습니다. 존 왕은 형처럼 위대한 군주가 되고 싶었습니다. 그래서 그는 유일한 왕위 계승권자인 조카마저 죽이고 로마 교황과 대립해 교회 문을 닫기도 했습니다. 결국 참다못한 귀족들이 반란을 일으켜 존 왕을 유배 보내고 국민의 권리를 명시한 대헌장(Magna Carta, 마그나 카르타)에 서명하게 했습니다. 이제 잉글랜드 국왕도 다른 사람들과 마찬가지로 법을 지켜야 하는 시대가 된 거예요. 다시 말해 의회 민주주의의 작은 씨앗이 뿌려진 겁니다.

- **1157년** 리처드 1세가 잉글랜드 왕국의 두 번째 왕이 되다. 영어를 유창하게 구사했던 존 왕과 달리 리처드는 당시 노르만 지배층의 언어인 프랑스어를 사용하다.
- **1215년** 잉글랜드의 존 왕이 귀족들의 강요에 못 이겨 러니미드에서 대헌장(마그나 카르타)을 승인하다.
- **1273년** 합스부르크 가문의 루돌프 1세가 황제로 즉위함에 따라, 신성 로마 제국 황제가 공백 상태였던 대공위 시대가 끝나다. 이 시기에 우리나라에서는 삼별초의 난이 진압되다.

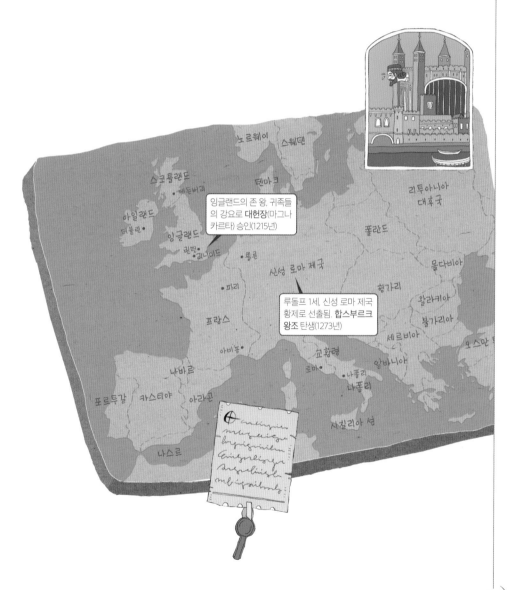

잉글랜드의 존 왕, 귀족들의 강요로 **대헌장**(마그나 카르타) 승인(1215년)

루돌프 1세, 신성 로마 제국 황제로 선출됨. **합스부르크 왕조** 탄생(1273년)

형만한 아우 없다

모두에게 사랑을 받았던 사자심왕 리처드 1세에게는 존이라는 동생이 있었습니다. 형과 달리 존은 누구에게도 사랑을 받지 못했습니다. 왕이 된 후에 그의 못된 성품은 백일하에 드러났습니다. 그는 결국 역사의 악당으로 기록되었습니다.

○존 왕
친형인 사자심왕 리처드 1세의 뒤를 이어 왕위에 올랐습니다. 그는 선대로부터 물려받은 프랑스 지역의 땅을 지키지 못했기 때문에 '실지왕'이라고도 불립니다.

존 왕은 어린 조카 아서가 왕이 될까 두려워 조카를 살해했습니다. 다른 사람을 시켜 죽였다는 설도 있고, 그가 직접 죽였다는 설도 있습니다. 이것은 존의 시대를 알리는 불길한 서막에 불과했습니다. 시간이 지날수록 더욱 무서운 일들이 벌어졌습니다.

존은 로마 교황과 맞섰습니다. 당시 교황은 전 세계 기독교도들의 수장으로서 교회에서 해야 할 일과 하지 말아야 할 일을 결정하는 중요한 역할을 했어요. 존은 교황이 정해 준 인물을 영국의 주교로 임명하는 데 동의하지 않았습니다. 그는 이미 자신의 친구 중 한 명을 주교로 만들 생각을 하고 있었습니다. 그러자 교황은 자기 말에 따르지 않으면, 잉글랜드에 있는 모든 교회의 문을 닫아 버리겠다고 겁을 주었습니다. 그래도 존은 들은 척도 하지 않았습니다. 원한다면 교회 문을 전부 닫아 보라고 오히려 큰소리를 쳤습니다.

화가 난 교황은 모든 교회의 문을 닫아 버리라고 명령했습니다. 요즘이라면 큰 위협이 될 수 없는 일이지만, 당시는 교회가 사람들의 삶에서 중요한 위치를 차지하고 있었습니다. 교회의 문을 닫는다는 것은 예배를 드릴 수 없다는 것을 의미하며, 막 태어난 아이에게 세례를 해 줄 수도 없고, 눈을 감은 부모가 천국에 갈 수도 없다는 것을 뜻했습니다. 어디 그뿐입니까? 장례도 치를 수 없었고, 결혼도 할 수 없었습니다.

　이 사건으로 백성들은 충격에 빠졌습니다. 마치 하늘의 저주를 받은 것 같은 기분이었습니다. 끔찍한 일들이 눈앞에 펼쳐질까 봐 두려움에 떨었습니다. 사람들은 교회의 문을 닫게 만든 존 왕을 비난하기 시작했습니다.

　백성들이 분노하는 모습을 본 존은 더럭 겁이 났습니다. 백성들이 자기에게 무슨 짓을 할지 두려웠던 거예요. 이때 교황은 다른 사람을 왕위에 앉히겠다고 엄포를 놓았습니다. 당시 교황은 그 정도로 권력이 막강했습니다. 겁에 질린 존은 벌벌 떨며 교황에게 항복을 선언하고, 교황이 하라는 대로 뭐든지 하겠다고 순순히 응했습니다. 그러나 존은 고집이 센 사람이었습니다. 그 후에도 번번히 교황에 맞섰습니다.

　존은 세상이 오로지 왕을 위해 존재한다고 생각했어요. 왕 이외의 사람들이 세상에 태어난 이유는 오직 왕의 하인이 되어 왕을 위해 일하고, 왕을 위해 돈을 벌며, 왕이 원하는 일을 하기 위해서라고 생각했습니다. 과거에도 같은 생각을 한 왕들이 많이 있었지만 존은 그 정도가 더욱 심했습니다.

❍ **사슴 사냥을 하는 존 왕**
활동적인 존 왕은 사냥을 즐겼어요. 또한 언제라도 여행을 떠날 준비를 하고 있었지요 잉글랜드 지역에 대한 정보는 어떤 왕도 따라갈 수 없을 정도였습니다.

　존은 형처럼 위엄 있고 위대한 군주가 되고 싶었습니다. 자신이 형에 못지않은 위대한 전사라는 것을 증명하기 위해 프랑스 왕과 전쟁을 벌였습니다. 그런데 전쟁을 하려면 많은 돈이 필요했습니다. 그래서 존은 부자들에게 돈을 바치라고 명령했습니다. 원하는 액수를 내놓지 않으면 감옥에 가두고 쇳덩이로 만든 압착기를 달구어 그 속으로 두 손을 집어넣게 했습니다. 뼈가 부서지고 피가 흐를 때까지, 혹은 숨이 끊어질 때까지 멈추지 않았습니다. 백성들 사이에서 존에 대한 원성이 날로 높아졌고, 불안을 느낀 그는 자신의 뒤를 이어 왕위에 오를 단 하나뿐인 조카마저 죽이고 말았습니다.

국민의 권리

존의 악행은 점점 더 심해져만 갔습니다. 마침내 그의 악행을 참다못한 귀족들이 힘을 모아 존 왕을 템스 강 변에 있는 러니미드에 유폐하기에 이릅니다. 그리고 그곳에서 귀족들이 직접 라틴어로 작성한 조항에 서명하도록 왕에게 압력을 넣었습니다. 이 일이 벌어진 해가 1215년이었습니다. 존에게는 최악이었지만 영국 백성들에게는 최고의 해였습니다. 존 왕이 승인한 63개의 조항을 마그나 카르타 또는 대헌장이라고 합니다.

○ 대헌장에 서명하는 존 왕

존 왕의 악행을 참다못한 귀족들이 힘을 모아 왕을 붙잡아서 템스 강 변에 있는 러니미드로 유배를 보냈습니다. 그곳에서 귀족들은 직접 라틴어로 작성한 몇 가지 조항에 동의하도록 왕에게 압력을 넣었습니다. 존 왕이 승인한 이 조항을 마그나 카르타 또는 대헌장이라고 합니다.

하지만 존은 자기 이름조차 쓸 줄 몰랐기 때문에 대헌장에 직접 서명할 수 없었습니다. 다행히 그는 도장이 새겨진 반지를 끼고 있었습니다. 당시에는 이름을 쓸 줄 모르는 사람들이 서명을 할 때, 반지 도장을 즐겨 사용했거든요. 존 왕은 대헌장에 직접 서명하는 대신에 뜨거운 밀랍을 묻힌 도장을 찍었습니다.

이로써 귀족들은 자신의 권리를 챙길 수 있었고, 백성들도 기본적인 인간의 권리를 보장받을 수 있었습니다. 구체적인 내용은 다음과 같습니다.

제12조 짐의 왕국에서는 왕국의 일반 평의회에 의하지 않고는 모든
부역 면제세 또는 상납금을 부과하지 않는다.

제39조 자유인은 동료들의 적법한 판결에 의하거나 법의 정당한 절
차에 의하지 아니하고는 체포, 구금되지 아니하며 재산과 법
익을 박탈당하지 아니하고 추방되지 아니하며 또한 기타의
방법으로 침해되지 아니한다. 짐은 이에 뜻을 두지 아니하며
이를 명하지도 아니한다.

제54조 어느 누구도 여자의 고소로 체포, 구금되지 아니한다. 단, 그
고소가 그 아내의 남편에 관한 것일 때는 예외로 한다.

○ 대헌장
1215년 6월 15일에 잉글랜드
의 존 왕이 귀족들의 강요에
의해 서명한 문서로, 국왕의
권리가 명시되어 있습니다.
국왕이 할 수 있는 일과 할
수 없는 일을 문서화해 전제
군주의 절대 권력에 제동을
걸기 시작했다는 점에서 의
의를 찾을 수 있지요.

대헌장에는 이들 조항 외에도 여러 가지 권리를 보장하는 내
용이 담겨 있었습니다. 하지만 존 왕은 대헌장의 약속을 지키지
않았습니다. 기회만 있으면 약속을 보기 좋게 어겼습니다. 자기
뜻에 반하는 서약에 억지로 동의한 사람은 그 서약을 어기기도
쉬운 법입니다. 사람들의 원성이 자자해서였는지 존 왕은 대헌
장에 승인한 지 얼마 지나지 않아 숨을 거두었습니다. 그의 뒤를
이은 왕들은 대헌장의 조항을 승인해야 했고, 1215년 이후부터
영국에서는 백성이 왕의 신하가 아니라 왕이 백성의 신하라는
생각이 깊숙이 자리 잡게 되었습니다.

존 왕이 대헌장에 서명한 일은 역사적으로 큰 의미를 지닙니
다. 한 나라의 최고 힘이 국왕에게서가 아니라 법에서 나올 수
있게 된 최초의 사건이었기 때문입니다. 지금도 우리는 대헌장
의 정신에 따라 살아가고 있습니다. 대다수 나라의 지도자들이

⊙ 러니미드의 대헌장 기념비
미국변호사협회가 세운 이 기념비에는 "법에 의한 자유의 상징, 대헌장을 기념하다."라고 새겨져 있습니다.

국민과 마찬가지로 법을 지켜야 하는 것은 바로 그 때문입니다.

대부분 한 나라의 국민은 대표를 뽑아 수도로 보내서 자신의 의사를 대변하도록 합니다. 국민이 뽑은 대표들은 나라마다 그 형태가 조금씩 다르지만 대체로 의회 의원 또는 국회 의원이라고 불립니다. 오늘날의 민주적인 의회 제도는 지금으로부터 800년 전 잉글랜드의 존 왕이 대헌장에 서명했던 순간부터 시작된 것입니다. 앞으로는 오늘날의 의회 제도보다 더 발전된 형태의 제도가 생길지도 모를 일입니다. 역사는 결과가 아니라 과정이기 때문입니다.

한편, 왕이 귀족에 굴복해 대헌장에 서명한 잉글랜드와 달리 제6차 십자군 전쟁을 지휘했던 신성 로마 제국의 프리드리히 2세는 강력한 황제가 되기를 원했습니다. 이러한 정치 문화는 훗날까지 그대로 이어집니다. 1273년 황제 선출권을 가진 신성 로마 제국의 일곱 선제후가 모여서 합스부르크 가문의 루돌프 백작을 황제로 선출했습니다. 20세기 초까지 유럽을 대표하는 합스부르크 왕조가 탄생한 거예요. 합스부르크 왕조는 스위스 출신이었지만 독일, 오스트리아, 스페인에 걸친 신성 로마 제국의 황제를 독점했습니다. 🏛

대헌장의 의의는 무엇일까요?

대헌장에는 왕의 권리는 제한하되, 귀족과 성직자의 권리는 강화한다는 내용이 담겨 있습니다. 다시 말해 일방적인 왕의 횡포를 견제하기 위해 권력의 균형을 맞춘 것입니다. 이는 곧 의회의 탄생으로 이어졌습니다. 아울러 후대로 갈수록 귀족뿐만 아니라 일반 국민의 권리까지 명시하는 방향으로 점차 확대 해석되었습니다. 특히 왕의 과세권 제한 조항은 권리 청원과 권리 장전 등 영국 시민 혁명에 큰 영향을 미쳤고, 그 결과 입헌 정치의 기틀을 마련하는 데 크게 공헌했습니다. 일반적으로 민주주의는 영국, 일본 등이 채택한 의회 민주주의와 한국, 미국 등이 채택한 대통령 민주주의로 구분할 수 있습니다. 대헌장은 영국식 의회 민주주의의 기초가 되었습니다.

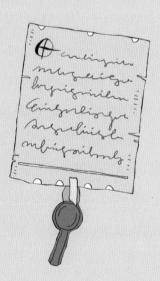

23 칼이 펜보다 강하다 |
송과 몽골의 역사

몽골족은 유목민이기 때문에 털가죽으로 만든 천막 속에서 살았습니다. 이를 유르트(yurt)라고 하는데, 장소를 가리지 않고 설치와 이동이 편리한 점이 특징입니다. 그들은 또한 무척 강인했습니다. 굶주림이나 목마름쯤은 대수롭지 않게 참을 수 있었습니다. 만약 목이 말라 죽을 지경이 되면, 타고 다니던 말의 혈관을 칼로 살짝 찔러 그 피를 조금 마시곤 했습니다. 그러고는 아무렇지도 않게 그 말을 다시 타고 다녔습니다. 정말이지 잡초 같은 생명력을 지닌 민족입니다. 그들은 중국의 변방 지방을 약탈하면서 생활했지만 중국 본토까지 쳐들어갈 생각은 하지 않았습니다. 하지만 칭기즈 칸이 그들의 지도자가 되자 사정이 달라졌습니다. 몽골족은 문약한 송은 물론이거니와 전 세계를 손아귀에 넣기 위해 끝없이 말을 달렸습니다.

- **1206년** 테무친이 몽골을 통일하고 몽골 제국의 칭기즈 칸이 된다. 그는 자신에게 협력하면 자치권을 주었지만, 반항하면 모조리 죽여 해골로 탑을 쌓다.
- **1235년** 칭기즈 칸의 셋째 아들 오고타이가 아버지의 뒤를 이어 왕이 된다. 그는 자신을 대칸[大汗]이라고 부른 최초의 몽골 통치자다.
- **1271년** 남송을 정복한 몽골 제국의 쿠빌라이 칸이 국호를 원이라고 칭하다.

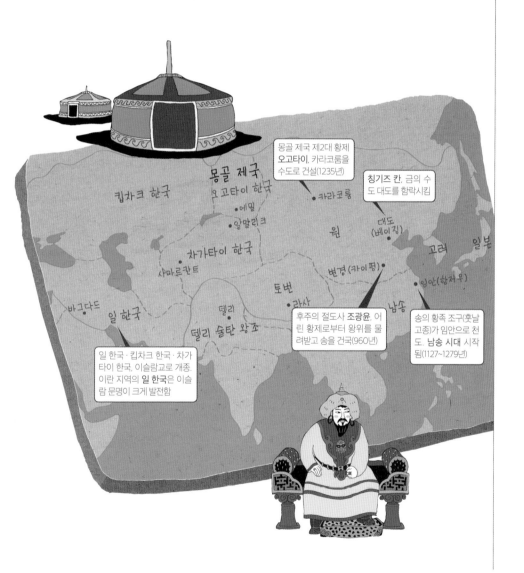

거란과 여진에 무릎 꿇은 송

당이 멸망한 후, 절도사들이 여기저기에서 나라를 세우는 바람에 중국은 큰 혼란에 빠졌습니다. 이러한 시기에 후주의 절도사 조광윤이 어린 황제로부터 왕위를 물려받아 960년 송을 세웠습니다. 조광윤은 절도사의 권한을 축소하고 지방의 실권을 무관이 아닌 문관에게 맡겼습니다. 이른바 문치주의를 실시한 거예요.

○ 조광윤
5대의 마지막 왕조인 후주의 절도사 조광윤은 일곱 살의 어린 황제로부터 왕위를 물려받아 송 왕조를 세웠습니다.

요
야율아보기가 안사의 난 이후 혼란해진 당의 정세를 이용하면서 점차 세력을 키워 거란 부족 전체를 통일하고 세운 나라다. 916년에 그는 중국을 본받아 스스로를 '황제'라고 불렀다. 926년에 발해를 멸망시키고, 936년에는 만리장성 이남에 있던 연운 16주를 차지하면서 동북아시아 일대를 지배하는 강대국이 되었다.

문치주의는 황제의 권한을 크게 강화할 수는 있지만 그 대신 국방력을 약화시킬 수밖에 없습니다. 당시 송은 세계 어느 나라보다 경제가 발전한 나라였지만 군사 면에서는 약세를 면치 못했습니다. 중국 동북 지역을 지배한 요(거란)의 성종이 대군을 이끌고 송을 공격했어요. 송이 성문을 굳게 닫고 버티자 시간을 끌면 불리하다고 판단한 요는 송에게 '전연의 맹'이라는 조약을 제안했습니다. 송이 매년 은 10만 냥과 비단 20만 필을 요에 보내는 대신 요는 송을 침공하지 않는다는 내용이었지요. 그 결과 송의 국가 재정이 궁핍해졌습니다.

신종 때의 재상 왕안석은 재정난을 극복하기 위해 개혁에 들어갔습니다. 그는 중소 농민과 상인에게 싼 이자로 양식이나 돈을 빌려주고 물가를 안정시키려고 했지만 대지주와 대상인의 반발로 결국 실패했습니다.

왕안석이 재상에서 물러난 후 여진족이 세운 금이 송으로 쳐들어왔습니다. 금은 처음부터 송을 침략할 의도는 없었습니다. 금은 송이 요를 무너뜨리도록 도와주었어요. 함께 요를 무너뜨린 후 송이 연운 16주를 차지하는 대신, 송은 요에게 바치던 공물을 금에게 바친다는 조건이었지요. 송은 다시 오랑캐로 오랑캐를 친다는 이이제이(以夷制夷) 전략을 꺼내 들었습니다. 멀리 도망간 요의 황제에게 특사를 보내 함께 금을 치자고 제안한 것이지요. 안타깝게도 이 계획은 금에 발각되고 말았어요. 1125년 금은 송의 수도 카이펑을 향해 진격했지요.

송은 처음부터 금의 상대가 되지 못했습니다. 송은 쉽게 수도를 내줬고, 송의 황제는 금의 황제 앞에 끌려가 무릎을 꿇어야 했지요. 송의 상황 휘종과 황제 흠종, 궁녀, 기술자 등 3,000여 명이 포로로 잡혀갔고, 1127년에 송은 결국 멸망하고 맙니다. 이 사건을 '정강의 변'이라고 해요. 정강은 송의 연호입니다. 다행히 제9대 황제 흠종의 동생이 강남 지역으로 도피해 임안(항저우)에 도읍을 정하고 송 왕조를 이어 나갔어요. 남송이 금에게 매년 은 25만 냥과 비단 25만 필을 바친다는 조건으로 강화 조약을 체결했습니다. 중국의 북쪽은 금이 다스리고 남쪽은 남송이 다스리게 된 거예요.

변경(지금의 카이펑)이 함락되기까지를 북송(960~1127년), 임안으로 이전한 이후를 남송(1127~1279년)이라고 부릅니다. 남송 시대가 시작되었지만 황제가 정신을 차린 것은 아니었어요. 나라를 망친 황제와 귀족들은 여전히 향락과 사치에 빠져 있었습니다. 간신들은 금과 결탁해 남송의 장군을 전방에서 모두 빼내고 진지까지 허물었습니다. 나라가 망하지 않는 게 오히려 신기할 지경이었지요.

그러나 남송 초기에 농민 출신의 장군 악비는 금과 끝까지 싸울 것을 주장했습니다. 실제로 뤄양 부근의 땅을 되찾기는 했지만 화친파의 모략으로 '반드시 죄가 없다고는 할 수 없다'는 애매한 죄명으로 죽음을 당했지요. 지금까지 악비는 관우와 함께 무신으로 대우를 받을 만큼 영웅으로 떠받들어졌지만, 중국을 다스렸던 모든 민족을 끌어안으려는 동북공정에 의해 다시 평가 절하되고 있어요.

북송을 멸망시킨 여진족은 수·당 시대에는 말갈이라고 불렸습니다. 말갈은 발해의 지배를 받다가 거란에 의해 멸망한 후 일부가 요의 지배하에 들어가기도 했습니다. 아구다[阿骨打]는 여진을 통일한 후 곧바로 요를 공격해 승리를 거둔 다음, 1115년 금의 건국을 선포하고 스스로 황제라 했습니다. 요와 북송을 무너뜨린 금은 만주, 내몽골, 화베이 일대를 지배하는 대제국으로 군림하다가 건국 120년만인 1234년 몽골족에 의해 멸망하고 맙니다. 남송은 150년이나 유지되다가 1279년 몽골족에 의해 멸망했지요.

금을 하나, 둘, 셋, 넷 하며 세어 보세요. 그러면 금이 1234년에 사라지지요. 금의 멸망 연도만 기억하고, 송의 멸망 연도는 기억하지 마세요. 그냥 금이 몽골에 의해 멸망하고 송이 잇따라 멸망했다고만 기억해 두세요. 1234년에 고려에서는 서양보다 무려 200여년이나 앞선 최초의 금속 활자로『상정고금예문』을 인쇄했습니다. 공교롭게도 금속 활자와 금 왕조가 같은 금 자 돌림이네요.

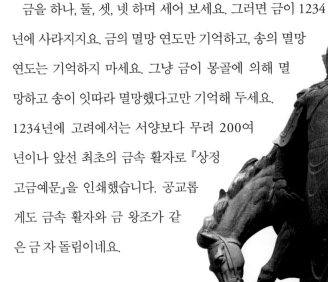

○ 악비 장군
남송 초기에 활약한 악비 장군은 관우와 함께 무신으로 떠받들어졌지만, 동북공정 때문에 특별한 의미를 부여받지 못하고 있습니다.

생동감 넘치는 도시

문치주의 정책을 펼친 송 대에는 한 대의 훈고학에서 탈피해 유교의 도덕규범들을 철학적으로 탐구하는 성리학이 발달했습니다. 성리학은 남송 시대에 주희에 의해 집대성되었습니다. 주희는 우주와 인간의 본질을 이(理)와 기(氣)로 나누어 보았어요. 실력에 따라 인재를 뽑기 위해 만든 과거제는 송 대에 와서 더욱 중요한 역할을 했습니다. 당에서는 과거를 주관하는 부서가 귀족의 자식에게 특혜를 주는 병폐가 있었지만, 송에서는 마지막 시험을 황제가 주관해 부정부패가 끼어들 여지가 줄어들었어요.

송 대에는 강남을 중심으로 농업과 상업이 발전하고 대외 무역도 성장했어요. 경제가 발전하면서 서민들도 높은 문화생활을 누렸지요. 송의 백성들은 양쯔 강 하류의 늪지대를 개간해 비옥한 옥토로 바꾸었습니다. 농토가 늘어나고 벼의 품종이 다양해지고 개량된 농기구가 보급되자 농업 생산이 획기적으로 늘어났지요.

이와 함께 상업도 비약적으로 발전했습니다. 상인들은 동업조합을 만들어 전국을 무대로 장사를 했습니다. 상공업이 발달하면서 화폐 사용도 늘어났어요. 당 대에 비해 거의 20배나 되는 동전을 만들었는데도 동전이 모자랄 지경이었다고 합니다. 그러자 쓰촨 지방에서는 대상인들이 조합을 설립해 '교자'라고 하는 세계 최초의 지폐를 발행했어요.

교자는 일종의 어음 역할을 한 초보적인 지폐였습니다. 그러나 휴대가 간편해 상인들에게 인기를 끌자 나중에는 정부가 직접 교자를 발행했습니다. 이 시기의 눈부신 상업 발전을 가리켜

◆「청명상하도」전도

북송 말 한림학사로 있던 장택단(張擇端, 11세기 말~12세기 초)의 회화 작품입니다. 그는 당시 송의 서민 생활에 대한 생생한 묘사를 통해 북송의 수도 변경의 번화한 모습을 표현했습니다. 화창한 봄날, 거리로 쏟아져 나온 사람들이 다리 위에 펼쳐진 여러 가지 물품들을 훑어보고 있고, 사람과 짐을 실은 배들이 분주히 강을 오가고 있어요. 그림 전체가 700여 명의 사람들과 100여 채의 집, 34개의 점포, 48개의 마차, 배, 가마, 84마리의 가축, 190그루의 나무, 100여 자의 낙관 글자와 6개의 도장 등으로 가득 차 있지요. 「청명상하도」는 세로 25.5센티미터, 가로 525.7센티미터의 얇은 비단에 그려져 있습니다. 중국에는 국보 순위가 없지만 국보 1호 별칭이 붙어 있답니다. 「청명상하도」는 '청명절의 상하(지명)를 그린 그림'을 의미합니다.

베이징 고궁박물관 소장

'상업혁명'이라고 합니다.

이즈음에 유럽에서도 상인과 장인 조합이 만들어졌습니다. 먼저 상인 길드가 만들어졌고, 상인 길드에 대항하기 위해 장인 길드가 만들어졌지요. 장인 길드는 장인, 도제, 직인 등의 서열이 엄격했답니다. 처음 발을 들여놓은 사람은 오랜 시간 동안 밑바닥 생활을 하며 훈련해야 비로소 장인이 될 수 있었습니다. 역사란 동서양을 막론하고 한 방향으로 발전하나 봅니다.

상업의 발전과 함께 대도시들도 여기저기서 생겨났어요. 송대에는 인구 10만이 넘는 도시가 46개나 되었답니다. 북송의 수도였던 변경에는 100만 명이 넘는 사람들이 살았어요. 북송 시대 장택단이 그린 「청명상하도」에는 생동감이 넘쳐 나는 도시의 모습이 잘 표현되어 있어요. 화창한 봄날, 거리로 쏟아져 나온 사람들이 다리 위에 펼쳐진 물건들을 들여다보고 있고, 사람과 짐을 실은 배들이 분주히 강을 오가고 있습니다.

장인
고대 이집트와 바빌론에서는 일정한 수의 장인을 확보하기 위해 수공업 기술 훈련을 조직적으로 실시했다. 기원전 18세기에 만들어진 함무라비 법전에는 장인들이 젊은이들에게 기술을 전수해야 한다고 규정한 대목이 있다. 로마에서 장인은 대개 노예로 이루어졌다. 13세기 서유럽 도시에 등장한 장인 길드는 도제들을 7년 정도 훈련시켜 장인으로 충원했다.

'칸'이 된 남자

당시 몽골족은 같은 민족이나 부족끼리 힘을 합치기는커녕 서로에게 창과 칼을 겨누고 있었습니다. 이를 안타깝게 여긴 칭기즈 칸은 몽골을 하나로 통일하기로 결심합니다. 얼마 지나지 않아 초원의 패자가 된 그는 족장들의 모임에서 칭기즈 칸, 즉 '전 세계의 군주'로 추대되었습니다.

1206년 민족을 통합하고 몽골 제국을 세운 칭기즈 칸은 자신들을 오랑캐로 취급한 중국을 정복하기 위해 만리장성을 넘었습니다. 1211년에는 마침내 조상의 오랜 숙적인 금을 정복하기 위해 황허 이북과 만주 땅을 점령하고 금을 멸망 직전으로 몰아 갔습니다.

　과연 중국 황제의 궁궐은 몽골족의 천막인 게르에 비할 바가 아니었습니다. 아마 천국에 들어간 기분이었을 거예요. 하지만 칭기즈 칸은 따뜻한 곳에서 배불리 먹고 사는 것에 만족하지 않았습니다. 그는 전 세계의 군주가 되는 꿈을 꾸었거든요. 칭기즈 칸은 인근 부족들을 굴복시키기 위해 매우 강력한 방법을 사용했습니다. 그의 명령을 따르지 않으면 캄캄한 밤중에 말에 매단 후 빠른 속도로 말을 달리게 해 몸이 떨어져 나가도록 했습니다. 때로는 펄펄 끓는 가마솥에 산 채로 집어넣기도 했습니다. 칭기즈 칸의 잔인함을 두려워한 사람들은 그에게 굴복하지 않을 수 없었어요.

　칭기즈 칸이 이끌었던 타타르족의 기마 군단은 용맹한 장수

○ 칭기즈 칸
몽골의 왕족인 보르지긴족의 족장 예수게이의 아들로 태어나 어릴 때 테무친[鐵木眞]이라고 불렸습니다. 그 후 몽골의 최고 지도자라는 의미로 칸[汗]이라고 일컬어졌습니다.

○ 오고타이의 즉위식
칭기즈 칸의 셋째 아들이었
던 오고타이는 칭기즈 칸의
뒤를 이어 몽골 제국의 제2
대 황제가 되었습니다.

들이었습니다. 타타르족을 이끌던 칭기즈 칸은 훈족을 이끌던 아틸라와 닮은 구석이 많았습니다. 그래서 아틸라와 훈족도 타타르족에 속한다고 생각하는 사람들이 많습니다.

칭기즈 칸은 기마 군단을 이끌고 이슬람 제국의 국경까지 진군했습니다. 가는 길에 있는 수십만의 가옥뿐만 아니라 도시 내의 모든 것을 불태우고 파괴했습니다. 거기다 어른 아이 할 것 없이 100만 명에 가까운 사람들을 죽였습니다. 아무도 그들을 막을 수 없었습니다. 지구상에 있는 모든 백인과 그들이 만들어 놓은 모든 것을 휩쓸어 버릴 기세였습니다.

몽골의 날쌘 기병들이 쳐들어오는 것을 본 무슬림들은 신이 죽음의 사자를 보내 천벌을 내리는 것이라고 생각했습니다. 얼마나 공포에 질렸던지 몽골 병사가 멀리서 보이기만 해도 싸울 생각조차 하지 못하고 타조처럼 얼굴을 땅에 박고 벌벌 떨었습니다. 몽골 병사가 단 한 명만 나타나도 수십 명이나 되는 무슬림들은 시키는 대로 순순히 포로가 되었습니다.

이란, 이라크, 아프가니스탄 지역을 지배하던 이슬람 제국 호라즘(1077~1231년)의 왕자들은 오트라르 성에서 칭기즈 칸의 군대에 맞섰지만, 5개월에 걸친 공성 끝에 마침내 화려했던 오트라르 성을 내주어야 했습니다. 몽골군에 짓밟혀 폐허가 된 오트라르에는 사람의 그림자조차 남지 않았습니다.

호라즘을 점령한 칭기즈 칸은 태평양에서부터 유럽 동부 지역에 걸친 전 지역을 자기 것으로 만들고 난 뒤에야 정복을 멈추었습니다. 지칠 때가 되었던 거예요. 그가 정복한 땅은 과거 로마 제국이나 알렉산드로스 대왕의 제국보다 더 컸기 때문입니다.

지상의 대제국

칭기즈 칸은 죽기 전에 자식들에게 땅을 나눠 주었어요. 큰아들 주치는 일찍 죽었기 때문에 손자인 바투에게 러시아 남부를 주었고, 둘째 아들 차가타이에게는 호라즘 왕국의 영토를, 셋째 아들 오고타이에게는 나이만 왕국의 영토를 주었지요. 몽골 본국은 전통에 따라 막내아들 툴루이에게 물려주려 했으나 권력 투쟁에서 승리한 셋째 아들 오고타이가 몽골 제국의 제2대 황제가 되었습니다. 1234년 오고타이는 다시 금을 공격해 완전히 멸망시켜 버렸어요.

오고타이의 조카이자 킵차크 한국의 왕인 바투는 10만 대군을 이끌고 러시아로 쳐들어가 불과 일주일 만에 모스크바를 폐허로 만들었습니다. 바투는 여기서 멈추지 않고 폴란드를 거쳐 신성 로마 제국의 남부 영방 국가인 슐레지엔(지금의 폴란드 일부)까지 진격했습니다. 이때 슐레지엔의 대공인 하인리히 2세가 맞섰지만 결국 목숨을 잃고 말았어요. 바투가 오스트리아 침략을 눈앞에 두자 유럽은 공포에 휩싸였습니다. 이즈음 몽골의 위협에 당황한 유럽의 신성 로마 제국에서는 황제도 선출하지 못하고 있었어요.

하늘이 도운 것일까요? 몽골 본국에서 오고타이가 죽었다는 전갈이 날아오는 바람에 바투는 황급히 귀국 길에 올랐습니다. 1246년 오고타이의 아들 구유크는 바투의 반대에도 불구하고

◑ 바투
몽골 제국 킵차크 한국의 칸으로 칭기즈 칸의 손자이자 주치의 둘째 아들입니다. 1227년 8월 18일 칭기즈 칸이 죽은 뒤 손자들 간에 알력 다툼이 일어났지만, 오고타이는 주치의 혈통을 거론하며 바투를 모욕한 자신의 아들들을 책망했습니다. 사촌들에게 모욕을 당한 바투는 킵차크 한국을 건설하고, 몽골 본국과 직접적인 관계를 끊어 버리게 되었지요

나이만 왕국
알타이 산맥과 이르티슈 강 사이의 초원에서 활동하던 튀르크계 유목 부족들이 세운 나라다. 1218년 몽골의 침략으로 멸망하고 오고타이 한국의 지배를 받았다.

○ 훌라구
칭기즈 칸의 손자이자 몽케, 쿠빌라이의 형제입니다. 훌라구는 몽케의 명을 받들어 이슬람 국가 정복에 나서 아바스 왕조를 멸망시키고 일한국을 세웠어요.

칸이 되었습니다. 구유크의 즉위 이후 구유크와 바투의 대립은 더욱 격화되어 전쟁 직전까지 치달았지만 구유크의 사망으로 무산되었습니다. 1251년 툴루이의 아들 몽케가 제4대 칸이 되었어요.

1258년에는 툴루이의 아들 훌라구가 아바스 왕조의 수도인 바그다드를 점령하고 아나톨리아를 침입해 셀주크 튀르크도 멸망시켰습니다. 훌라구는 서아시아 일대에 일 한국을 세워 통치했지요. 일 한국의 몽골족은 이슬람교로 개종해 현지 생활에 적응했어요. 몽골족은 오스만 튀르크가 다시 대제국을 세울 때까지 150여 년간 이슬람 제국을 지배했습니다.

한반도에서 지중해까지 낙타로 이동한다고 해도 무려 8개월이나 걸리는 거리인데, 몽골은 어떻게 그 넓은 영토를 짧은 시간 안에 정복할 수 있었을까요? 답은 간단합니다. 이슬람군이나 중국군은 중무장을 하고 방패까지 들고 다녀서 움직임이 둔할 수밖에 없었지만, 몽골군은 최대한 가볍게 무장한 채 신속하게 적을 공격했습니다.

게다가 각 지역의 정세를 잘 알고 있던 이슬람 상인들이 지원을 아끼지 않았습니다. 그들은 군수 물자의 공급에서부터 정보 전달과 외교 교섭에 이르는 전 과정을 맡으며 몽골군을 도왔습니다. 칭기즈 칸은 백성들을 모두 십 호, 백 호, 천 호, 만 호 단위로 묶어 백부장, 천부장 등의 우두머리를 두고 지휘했습니다. 전투에서 그들의 지휘는 일사불란했습니다. 결국 우왕좌왕하던 적들은 제대로 손도 써 보지 못한 채 앉아서 당하는 꼴이 되었습니다.

몽골은 어떻게 역사상 가장 넓은 제국을 소유할 수 있었을까요?

몽골이 대제국이 될 수 있었던 원동력은 크게 두 가지입니다. 우선 강인한 전사들 덕분입니다. 유목민인 몽골인은 말 위에서 생활하는 것이 걷는 것보다 더 편하다고 합니다. 심지어 말 위에서 활을 쏠 수도 있었습니다. 몽골이 고려를 침략했을 때, 고려 정부가 강화도로 피난한 것 또한 몽골인의 단점을 최대한 고려한 전략이었습니다. 그만큼 해전에는 약했던 거예요. 두 번째는 식량의 원활한 보급이 성공 요인이었습니다. 유목민들은 이동 생활에 익숙하기 때문에 말린 음식을 전투 식량으로 활용함으로써 신속한 이동이 가능했습니다. 이동 시간을 단축할 수 있었기 때문에 몽골인들은 순식간에 서아시아를 점령하고 유럽을 위협할 정도로 성장할 수 있었습니다.

24 신비의 여행길 |
원과 동서 교류

지중해에는 물 위에 세워진 도시가 있습니다. 물 위에 길이 있고, 물 위에 집이 있는 이 도시의 이름은 베네치아예요. 1300년경 베네치아에는 무역상을 하는 아버지 니콜로 폴로와 그의 아들 마르코 폴로가 살았습니다. 폴로 부자는 보물을 찾아 떠나는 동화 속의 소년들처럼 늘 해가 뜨는 동쪽으로 모험을 떠나고 싶어 했습니다. 그때 마침 쿠빌라이의 요청으로 기독교를 전하기 위해 머나먼 중국 땅까지 모험을 떠나게 되었습니다. 그로부터 17년간 마르코 폴로는 중국의 관리가 되어 그곳에서 생활하며 보고 들은 내용을 책으로 엮었습니다. 그 책이 바로 『동방견문록』이랍니다.

- **1271년** 남송을 멸망시키고 중국을 통일한 쿠빌라이가 국호를 원(元)으로 고치고 대도를 도읍으로 정하다.
- **1274년** 마르코 폴로가 쿠빌라이의 여름 궁전에서 칸을 알현하다. 이 시기에 우리나라에서는 고려의 제25대 왕으로 충렬왕이 즉위하다.
- **1299년** 마르코 폴로가 중국 각지를 여행하고 귀국한 후 『동방견문록』을 펴내다. 다만 현대 역사학자들은 『동방견문록』의 신빙성에 대해 회의적이다.

여·몽 연합군의 일본 정벌

몽골 제국은 제5대 칸인 쿠빌라이 시대에 이르러 전성기를 맞이했습니다. 그는 오늘날 베이징이 있는 자리에 수도를 정하고, 할아버지로부터 물려받은 광대한 제국을 다스렸습니다. 궁전이 어찌나 아름답던지 전성기의 솔로몬도 쿠빌라이만큼 화려한 곳에서 살지는 못했을 겁니다.

쿠빌라이는 할아버지가 정복한 땅에 만족하지 않았습니다. 그는 중국 전체를 정복하기 위해 1279년 남송을 멸망시키고 스스로 중국의 황제가 되었습니다. 원 왕조가 역사 속에 등장하게 된 거예요.

쿠빌라이는 고려를 정복한 후에 고려와 힘을 합쳐 바다 건너에 있는 일본을 공격했는데, 그의 함대가 일본 해안에 도착하기도 전에 갑자기 광풍이 불었습니다. 그의 함대는 일시에 부서졌고, 수많은 병사가 바다에 빠져 죽었습니다.

몽골군은 중국으로 돌아가 전열을 가다듬은 후 다시 일본으로 쳐들어갔습니다. 그러나 이번에도 광풍이 불어 수많은 배가 바다에 가라앉았습니다. 만약 그때 여·몽 연합군이 일본을 정복했다면 일본은 고려 땅이 되었을지도 모릅니다. 일본인들은 그때의 바람을 '신이 보낸 바람'이란 뜻으로 가미카제라고 부릅니다. 그로부터 약 700년 뒤에 일어난 태평양 전쟁 때 일본의 비행기를 조종한 자살 특공대를 '가미카제 특공대'라고 불렀습니다.

○ 가미카제
쿠빌라이는 한때 고려와 연합해 일본을 정복하려 했으나 두 차례 모두 태풍(신풍, 가미카제) 때문에 실패했습니다.

쿠빌라이를 만난 폴로 부자

폴로 부자가 동쪽으로 길을 떠난 지 몇 년이 지났을까요? 부자
는 마침내 쿠빌라이의 궁전에 도착했습니다. 폴로 부자는 쿠빌
라이에게 이탈리아와 유럽의 이야기를 들려주었습니다. 훌륭
한 이야기꾼이었던 부자의 이야기는 흥미롭기 그지없었습니
다. 그들은 기독교를 포함해 쿠빌라이가 생전 들어 보지 못한
이야기들을 모두 꺼내 놓았습니다.

쿠빌라이는 폴로 부자의 이야기에 푹 빠져들었습니다. 그들
의 이야기를 좀 더 듣고 싶었던 쿠빌라이는 곁에 남아 계속
이야기를 들려 달라며 부자를 설득했습니다. 그는 폴로
부자에게 온갖 진귀한 선물을 내리고, 제국을 통치하는 데
필요한 조언을 구했습니다. 폴로 부자는 그 후로 오랫동
안 원에 머물며 그들의 말을 배우고, 그
들의 문화를 익혔습니다.

카타이(지금의 중국 북부)에 머무른 지
17년이 지난 어느 날, 폴로 부자는 고향으
로 돌아가고 싶었지만, 쿠빌라이는 그들
을 보내고 싶지 않았습니다. 제국을 통치
하는 데 커다란 힘이 되어 준 그들을 놓치
고 싶지 않았던 거예요. 하지만 집을 오랫
동안 떠나 있으면 향수병이 생기듯이 활기
를 잃어버린 폴로 부자를 위해 쿠빌라이는
마침내 그들을 고향으로 돌려보냈습니다.

폴로 부자는 고향인 베네치아에 도착했지

○ 마르크 폴로
15세 되던 해에 아버지 니콜
로 폴로를 따라 원에 갔습
니다. 당시 서방과의 교류를
원했던 쿠빌라이의 요청에
따른 것이었지요. 황제를 알
현한 마르코 폴로는 17년간
관리로서 원을 위해 일하면
서 중국 각 지역을 돌아다녔
습니다.

만, 너무 오랫동안 떠나 있었던 탓인지 아무도 그들을 기억하지 못했습니다. 게다가 폴로 부자 역시 모국어를 거의 잊고 외국인처럼 말하고 있었습니다. 오랜 여행으로 옷은 누더기가 되어 있었고, 친구들조차 부랑자 꼴을 한 이 부자를 알아보지 못했습니다. 이 허름하고 더러운 이방인들이 20년 전에 사라진 베네치아 신사라는 사실을 아무도 믿으려 하지 않았던 거예요.

폴로 부자는 마을 사람들에게 그간의 모험과 아무도 가본 적 없는 동방의 나라에 관한 이야기를 들려주었습니다. 그러나 마을 사람들은 그저 비웃을 뿐이었습니다. 모두가 폴로 부자를 허무맹랑한 이야기꾼으로만 생각했어요.

그때 폴로 부자가 갑자기 누더기 옷을 찢었습니다. 그러자 안에서 다이아몬드며 루비, 사파이어, 진주와 같이 진귀하고 값비싼 보석들이 쏟아져 나왔습니다. 왕국 하나를 통째로 사고도 남을 정도였습니다. 사람들은 놀라움과 경의의 눈길로 그것들을 바라보았습니다. 그리고 그제야 폴로 부자의 말을 믿기 시작했습니다.

마르코 폴로는 중국 여행기를 작가 루스티첼로에게 들려주었고, 그가 그 이야기를 받아 적어 책으로 만들었습니다. 그 책이 바로『동방견문록』입니다. 이 책의 내용을 전부 믿을 수는 없지만, 오늘날 우리가 읽기에도 매우 흥미로운 책임에는 틀림없습니다. 마르코 폴로는 쿠빌라이의 화려한 궁전에 대한 묘사를 빼놓지 않았습니다. 사람들이 놀라는 걸 좋아했기 때문에 책 내용 중에는 과장된 부분도 많이 있습니다.

세계를 잇는 도로

원은 칸의 명령을 지방 곳곳에 전달하고 군대를 신속하게 이동하기 위해 전국에 걸쳐 도로망을 개설하고 1,500여 개나 되는 역참을 설치했어요. 역참은 일종의 정거장으로 4~8킬로미터마다 설치되었는데, 이곳에는 항상 말과 식량이 준비되어 있었어요.

원의 대도로망은 비단길, 초원길, 그리고 이슬람의 기존 도로망과 연결되어 있었습니다. 한마디로 원의 대도로망은 세계를 잇는 도로라고 해도 과언이 아니었어요. 어떤 의미에서 세상은 몽골 제국 이후에야 서로 소통할 수 있는 길을 열었다고 할 수 있을 정도랍니다. 그전까지는 강력한 유목 민족들이 중앙아시아를 장악하고 있었기 때문에 아시아와 유럽이 서로 활발하게 교류할 수 없었으니까요.

선교사, 상인, 외교 사절 등 많은 외국인이 개방 정책을 편 몽골 제국을 찾아왔어요. 그들 중에는 여행기를 남긴 사람도 있는데, 모로코의 이븐 바투타는 1345년 대도(베이징)에 도착해 1349년에 고향인 모로코로 돌아갔지요. 이븐 바투타는 21세부터 30년간 세계 여러 나라를 여행하며 각 지역의 사정을 기록한 『여행기』를 남겼어요.

이븐 바투타의 순례 여정은 북아프리카에서 아라비아 반도를 넘어 동부 유럽, 인도, 동남아시아, 중국에 이르렀습니다. 그는 '한 번 갔던 길로는 두 번 여행하지 않는다'는 것을 원칙으로 삼으면서 12만 킬로미터가 넘는 거리를 여행했어요. 지구를 세 바퀴나 돈 셈이

○ 이븐 바투타 일행
중세 모로코의 여행가인 이븐 바투타는 『여행기』를 남겼습니다. 『여행기』는 이슬람 국가와 중국, 수마트라 등 12만 킬로미터에 달하는 여정을 묘사해 문화 인류학적 가치가 높습니다.

지요. 바투타는 『여행기』에 자신이 직접 체험하고 관찰한 것을 중심으로 기록했어요. 반면에 마르코 폴로의 『동방견문록』에는 전해 들은 이야기도 많이 수록되어 있습니다.

마법의 바늘과 가루

마르코 폴로가 동방 여행에서 돌아왔을 때쯤 유럽인들 사이에서는 놀라운 마법의 바늘과 가루에 관한 이야기가 퍼져 있었습니다. 마르코 폴로가 중국에서 마법의 바늘과 가루를 가져왔다는 주장도 있으나 정확한 근거는 없습니다. 그 조그만 마법의 바늘은 지푸라기에 붙여서 물에 띄우거나 가운데 부분만 단단히 고정시켜 주면, 아무리 흔들어도 바늘 끝이 항상 북쪽을 향했습니다. 사람들은 이 조그만 바늘을 나침반이라고 불렀습니다.

그런데 나침반이 뭐가 그리 중요하다는 걸까요? 이상한 소리처럼 들릴지 모르겠지만, 신세계의 발견을 가능하게 한 것이 바로 이 나침반이었습니다. 혹시 이런 놀이를 해 본 적이 있나요? 눈을 가리고 제자리에 서서 몇 바퀴 돈 다음 친구가 서 있는 곳까지 똑바로 걷는 놀이 말이에요. 몇 바퀴를 돌다가 똑바로 제 길을 찾아가기란 거의 불가능한 일입니다. 전혀 엉뚱한 곳으로 걸어가는 친구를 보며 웃었던 기억은 누구에게나 있을 것입니다.

바다에서 항해하는 것 또한 마찬가지입니다. 날씨가 좋으면 하늘이나 별자리를 보고 정확한 방향을 찾아갈 수 있지만, 구름이라도 잔뜩 끼었다면 방향을 찾을 방법이 없습니다. 바다 한가운데서 눈을 가리고 제자리를 몇 바퀴 돈 아이와 같은 상태가 되는 거예요. 그러면 당황한 항해가는 잘못된 줄도 모르고 엉뚱

● 화약의 발명
초기의 화약은 황, 초석, 목탄을 혼합해 만든 흑색 화약으로 중국의 기술이 가장 앞서 있었습니다. 고려에서 최초로 화약을 제조하는 데 성공한 사람은 최무선입니다.

한 곳으로 배를 몰고 갈 수
도 있답니다. 하지만 나침
반이 들어오면서 사람들은
폭풍우가 치고 구름이 잔
뜩 낀 날에도 배를 몰고 원
하는 곳까지 갈 수 있게 되
었어요. 마법의 바늘이 가
리키는 곳으로만 따라 가면
되었으니까요. 배가 아무리

◯「작화추색도」
원의 화가 조맹부의 작품입
니다. 작가가 베이징에서 10
년간 관직에 몸담고 있다가
친구의 고향인 산둥 성의 작
화산(鵲華山)을 둘러보고 그
모습을 그린 것입니다.
타이베이 구궁박물관 소장

빙글빙글 돌거나 물살에 요동을 쳐도 조그만 바늘 끝은 언제나
북쪽을 가리켰습니다.

　또 다른 마법의 물건은 화약이었습니다. 1300년대 이전의 유
럽에는 총이나 대포 같은 무기가 없었습니다. 화약이 발명된 후
부터 기사들은 더 이상 갑옷을 입을 필요도 없게 되었습니다. 갑
옷으로는 총이나 탄환을 막을 수 없었습니다. 화약의 등장은 전
투 방식을 완전히 뒤바꿔 놓았고, 전쟁은 훨씬 더 끔찍한 결과를
낳게 되었습니다.

원의 문화

송 대에 이어 원 대에도 서민 문화가 발달했어요. 특히 일종의
노래극인 잡극이 발달했는데, 이를 원곡이라고 합니다. 한족 차
별 정책으로 벼슬길이 막힌 많은 한족 지식인이 작가로 참여한
것도 원곡이 발달하게 된 이유입니다. 그들은 역사, 연애, 도교
등 다양한 소재를 다루면서도 몽골의 부패상을 풍자하고 농민

○『삼국지연의』

진수(233~297년)의 『삼국지』
에 서술된 위·촉·오 삼국의
역사를 바탕으로 전승되어
온 이야기들을 중국 원·명
교체기 때 사람인 나관중이
재구성한 장편 소설입니다.
『수호전』 『서유기』 『금병매』
와 함께 중국 사대기서(四大
奇書)의 하나로 꼽힙니다. 그
림은 조조가 유비를 초대해
천하의 영웅이 누구인지에
대해 대화를 나누는 장면입
니다.

의 고달픈 생활을 어루만지는 것을 잊지 않
았습니다.

한족 지식인들의 비판 정신은 『수호전』,
『삼국지연의』 등 소설의 형태로도 표현되었
습니다. 원 대에 만들어진 파스파 문자, 수
시력, 송설체는 우리나라에도 영향을 주었
어요. 쿠빌라이의 스승이었던 파스파는 문자를 만들었어요. 이
문자는 왼쪽에서부터 세로로 써 나가는 네모꼴의 글자로 자음,
모음, 기호로 이루어진 표음 문자였습니다. 이 문자가 한글 창제
에 영향을 주었다고 주장하는 언어학자도 있지요.

천문학자 곽수경은 새 달력을 만드는 일에 참여해 1281년에
수시력을 완성했습니다. 수시력은 1년을 365.2425일로 했는데,
놀랍게도 이것은 오늘날의 달력과 똑같았지요.

조맹부는 원의 대표적인 서예가이자 화가예요. 호가 송설도
인이어서 그의 글씨체는 송설체로 알려졌습니다. 송설체는 고
려 말과 조선 전기에 우리나라에서도 크게 유행했어요. 그는 모
든 글씨체에 뛰어났고 산과 물, 꽃, 대나무, 바위, 말 탄 사람 등
다양한 소재로 그림을 그렸는데, 어느 것 하나 뛰어나지 않은 것
이 없었습니다.

마르코 폴로의 『동방견문록』이 유럽에 끼친 영향은 무엇일까요?

『동방견문록』에는 지팡구라는 나라가 등장합니다. 지팡구에는 금은보화가 지천에 가득했습니다. 당시 유럽인에게 황금향으로 알려진 나라는 '지팡구(일본을 가리키는 Japan의 어원)'가 아니라 '실라(신라)'였습니다. 중국과의 거리로 보나, 실제 금의 생산과 가공 능력으로 보나 마르코 폴로가 생각한 황금향은 일본이 아니라 신라일 가능성이 높습니다. 어쨌든 사람들은 이 지팡구에 가고 싶었습니다. 하지만 폴로 부자가 다녀온 길은 이슬람 국가로 막혀 있어서 갈 수 있는 상황이 아니었습니다. 그래서 사람들은 바다를 통해 지팡구로 넘어갈 생각을 했습니다. 실제로 항해를 시작한 것은 먼 훗날의 일이지만 사실 대항해 시대는 이때부터 시작되었다고 볼 수 있습니다. 서양에 의한 동양의 약탈이 시작된 거예요.

Marco Polo

25 중화, 세계의 중심에 서다 | 명·청의 역사

세계의 중심은 어디일까요? 세계 지도를 보면 마치 태평양이 중심에 있는 것처럼 보이는데, 사실상 세계의 중심이란 지극히 주관적인 개념이므로 정확한 위치를 콕 집어 말하기 어렵습니다. 어쩌면 자신이 살고 있는 나라가 바로 세계의 중심이라고 생각하는 것이 옳은 일인지도 모릅니다. 중국의 한족은 그렇게 생각했던 모양이에요. 실제로 그들은 중국이 세계의 중심이고, 가장 문명화된 나라라고 생각했습니다. 이를 중화사상이라고 합니다. 그래서인지 중국의 역대 황제들은 영토를 넓히는 일에 온갖 열정을 쏟아부었습니다.

- **1359년** 홍건적의 난으로 조선의 서경(평양)이 함락되다. 홍건적은 원 말기에 한산동(韓山童)을 수장으로 뭉친 백련교도가 중심이 되어 봉기한 한족의 농민 반란군이다.

- **1368년** 중국을 약 300년 동안 지배한 명의 초대 황제로 주원장이 즉위하다.

- **1616년** 만주족 출신의 누르하치가 여진족을 통합하고 후금을 건국하다. 이 시기에 우리나라에서는 허균이 역적으로 몰려 처형되다.

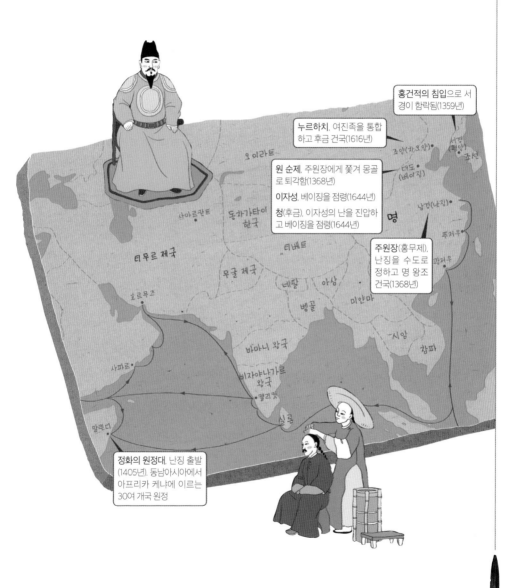

홍건적의 침입으로 서경이 함락됨(1359년)

누르하치, 여진족을 통합하고 후금 건국(1616년)

원 순제, 주원장에게 쫓겨 몽골로 퇴각함(1368년)

이자성, 베이징을 점령(1644년)

청(후금), 이자성의 난을 진압하고 베이징을 점령(1644년)

주원장(홍무제), 난징을 수도로 정하고 명 왕조 건국(1368년)

정화의 원정대, 난징 출발(1405년). 동남아시아에서 아프리카 케냐에 이르는 30여 개국 원정

오이라트

사마르칸트

티무르 제국

동차가타이 한국

호르무즈

사파르

말라디

우굴 제국

티베트

네팔

벵골

아삼

미얀마

바마니 왕국

비자야나가르 왕국

캘리컷

실론

시암

참파

조양(랴오양)

대도(베이징)

서경(평양)

조선

남경(난징)

푸저우

광저우

명

농민 반란으로 세워진 나라

사람들 중에는 오래 사는 사람도 있고, 일찍 죽는 사람도 있습니다. 나라도 마찬가지입니다. 사람이 건강 관리를 제대로 못하면 일찍 죽는 것처럼, 나라도 제대로 관리하지 못하면 서로 싸우다가 멸망하고 맙니다.

몽골 제국은 그리 오래가지 못했습니다. 쿠빌라이가 죽은 후, 원은 거대한 제국을 여러 개의 작은 왕국으로 나누어 다스렸거든요. 원 말기에는 26년 만에 무려 아홉 명의 황제가 바뀔 정도로 왕위 쟁탈전이 심했습니다. 이와 더불어 왕족의 사치가 극에 달하고 화려한 법회를 여는 데 막대한 국고를 낭비하기도 했습니다.

14세기 중반이 되자, 원에 저항하는 농민 반란이 전국적으로 일어났습니다. 반란군이 붉은 두건을 머리에 둘렀다고 해서 이를 홍건적의 난이라고 부릅니다. 반란군의 우두머리였던 주원장은 '중화 회복'을 주장하며 강남의 중심지였던 금릉(지금의 난징)을 점령한 뒤 그곳을 수도로 정하고 명을 세웠습니다.

명의 제3대 황제인 영락제는 간신배를 숙청한다는 명분으로 군사를 일으켰습니다. 그는 황제인 어린 조카를 몰아내고 자신이 황제 자리에 올랐습니다. 그리고 베이징으로 수도를 옮기고 몽골을 정복해 최고의 전성기를 누렸습니다.

중국을 세계의 중심으로 만들고자 했던 영락제는 무슬림인 환관 정화에게 아시아는 물론 아프리카와도 외교 관계를 맺고 조공을 바치게 하라

◑ 주원장(홍무제)
14세기 중반이 되자, 원에 저항하는 농민 반란이 전국적으로 일어났습니다. 반란군이 머리에 붉은 두건을 둘렀다고 해서 이 반란을 '홍건적의 난'이라고 불렀어요. 반란군의 우두머리였던 주원장은 '중화 회복'을 주장하며 강남의 중심지였던 금릉을 점령한 뒤 그곳을 수도로 정하고 명을 세웠습니다.

는 명령을 내렸습니다. 정화는 영락제의 명을 받들어 8,000톤으로 추정되는 62척의 배와 2만 7,000여 명의 승무원으로 구성된 초대형 함대를 이끌고 출전했습니다. 난징을 출발한 정화는 30여 개국을 방문해 명에 조공을 바칠 것을 요구했습니다. 정화의 함대는 멀리 아프리카까지 도달해 그곳에서 기린, 표범, 타조 등의 야생 동물을 명으로 실어 오기도 했습니다. 대함대를 이끌고 세계 일주 수준의 원정에 성공한 것입니다. 그런데 유럽에서는 80여 년이 지난 1492년에야 작은 함선을 이끌고 겨우 대서양을 건너 카리브 해의 작은 섬에 도착합니다.

명 말기에는 당쟁으로 정치가 어려웠고, 밖으로는 여전히 몽골과 왜구의 침입에 시달렸습니다. 명 중기부터는 북쪽의 몽골족과 동남 해안의 왜구의 침략으로 국가 재정이 어려워졌습니다. 재상이 된 장거정은 이러한 문제를 해결하기 위해 개혁 정책을 폈습니다. 전국적으로 토지 조사를 실시해 누락된 토지를 찾아내고, 세금을 은으로 납부하는 일조 편법을 실시해 세금 징수를 간편하게 했어요.

명 말기에 일본을 통일한 도요토미 히데요시는 명을 정벌하기 위해 조선에 대군을 파견했습니다. 이 무모한 침략으로 도요토미 히데요시는 스스로 몰락의 길을 걸었습니다. 마찬가지로

○ 정화의 원정대 함선

두바이의 이븐 바투타 몰에 전시되어 있는 정화 원정대의 함선 모형입니다. 함선이 얼마나 큰지 콜럼버스가 탔던 산타마리아 호와 비교해 보세요. 정화는 영락제의 명을 받들어 8,000톤으로 추정되는 62척의 배와 2만 7,000여 명의 승무원으로 구성된 초대형 함대를 이끌었답니다. 이 정도면 바다 위에 떠 있는 왕국이라고 할 수 있지요.

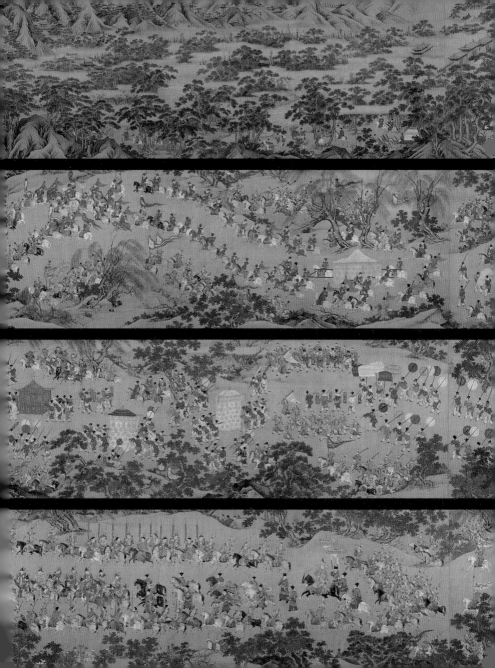

○ 마테오 리치
'곤여 만국 전도'라는 세계 지도를 제작해, 중국이 세계의 중심이고 그 외의 나라들은 오랑캐라는 오만함에 사로잡혀 있던 중국 사람들에게 새로운 인식을 심어 주었습니다.

조선에 원군을 보낸 명의 재정 상태도 악화되었습니다. 여기에 명은 여진족과의 전쟁에 소요되는 비용을 충당하기 위해 백성들에게 과도한 세금을 부과했습니다. 이에 견디지 못한 농민들이 여기저기서 반란을 일으켰습니다.

역졸 출신의 이자성은 불만에 찬 40만의 농민군을 이끌고 베이징으로 쳐들어갔습니다. 마침 명의 주력군이 여진족의 침략에 대비하기 위해 만리장성 근처에 배치되어 있어서 베이징은 쉽게 점령할 수 있었습니다. 상황이 이렇게 되자 명의 황제는 스스로 목을 매 자살했습니다. 슬프게도 멸망한 제국의 황제를 마지막까지 따른 사람은 단 한 명의 환관뿐이었다고 합니다. 중국의 다른 왕조와 마찬가지로 명도 농민 반란으로 멸망하게 된 거예요.

명 대의 사회는 과거에 합격했거나 벼슬을 지낸 신사 계층이 지배했습니다. 신사 계층에게는 요역을 면제해 주고 가벼운 범죄에 대해서는 책임을 묻지 않는 특권을 부여했어요. 그들은 이런 특권을 이용해 넓은 토지를 소유하고 고리대를 놓기도 하면서 향촌에서 영향력을 행사했습니다.

시대의 변화에 따라 양명학과 실학도 나타났어요. 명 대 중기의 왕수인은 인간의 마음이 곧 천하의 원리와 원칙이므로 마음을 수양하는 것으로 족하다고 했습니다. 또 아는 것과 행하는 것은 원래 다르지 않고 처음부터 같은 것이라는 지행합일(知行合一)을 주장했습니다. 여기서 비롯된 유학의 한 갈래를 양명학이라고 합니다. 양명은 왕수인의 호입니다.

명에 정착한 선교사 마테오 리치는 1583년부터 1602년까지

'곤여 만국 전도'라는 세계 지도를 제작해, 중국이 세계의 중심이고 그 외의 나라들은 오랑캐라는 오만함에 사로잡혀 있던 중국 사람들에게 새로운 인식을 심어 주었습니다. 또 최신 서양 학문이나 기술을 소개함으로써 중국인들도 실학에 눈뜨게 되었습니다.

명 말기에는 상공업의 발달과 서양 문물의 전래에 자극을 받아 과학 기술 서적이 많이 나왔습니다. 명 말기의 사상가인 황종희는 명대의 전제 군주제를 비판하면서 이상적인 정치 제도를 사례별로 구체적으로 제시했습니다. 황종희가 독선적인 군주제를 반대하고 백성을 위한 정치를 강조한 것은 프랑스의 장 자크 루소에 비교할 만한 혁명적 사상으로 평가받고 있습니다. 이러한 학풍을 경세 실용학이라고 하는데, 청 대에 유교 경전을 문헌을 통해 따져 보는 고증학으로 계승되었습니다.

무너진 만리장성의 흙벽돌

1616년 누르하치는 여진족을 통일하고 후금을 세웠습니다. 요동의 여러 성을 함락한 누르하치는 명을 압박했지만 만리장성을 넘기가 쉽지 않았어요. 그런데 이자성의 난이 일어나 명이 멸망했다는 소식이 전해지자 만리장성을 지키고 있던 장수 오삼계가 후금과 타협해 문을 열어 주었어요. 만리장성을 유유히 지나온 후금은 반란군을 진압하고 본토를 차지한 후 나라 이름을 청으로 바꾸었습니다.

청은 원에 이어 이민족이 중국을 정복한 나라입니다. 몽골족이 건국한 원은 중국 문화를 멸시했기 때문에 100여 년 만에 멸망했습니다. 원의 멸망을 통해 역사적 교훈을 얻은 청은 유교 문

❍ 누르하치
1616년 만주를 통일하고 나라를 세운 뒤, 금을 잇는다는 뜻으로 국호를 후금(後金)이라고 했습니다.

⊙ 강희제, 옹정제,
건륭제
청 제국은 강희, 옹정, 건륭
(왼쪽부터) 등 세 명의 황제가
지배한 130년 동안 최대의
전성기를 누렸습니다. 삼번
의 난을 평정한 강희제는 타
이완까지 정복해 중국의 통
일을 완성했고, 강희제의 넷
째 아들 옹정제는 재정 개혁
을 통해 황권을 강화했으며,
옹정제의 넷째 아들 건륭제
는 활발한 대외 원정을 통해
중국의 영토를 사상 최대 규
모로 넓혔습니다.

화를 적극적으로 받아들였고, 주요 관직에 만주인과 한인을 고
르게 등용했습니다. 그 결과 300년 가까운 시간 동안 200만 명
에 불과한 만주족이 수억 명의 한족을 지배할 수 있었습니다.

만주 남자들은 뒤쪽 머리카락만 남겨 길게 기른 후 한 갈래로
땋는 머리 모양을 했는데, 이를 변발이라고 합니다. 청은 한족에
게도 변발을 강요했습니다. 또 만주족을 비판하는 학자는 본인
뿐만 아니라 그 가족과 제자까지 모두 처형했습니다. 이렇게 청
은 유화 정책과 강압 정책을 동시에 사용했습니다.

청의 전성기

청 제국은 강희(康熙), 옹정(雍正), 건륭(乾隆) 등 세 명의 황제가
지배한 130년 동안 최대의 전성기를 누렸습니다. 이 가운데 강희
제는 자신들의 군단을 이끌고 나가 공을 세운 오삼계, 상가희, 경
계무 등 세 명의 한인 장수에게 윈난[雲南], 광둥[廣東], 푸젠[福
建]을 다스리게 했는데, 이들을 합해 삼번(三藩)이라고 했어요.

그런데 중앙 집권에 방해가 되자 이들 삼번을 제거하려고 했
어요. 이에 불만을 품은 삼번이 반란을 일으켰지만 이내 진압되
었습니다. 삼번의 난을 평정한 강희제는 타이완까지 정복해 중

국 통일을 완성했습니다.

건륭제는 활발한 대외 원정을 통해 외몽골, 신장, 티베트 등을 정복했습니다. 이때에 이르러 중국 영토는 사상 최대 규모가 되었습니다. 청은 민족의 자치를 인정하는 이중 통치 체제를 실시해 광대한 영토를 효율적으로 지배할 수 있었습니다.

건륭제는 대규모 편찬 사업도 주도했습니다. 총 3,458종 7만 9,582권의 방대한 책을 유교 경전, 역사서, 개인 문집 등으로 분류해 모아 『사고전서』라는 이름으로 내놓았습니다. 당대에 황실의 장서를 보관한 4서고에 따라 분류했으므로 『사고전서』라고 합니다. 청이 『사고전서』를 펴낸 데는 서적을 검열하려는 의도가 깔려 있었어요. 세상의 모든 책을 수집하면서 청에 불리한 내용이 수록되어 있는 책은 불태우거나 내용을 고치기까지 했지요.

중국 인구는 전한부터 명에 이르기까지 대체로 5,000만~6,000만 명을 유지했습니다. 그런데 18세기 중반에는 2억 명을 넘더니 19세기 중반에는 4억 명을 훌쩍 넘어 버렸어요. 청 대에 인구가 폭발적으로 증가한 이유는 경작지가 늘어나고 조생종 벼와 감자, 고구마, 옥수수 등의 새로운 작물이 재배되면서 먹거리가 풍부해졌기 때문이에요.

청 대의 지배 계급도 신사 계층이었어요. 신사는 나중에 영어 '젠틀맨(gentleman)'의 역어로 쓰였어요. 명 대의 일조편법은 청 대에도 이어지다가 청 중기에 지정은제로 바뀌었습니다. 지정은제란 모든 성인에게 일률적으로 매긴 인두세를 없애고 토지 소유자에게 인두세를 포함한 토지세를 은으로 내게 한 것입니다.

외몽골
칭기즈 칸이 강성할 때 몽골은 중국과 러시아를 모두 지배했다. 제2차 세계 대전이 끝난 후 외몽골은 몽골 인민 공화국으로 러시아의 영향력 아래에 놓였고, 내몽골은 중국에 편입되어 중국의 자치구가 되었다.

신장
1755년 몽골을 완전히 정복한 청 제국이 중국의 북서쪽에 있는 신장을 침략했다. 위구르인들은 저항했으나 1759년 청의 지배하에 들어갔다. 현재는 신장웨이우얼 자치구로 불린다.

티베트
13~14세기에는 원의 지배를 받았고, 1750년에는 청 건륭제의 팽창 정책으로 보호령이 되었다. 현재 중국에서는 시짱 자치구라고 부른다. 주도 라사에는 제5대 달라이 라마가 세운 포탈라 궁이 있다.

✿ 자금성(쯔진청)

1407년 명의 영락제가 명·청 때 축조한 궁성입니다. 동서 약 760미터, 남북 약 1,000미터의 광대한 지역에 높은 성벽으로 둘러싸고 가운데는 많은 건물을 정연하게 배치했어요. "그는 또 뜰을 지나가야 한다. 수많은 뜰을 지나갔다고 해도 계단을 만나게 되고, 또 뜰을 만나고, 또 새로운 궁전을 만나게 된다. 100년이고 1,000년이고 황제가 파견한 사절은 결코 그곳을 빠져나올 수 없을 것이다." 프란츠 카프카가 묘사한 자금성입니다. 현재는 고궁박물관으로 사용하고 있습니다.

◆ 15세기경 명 대에 그려진 자금성의 모습

간추린 중국 역사

중국 역사는 수많은 이야기가 얽혀 있어 복잡해 보일지 모르지만, 꼬리에 꼬리를 물고 연결시키면 의외로 간단하게 정리됩니다. 복잡한 중국 역사를 간단하게 정리하는 방법을 소개하면 다음과 같습니다.

은허에서 갑골 문자가 발견되어 상 왕조의 실체가 드러났고, 술로 연못을 만든 상의 주왕은 주의 공격을 받아 자살했으며, 봉건제를 실시했던 주는 외적의 침입으로 왕권이 약해지면서 제후들이 활개 치는 춘추 전국 시대를 맞이하게 되었습니다.

천하를 통일한 진(秦)의 시황제가 죽은 후 항우와 싸워 이긴 유방이 한 왕조를 세웠고, 황건적의 난으로 혼란한 틈을 타서 위·촉·오 삼국이 일어서더니, 사마염이 세운 진(晋)에 의해 통일되었습니다. 이내 다섯 유목 민족이 쳐들어와 16개 나라를 세우고, 5호 16국을 통일한 북위와 강남으로 쫓겨난 진이 세운 동진이 남북조 시대를 열었으며, 남북조는 북조의 수가 통일했습니다.

대운하를 건설한 수는 고구려 침략에 실패한 후, 변방을 지키던 이연이 당을 세우고, 절도사 주전충에게 멸망한 당은 5대 10국의 혼란기를 거쳐, 마지막 왕조인 후주의 절도사 조광윤이 왕위를 물려받아 송을 건국했습니다.

송은 금의 침략으로 강남으로 밀려나 남송 시대에 들어서고, 남송은 몽골족이 세운 원에 멸망당하고, 원이 왕위 쟁탈전으로 어수선한 틈을 타 주원장이 홍건적의 난을 일으켜 명을 세웠으며, 당쟁과 외적에 시달리던 명은 이자성의 농민군에 의해 멸망합니다.

여진족이 세운 후금이 농민 반란군을 진압한 후 나라 이름을 청으로 바꾸고, 신해혁명으로 청 왕조가 무너진 후 중국은 황제가 없는 나라가 됩니다. 이래도 복잡하나요? 그렇다면 다음과 같이 정리해 보세요. 통일 왕조가 아닌 경우는 괄호로 묶었습니다.

상-주-(춘추 전국)-진-한-(위·촉·오)-진-(5호 16국)-(남북조)-수-당-(5대 10국)-송-금, 남송-원-명-청

그래도 복잡하게 느껴진다면 이번에는 운율을 넣어 읽어 보세요.

"상주춘추진한 위진남북조, 수당5대10국 송금원명청."

보너스 하나 더! 주요 연도와 개국 시조는 꼭 확인해 두세요.

다음 연도는 그대로 다 외울 필요는 없습니다. 하지만 시대적 흐름을 파악하기 위해서는 남북조-수-당은 439-581-618로, 금-원-명은 1115-1271-1368로 기억해 두세요.

● 자금성의 태화전
자금성의 정전으로 중국에서 가장 오래된 목조 건물입니다. 태화전의 앞마당에는 병사 9만 명이 모일 수 있는 넓은 뜰이 있습니다.

나라	존속 기간	개국 시조
상	기원전 1600년경~기원전 1046년	탕왕
주	기원전 1046년~기원전 256년	무왕
춘추 전국	기원전 770년~기원전 221년	
진	기원전 221년~기원전 206년	시황제
한	기원전 206년~기원후 220년	한 고조 유방
삼국(위 · 촉 · 오)	189~265년	조비, 유비, 손권
진	265~317년	사마염
남북조	439~589년	
수	581~618년	수 문제 양견
당	618~907년	당 고조 이연
5대 10국	907~960년	
송	960~1279년	태조 조광윤
금	1115~1234년	아구다
원	1271~1368년	쿠빌라이
명	1368~1644년	홍무제 주원장
청	1644~1912년	태조 누르하치

? 원과 명이 멸망한 원인은 무엇일까요?

원과 명은 백성들의 반란 때문에 멸망했습니다. 그 이유는 간단합니다. 땅이 워낙 넓다 보니 점령은 했지만 통치가 어려웠던 거예요. 더구나 왕은 백성들의 삶을 살피지 않고 권력 투쟁이나 일삼았습니다. 따라서 각 지역에서 반란이 심해졌고, 중앙 정부에서 이를 효과적으로 막지 못했습니다. 특히 원은 중국 문화를 멸시해서 스스로 멸망을 재촉했습니다. 반면에 청은 원의 멸망을 교훈 삼아 유교 문화를 적극적으로 받아들였고, 주요 관직에 만주인과 한인을 고르게 등용했습니다. 그 결과 300년 가까운 긴 세월 동안 200만 명에 불과한 만주족이 수억 명의 한족을 지배할 수 있었지요. 하지만 청도 시대의 흐름을 외면한 나머지 신해혁명으로 무너지고 맙니다.

26 역사상 가장 길었던 백 년 전쟁 | 유럽의 역사

잉글랜드의 국왕 에드워드 3세는 잉글랜드뿐만 아니라 프랑스까지 통치하고 싶다는 야망을 갖고 있었습니다. 그는 프랑스 전 국왕의 손자라는 것을 내세워 프랑스에 대한 통치권을 주장했습니다. 결국 그는 프랑스를 갖기 위해 1337년에 전쟁을 선포합니다. 에드워드 3세의 3과 연결지어 그가 337 박수로 전쟁을 유도하는 모습을 상상해 보세요. 그러면 백 년 전쟁이 시작된 연도를 쉽게 기억할 수 있을 거예요. 프랑스가 위기에 처하자 오를레앙의 처녀 잔 다르크가 나타나 프랑스를 구해 냈습니다. 하지만 프랑스는 잉글랜드군에게 잡혀간 잔 다르크가 화형에 처해질 때까지 그녀를 구하기 위해 어떤 노력도 하지 않았습니다.

- **1337년** 프랑스의 샤를 4세가 후계자 없이 사망하자, 샤를 4세의 손자인 잉글랜드의 왕 에드워드 3세가 왕위 계승 권을 주장하며 프랑스에 전쟁을 선포하다. 이로써 백 년 전쟁이 시작되다.

- **1431년** 백 년 전쟁의 영웅 잔 다르크를 마녀라고 낙인찍어 루앙에서 화형에 처하다. 이 시기에 우리나라에서는 광화문이 완공되다.

잉글랜드의 왕 **에드워드 3세**, 왕위 계 승권을 주장하며 프랑스에 선전 포고. **백 년 전쟁**(1337~1453년)이 시작됨

칼레의 시민 여섯 명, 에드워드 3세의 요구에 따라 자신들의 목숨을 스스로 내놓음(1347년) 유럽에 흑사병 유행(1340년대)

잔 다르크, 마녀재판을 받고 화형당함(1431년)

대포를 사용한 잉글랜드, **크레시 전 투**에서 프랑스를 무찌름(1346년)

잔 다르크, **오를레앙**에서 대승 을 거둠(1429년) '오를레앙의 처녀'로 불림

잉글랜드

· 런던

· 칼레

· 크레시

· 루앙

브르타뉴   노르망디

· 파리   · 랭스

신성 로마 제국

· 투르   · 오를레앙   · 트루아

프랑스

· 보르도

· 아비뇽   교황령

크레시 전투

전쟁은 1337년에 시작되어 1453년에 끝날 때까지 무려 116년 동안이나 지속되었습니다. 물론 이 기간 동안 단 하루도 쉬지 않고 전쟁만 한 것은 아니지만, 지루한 전쟁이 계속되었습니다. 그 결과 백 년 전쟁이라고 알려진 이 전쟁은 역사상 가장 길었던 전쟁으로 기록되었습니다.

잉글랜드군은 바다를 건너 프랑스를 공격했습니다. 백 년 전쟁에서 가장 주목받는 전쟁은 크레시라는 작은 지방에서 벌어졌습니다. 잉글랜드군은 비록 평민으로 이루어진 보병이었지만 갑옷으로 무장한 프랑스 기병대에 맞서 용감하게 싸웠습니다. 걸어서 이동해야 하는 잉글랜드군보다 말을 탄 프랑스군이 기동력이 뛰어난 것은 사실이었지만 프랑스의 승리를 장담할 수는 없었습니다.

잉글랜드군에게는 긴 활이 있었거든요. 그 활의 위력이 어찌나 강했던지 잉글랜드군은 훈련된 프랑스군에 맞서 승리할 자

◑ 강을 건너는 에드워드 3세

잉글랜드의 국왕 에드워드 3세는 솜 강을 건너 전투에 유리한 지형인 크레시에서 대열을 정비해 전투를 승리로 이끕니다. 잉글랜드군이 대개 평민으로 구성된 보병이었던 반면에 프랑스군은 갑옷으로 무장하고 말을 탄 기사들로 구성되어 있었습니다. 이 크레시 전투에서 잉글랜드군은 역사상 처음으로 대포를 사용했습니다.

○ 에드워드 3세
중세 시대의 가장 성공적인 왕으로 평가받고 있습니다. 특히 네덜란드에서 직인을 불러들여 모직 공업의 진흥을 도모했습니다. 이는 영국이 양모 생산국에서 모직물 생산국으로 발전하게 된 계기가 되었습니다.

신이 있었습니다. 역사상 처음으로 대포가 사용되기도 했습니다. 물론 당시 잉글랜드군이 사용했던 대포는 별로 위협적이지 않았습니다. 사람이 던진 야구공이나 농구공마냥 적진에 힘없이 떨어졌습니다. 프랑스군의 말을 조금 놀라게 했을 뿐, 아무런 해도 입히지 못했습니다. 그러나 이 크레시 전투가 기사와 봉건제의 종말을 알리는 서막이 될 줄은 아무도 몰랐습니다.

흑사병과 싸우다

크레시 전투는 기나긴 백 년 전쟁의 시작에 불과했습니다. 크레시 전투가 시작된 이듬해에 흑사병이라는 끔찍한 전염병이 유럽인들을 공격했습니다. 페리클레스 시대에 아테네인들을 죽음으로 몰고 갔던 전염병과 비슷했으나, 흑사병은 비단 한 도시나 국가에 국한되지 않고 유럽 전역으로 퍼져 나갔습니다. 흑사병은 처음에 아시아 내륙에서 창궐해 유럽에까지 전염된 것으로 알려져 있습니다.

당시 흑사병으로부터 도망칠 수 있는 방법은 어디에도 없었습니다. 유럽 전역에 퍼진 흑사병은 역사상 어떤 전쟁보다도 많은 사망자를 냈습니다. 이 전염병에 흑사병이라는 이름이 붙은 이유는 병에 감염되면 몸 전체에 까만 반점이 생기고 그 뒤로 몇 시간 또는 하루 이틀 내에 사망하기 때문입니다. 살아날 가망 같은 건 전혀 없었습니다. 어떤 약도 소용이 없었어요. 흑사병에 걸렸음을 알고 자살하는 사람도 늘어났습니다. 말 그대로 '무서워서 죽은' 거예요.

흑사병은 2년 동안이나 지속되었고, 엄청나게 많은 사람이 목숨을 잃었습니다. 유럽 전체 인구의 절반가량이 목숨을 잃었다고 해도 과언이 아닐 거예요. 마을 전체가 폐허가 되고, 시체를 묻어 줄 사람조차 남지 않았습니다. 길거리나 집 앞은 물론, 시장에도 그대로 쓰러져 죽은 사람들의 시체가 어지럽게 나뒹굴었습니다.

들판의 곡식을 수확할 농부가 없어 곡식은 말라 버렸습니다. 가축들은 돌봐 줄 사람이 없어 제멋대로 여기저기 돌아다녔습니다. 뱃사람이라고 해서 흑사병에서 자유로울 수는 없었습니다. 살아서 뱃머리를 돌릴 사람이 없어 배들은 표류했습니다. 흑사병이 남녀노소 할 것 없이 세상의 모든 사람을 죽음으로 몰고 갔다면 세계의 역사는 어떻게 되었을까요?

그런데도 주검이 부족했던 걸까요? 백 년 전쟁은 해가 바뀌고 또 바뀌어도 끝날 줄 몰랐습니다. 크레시 전투에 참가했던 군인들이 이미 세상을 떠나고, 그 자식들이 자라 전쟁터에서 목숨을 잃고, 또 그 자식들이 자라서 전쟁터에서 목숨을 잃을 때까지 잉글랜드군은 프랑스군과 전쟁을 멈추지 않았습니다. 당시 프랑스 왕자는 매우 어리고 몸이 약했습니다. 프랑스는 절망에 빠질 수밖에 없었습니다. 전쟁이 지속되는 기간 동안에 잉글랜드를 몰아낼 강력한 지도자가 한 명도 없었기 때문입니다.

마녀재판

프랑스의 작은 마을 동레미에서 양을 치는 소녀가 있었습니다. 소녀의 이름은 잔 다르크였습니다. 여느 날과 같이 양 떼를 몰던 잔 다르크의 눈앞에 아름다운 환영이 나타났습니다. 프랑스군을 이끌어 잉글랜드로부터 프랑스를 구할 사람이 바로 그녀라는 목소리가 들렸습니다. 그것은 바로 하나님의 음성이었습니다.

잔 다르크는 왕을 찾아가서 자신이 본 환영 이야기를 했습니다. 그러나 왕은 잔 다르크의 말을 믿으려고 하지 않았습니다. 보잘것없는 조그만 소녀에게 프랑스를 구할 힘이 있을 거라고 생각지 못했던 거예요.

귀족들은 잔 다르크를 시험하기 위해서 다른 사람에게 왕자의 옷을 입히고 왕좌에 앉혔습니다. 진짜 왕자는 귀족들 틈에 서 있었습니다. 그런 다음 잔 다르크를 방으로 들어오게 했습니다. 안으로 들어간 잔 다르크는 왕자의 옷을 입고 왕좌에 앉아 있는 남자를 흘깃보더니, 한 치의 망설임도 없이 그의 앞을 지나쳐 진짜 왕자가 서 있는 곳으로 곧장 걸어갔습니다. 그리고 왕자 앞에

◐ 잔 다르크
1337년에서 1453년까지 지속된 백 년 전쟁에서 열세했던 프랑스를 구해 낸 전설적인 구국 영웅입니다. '오를레앙의 처녀'라고도 불리지요.

무릎을 꿇고 이렇게 말했습니다. "전하의 군대를 승리로 이끌기 위해 왔습니다." 왕자는 그 자리에서 잔 다르크에게 지휘권과 갑옷을 내렸습니다. 이로써 잔 다르크는 프랑스군의 사령관이 되었습니다. 그리고 왕자는 왕위에 올랐습니다.

프랑스군은 다시 기운을 차렸습니다. 마치 하늘에서 천사를 내려 주신 것만 같았습니다. 그들은 맹렬히 싸워 많은 전투를 승리로 이끌었습니다. 그러나 잉글랜드군의 생각은 달랐습니다.

◑ 화형당하는 잔 다르크
1431년 잔 다르크는 마녀라
는 죄를 뒤집어쓰고 군중들
앞에서 화형에 처해졌습니
다. 군중들이 유골을 가져가
지 못하도록 잔 다르크의 몸
은 세 번 태워졌고, 그 재는
센 강에 버려졌어요

잔 다르크는 하나님이 내려 주신 천사가 아
니라 악마가 내린 마녀라고 생각했습니다.
그래서 그들은 잔 다르크를 두려워했습니
다. 결국 잔 다르크는 잉글랜드군에게 붙잡
히고 말았습니다. 그러나 그녀 덕에 왕위에
오른 프랑스 국왕은 자기를 위해 충성을 다
한 잔 다르크를 구하려는 시도조차 하지 않
았습니다. 모든 것이 자기 뜻대로 되어 가는
마당에 여자가 중요한 일을 이끌어 간다는
것이 마음에 들지 않았던 거예요. 그뿐만 아
니라 여자가 이래라저래라 하는 꼴이 못마땅했던 병사들 역시
오히려 그녀가 사라진 데 대해 환호했습니다.

잉글랜드 사람들은 마녀재판을 열고 잔 다르크에게 마녀라는
죄를 뒤집어씌워 말뚝에 묶어 산 채로 화형에 처했습니다. 하지
만 잔 다르크는 프랑스에 행운을 가져다주고 프랑스군에 활력
을 불어넣은 천사였음에 틀림없습니다.

잔 다르크가 등장한 후부터 프랑스군이 점점 더 강해져 100
년간의 전쟁 끝에 결국 잉글랜드를 몰아냈으니까 말이에요. 전
쟁이 지속된 100년 동안 수많은 사람이 부상을 입고 불구가 되
었습니다. 목숨을 잃은 사람도 많았습니다. 전쟁을 시작한 잉글
랜드 역시 전쟁 전보다 좋아진 것이 하나도 없었습니다. 전쟁을
시작할 때와 영토의 크기도 똑같았습니다. 결국 그들이 오랜 전
쟁을 통해 얻은 것은 아무것도 없었습니다.

노블레스 오블리주를 실천한 '칼레의 시민들'

1347년 프랑스의 해안 도시 칼레는 잉글랜드의 도버 시와 가장 가까운 거리에 있다는 이유 때문에 잉글랜드로부터 집중 공격을 받았습니다. 이들은 잇단 기근과 악조건 속에서도 1년이나 잉글랜드군에게 대항했습니다. 그러나 잉글랜드의 연이은 공격에 못 이겨 결국 항복을 선언하게 됩니다. 잉글랜드의 왕 에드워드 3세는 1년 동안 자신을 힘들게 했던 칼레의 시민들을 모두 죽이려 했지만, 칼레 시 측에서 여러 번 사절을 보내 자비를 구

○ 칼레의 시민
백년 전쟁 당시 프랑스의 칼레에서 모든 시민을 대신해 여섯 명의 시민이 자진해서 처형을 받았습니다. 이 사건을 소재로 해 로댕은 '칼레의 시민'이라는 작품을 만들었습니다.
파리 로댕 박물관 소장

○ 오귀스트 로댕
'생각하는 사람'이란 작품으로 유명한 로댕(1840~1917년)은 근대 조각의 시조로 일컬어집니다. 로댕은 건축의 장식물에 지나지 않았던 조각에 생명과 감정을 불어넣어 근대 미술의 발전에 커다란 발자취를 남겼습니다.

하자 자신의 말을 거둬들였습니다. 대신에 에드워드 3세는 칼레의 시민들에게 다른 조건을 내걸었어요.

"모든 시민들의 안전을 보장하겠다. 그러나 시민들 중에서 여섯 명을 뽑아 우리에게 보내야 한다. 그들을 칼레 시민 전체를 대신해 처형하겠다."

칼레 시민들은 한편으론 기뻤으나, 다른 한편으론 여섯 명을 어떻게 뽑아야 할지 깊은 고민에 빠졌습니다. 딱히 뽑기가 힘드니 제비뽑기를 하자는 사람도 있었어요. 그때 칼레 시의 최대 거부였던 생피에르가 가장 먼저 자신이 죽으러 가겠다고 나섰습니다. 그러자 칼레 시의 귀족, 부호, 법률가 등이 에드워드 3세의 요구대로 자루 옷을 입고 목에는 밧줄을 맨 채 연이어 나타났습니다.

생 피에르를 비롯한 귀족과 부호들이 보여 준 희생정신에 감동한 에드워드 3세는 사형을 취소하고 관용을 베풀었습니다. 칼레 시 귀족들의 영웅적인 행동은 '고귀한 자일수록 먼저 책임을 진다'는 노블레스 오블리주 정신의 원형이 되어 오늘날까지 전해지고 있어요. 백 년 전쟁 당시 프랑스 칼레에서 벌어진 이 사건을 소재로 해 로댕은 '칼레의 시민'이라는 작품을 만들었답니다.

? 백 년 전쟁의 역사적 의의는 무엇일까요?

백 년 전쟁은 여러 가지 의미를 지니고 있습니다. 잉글랜드군이 대포를 처음 사용함으로써 전통적인 기사도와 봉건제가 무너지고 국왕의 상비군이 등장했습니다. 상비군이 강해지면서 봉건제는 쇠퇴하고 동시에 중앙 집권화가 시작되었습니다. 또한, 잔 다르크의 출현은 국가주의로 사람들을 묶어 놓았습니다. 지금도 잔 다르크는 프랑스에서 애국주의의 상징으로 불리기도 합니다. 한편 잉글랜드는 프랑스 내의 영토를 상실함으로써 독자적인 국민 국가를 형성할 수 있게 되었어요. 프랑스 역시 잔 다르크로 상징되는 프랑스인이 이 시기에 형성되었지요. 그 이전에는 '잉글랜드인'이나 '프랑스인'이라는 국민 의식은 없었다고 봐야 할 것입니다. 프랑스인이 백 년 전쟁을 통해 잉글랜드인에 대한 증오심을 키운 것이지요.

27 낡은 시대의 종언 |
인쇄술과 화약의 역사

인류 문화 발전에 획기적인 사건이 일어났습니다. 그것은 강력한 지도자나 지혜로운 학자가 아닌 평범한 기술자의 손에 의해 이루어졌습니다. 바로 인쇄술이 발명된 것입니다. 지금까지는 구텐베르크가 세계 최초로 인쇄술을 발명한 것으로 알려져 있으나 고려에서는 이미 그보다 70년이나 앞선 시기에 금속 활자를 사용했습니다. 인쇄술의 등장은 낡은 시대에 마지막 인사를 고하고, 새로운 시대를 맞이하는 놀라운 변화의 시초였습니다. 때를 같이해 백 년 전쟁도 막을 내리고, 동로마 제국도 멸망했습니다.

- **1377년** 청주목의 흥덕사에서 『불조직지심체요절』을 인쇄하다. 세계 최초의 금속 활자 인쇄본은 구텐베르크의 성경이 아니라 『불조직지심체요절』이다.

- **1450년경** 구텐베르크가 금속 활판 인쇄술을 발명하다. 이로 인해 종교 개혁과 과학 혁명이 촉발되다. 1446년에 우리나라에서는 『훈민정음』이 반포되다.

- **1453년** 오스만 튀르크의 메메드 2세가 콘스탄티노플을 점령한 후 그곳의 지명을 이스탄불로 바꾸고 제국의 수도로 삼아 새로운 역사의 장을 열다.

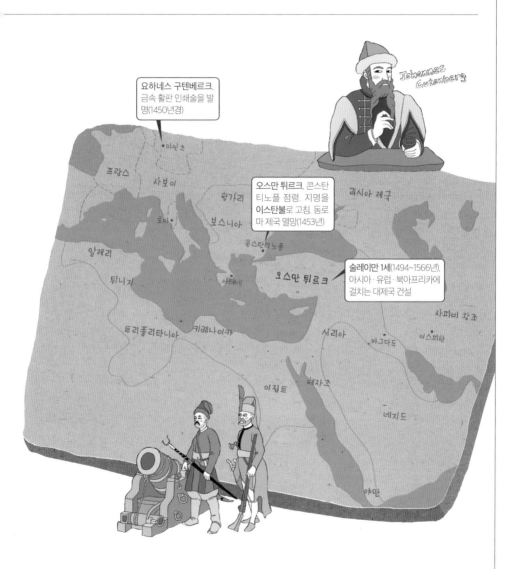

요하네스 구텐베르크, 금속 활판 인쇄술을 발명(1450년경)

Johannes Gutenberg

오스만 튀르크, 콘스탄티노플 점령. 지명을 이스탄불로 고침. 동로마 제국 멸망(1453년)

술레이만 1세(1494~1566년), 아시아·유럽·북아프리카에 걸치는 대제국 건설

최초의 책

인쇄술이 확산되기 전, 책을 만들기 위해서는 사람
의 손으로 직접 써야만 했습니다. 책 한 권을 만드는
데도 엄청나게 오랜 시간과 많은 돈이 필요해서 손
으로 직접 만든 책을 가질 수 있는 사람은 얼마 되
지 않았습니다. 왕이나 귀족들만 책을 가질 수 있었
습니다. 특히 성경 같은 책은 가난한 사람들이 감히
볼 수도 없었습니다. 그래서 교회의 값진 성경을 누
가 훔쳐 갈까 염려해 쇠사슬로 묶어 놔야 했습니다. 성경을 훔치
다니 정말 놀랍지 않나요?

○ 구텐베르크 성경
구텐베르크 인쇄기로 인쇄
된 최초의 책은 무엇일까요?
당시 사람들이 세상에서 가
장 중요한 책이라고 여겼던
성경입니다.

그러다가 1450년경 한 남자가 책을 만드는 방법을 고안했습
니다. 그는 먼저 활자, 즉 글자를 새긴 나뭇조각들을 하나로 모
은 다음, 거기에 잉크를 묻혔습니다. 그리고 잉크를 묻힌 활자에
종이를 대고 꾹 눌러 찍었습니다. 활자를 만들고 나자 아주 빠르
고 쉽게 책을 찍어낼 수 있게 되었습니다. 이것이 바로 우리 모
두가 잘 알고 있는 활판 인쇄술입니다. 이토록 간단하게 느껴지
는 기술을 그 이전에는 아무도 생각지 못했다는 사실이 매우 놀
랍지 않나요?

독일의 구텐베르크가 서양 최초로 금속 활자를 발명하여 인
쇄술을 혁신했다는 설이 가장 일반적이므로 그를 활판 인쇄술
발명자라고 부릅니다. 그렇다면 활판으로 인쇄된 최초의 책은
무엇일까요? 사람들이 세상에서 가장 중요한 책이라고 여겼던
바로 그 책! 그렇습니다. 바로 성경입니다. 당시의 성경은 영어
도 아니고 독일어도 아닌 라틴어로 출판되었습니다.

독일의 구텐베르크가 1450
년경에 서양 최초로 대량 생
산이 가능한 인쇄기를 발명
하여 책을 찍어 냈다는 설이
가장 일반적이므로 그를 활
판 인쇄술의 발명자라고 부
릅니다.

세계 최초의 금속 활자

전 세계에 남아 있는 금속 활자로 인쇄된 책 중에서 가장 오래된 것은 고려 시대인 1377년에 청주목의 흥덕사에서 간행된 『불조직지심체요절』입니다. 상하 두 권 가운데 하권만 남아 있는 이 책은 유네스코 세계 기록 문화유산에 등재되어 있는데, 대한 제국 말기에 프랑스 외교관이 프랑스로 가지고 간 이후, 그 존재가 거의 잊혀졌습니다. 그러다 1972년 파리에서 열린 '책의 역사' 전시회를 통해 알려지게 되었습니다. 그리고 곧바로 세계에서 가장 오래된 금속 활자본으로 공인받았습니다.

이 책은 구텐베르크의 금속 활자본보다 70여 년 이상 앞선 것입니다. 현재 프랑스와 한국 사이에 이 책을 돌려받는 문제를 두고 외교 협상이 지루하게 전개되고 있습니다. 프랑스가 이 책을 한국에 되돌려 주고자 하는 의지를 제대로 보이지 않기 때문입니다. '직지심체'는 사람이 바른 마음을 가지면 그때의 심성이 곧 부처님의 마음과 같음을 깨닫게 된다는 것을 의미합니다. 프랑스도 마음을 바르게 가진다면 부처님의 마음을 깨닫게 될 날이 오지 않을까요?

영어로 인쇄된 최초의 책은 윌리엄 캑스턴이 펴냈습니다. 그가 펴낸 책이 무엇에 관한 것인지 알게 되면 아마 깜짝 놀랄 거예요. 다름 아니라 아랍인들이 만든 게임인 체스를 설명하는 책이었거든요.

인쇄술이 등장하기 전까지는 글을 읽을 줄 아는 사람이 거의 없

◐ 『불조직지심체요절』
전 세계에 남아 있는 금속 활자로 인쇄된 책 중에서 가장 오래된 것은 1377년 고려 시대에 청주목의 흥덕사에서 간행된 『불조직지심체요절』입니다. 유네스코 세계 기록 문화유산에 등재되어 있습니다. 원명은 '백운초록화상 불조직지심체요절'이고, 줄여서 '직지심경'이라고도 합니다.

었습니다. 왕이나 왕자라고 해도 마찬가지였습니다. 글 읽는 법을 설명해 놓은 책이 단 한 권도 없었을뿐더러, 글 읽는 법을 배운다고 해도 읽을 책이 거의 없었기 때문입니다. 그러니 글을 배워도 쓸모가 없었습니다. 중세 시대에 세상이 돌아가는 사정은 사람들의 말을 통해서만 알 수 있었습니다. 그러나 인쇄술의 발명과 함께 모든 것이 바뀌었습니다. 다양한 책들이 수없이 쏟아져 나왔습니다. 이제는 누구나 책을 살 수 있게 되었습니다. 원하는 건 뭐든지 배울 수도 있었습니다. 인쇄술은 아주 빠른 속도로 모든 것을 바꿔 놓았습니다.

동로마 제국의 멸망

인쇄술이 발명되고 얼마 지나지 않아 마침내 백 년 전쟁도 막을 내렸습니다. 이쯤에서 꽤 오랫동안 잠잠하던 이슬람 세력이 다시 역사의 전면에 등장합니다. 1453년에 오스만 튀르크는 또다시 동로마 제국의 수도 콘스탄티노플로 쳐들어갔습니다. '오스'가 '53'과 발음이 비슷하므로 쳐들어간 연도를 쉽게 암기할 수 있겠죠.

　오스만 튀르크는 콘스탄티노플의 성벽을 무너뜨리는 데 화살 대신 총과 대포를 사용했습니다. 대포는 이미 100년 전 크레시 전투에서 처음 사용되었지만 그때는 별 효과를 거두지 못했습니다. 그러나 이후 대포를 제작하는 기술이 엄청나게 진보했고, 이 새로운 발명품의 막강한 힘 앞에서 콘스탄티노플은 무너지고 말았습니다. 그리하여 콘스탄티노플이 오스만 튀르크의 수중으로 넘어갔고, 1,000년 전에 유스티니아누스 대제가 지은 성

소피아 대성당은 이슬람 사원으로 바뀌었습니다. 동로마 제국의 멸망으로 고대 로마 제국은 최후를 맞이하게 되었습니다. 서로마 제국은 이미 476년에 멸망했거든요.

화약은 1453년 콘스탄티노플이 함락된 후 모든 전쟁에 사용되었습니다. 덕분에 성도 쓸모없게 되었습니다. 이제는 갑옷을 입은 기사도 찾아볼 수 없게 되었습니다. 이 새로운 무기 앞에선 칼이나 활도 쓸모가 없었습니다. 예전에는 없었던 새로운 소리가 세상에 울렸습니다. "쾅! 쾅! 쾅!" 바로 대포 소리였습니다. 승리의 함성과 애도의 울음소리만 빼면 그리 시끄럽지 않았던 이전의 전쟁과 사뭇 대조되는 모습이었습니다. 그래서 1453년을 중세 시대의 마지막 해이자 새로운 시대의 원년이라고 부릅

◐ **술탄 아메드 모스크**
오스만 튀르크는 다양한 동서 문화를 융합해 새로운 문화를 창조해 냈습니다. 블루 모스크라고도 일컬어지는 술탄 아메드 모스크는 비잔티움 양식의 돔과 이슬람 사원의 첨탑이 결합된 대표적인 건축물입니다.

니다. 화약이 중세 시대의 막을 내리고, 인쇄술과 나침반의 발명이 새로운 시대의 막을 연 거예요.

오스만 튀르크는 파죽지세로 1459년 세르비아를, 1463년 보스니아와 그리스를 정복했습니다.

오스만 튀르크는 술레이만 1세에 이르러 최고의 황금기를 맞이했습니다. 아시아, 유럽, 아프리카에 걸쳐 6,000만 명이나 되는 백성을 거느릴 정도였습니다. 이집트를 정복한 이후, 오스만 튀르크의 술탄은 칼리프의 지위까지 겸하게 되었습니다. 이제 오스만 튀르크는 아시아 국가가 아니라 유럽 국가의 일원이 된 것처럼 보였습니다.

오스만 튀르크의 동유럽 정복은 게르만 민족의 대이동 이상으로 유럽에 큰 영향을 주었어요. 콘스탄티노플이 몰락하는 바람에 동로마 제국의 학자들이 대거 이탈리아로 이동해서 르네상스를 일으키는 데 도움을 주었고, 오스만 튀르크가 동서 무역을 막아 버리는 바람에 유럽의 대항해 시대가 열렸습니다.

오스만 튀르크는 다양한 동서 문화를 융합해 새로운 문화를 창조해 냈습니다. 비잔티움 양식의 돔과 이슬람 사원의 첨탑인 미나레트가 결합된 술탄 아메드 모스크가 오스만 튀르크의 대표적인 건축물입니다. 이 사원은 술탄 아메드 1세가 1600년대 초에 세웠어요. 돔 형태로 지어진 여러 개의 모스크 주변에 여섯 개의 미나레트가 설치되어 있습니다. 술탄 아메드 모스크는 블루 모스크라는 별칭으로 더 유명합니다. 모스크 안을 푸른빛이 도는 타일로 장식해 창을 통해 들어오는 햇빛이 환상적인 푸른 빛을 만들어 내기 때문이에요.

● 술레이만 1세
오스만 튀르크의 제10대 술탄(재위 1520~1566년)입니다. 그는 46년이라는 긴 치세 동안 세 대륙을 가로지르며 13차례의 대외 원정을 실행에 옮겨 오스만 튀르크의 최전성기를 이룩했습니다. 흔히 '술레이만 대제'로 불립니다.

술탄
이슬람교의 최고 권위자인 칼리프가 수여한 정치적 지배자의 칭호다. 도덕적 책임과 종교적 권위를 수행하는 통치자의 역할을 맡았다.

❍ 술탄 아메드 모스크의 내부
모스크 안 벽면을 뒤덮은 푸른 빛의 도자기 타일 때문에 블루 모스크라는 애칭을 갖게 되었습니다.

터키의 역사

고구려에 동화되었던 돌궐의 일부가 서진해 셀주크 튀르크와 오스만 튀르크를 세운 것으로 알려져 있습니다. 이런 이유로 튀르크족의 터키가 한국을 '형제의 나라'로 생각한다고 설명한 적이 있습니다. 학자들의 연구에 따르면 돌궐은 튀르크의 음차식 표기인데, 흉노의 후손이라고도 합니다. 셀주크 튀르크는 지금의 이란, 이라크, 터키 일대에 존재했던 수니파 이슬람 왕조를 말합니다. 중앙아시아의 튀르크계 유목민의 군장이었던 셀주크를 시조로 하는 일족을 중심으로 건국된 나라이기 때문에 셀주크 왕조라고 부릅니다.

셀주크 튀르크는 1055년 아바스 왕조(750~1258년)의 칼리프로부터 술탄의 지위를 계승할 정도로 번성했습니다. 그러나 제국의 분열을 틈타 1095년 제1차 십자군의 공격을 받아 크게 패한 후, 1200년경 이집트, 시리아, 이라크 일대마저 분할되어 터키의 아나톨리아 지역으로 축소됩니다. 결국 몽골 제국이 아나톨리아를 침입했을 때 완전히 세력을 상실하고 몇몇 에미리트(토호국)로 분할되는데, 에미리트 중 하나인 오스만 튀르크가 나중에 대제국을 세우게 되지요. 오스만 튀르크(1299~1922년)는 튀르크계 오스만 가문이 군장을 지냈던 나라입니다. 제1차 세계 대전의 패배로 오스만 튀르크는 해체되고, 마지막까지 남아 있던 아나톨리아 지역을 중심으로 튀르크족의 터키 공화국이 들어섰지요. ▮▮▮

인쇄술 발명의 역사적 의의는 무엇일까요?

인쇄술의 발명은 필사의 시대가 가고 인쇄의 시대가 왔음을 뜻합니다. 낡은 시대가 종언을 고함으로써 인류 문화는 획기적으로 변화합니다. 단순히 출판 시스템의 근대화를 가져온 것이 아닙니다. 지식의 대량 생산과 보급이 가능해짐으로써 사회 전반에 걸쳐 크고 작은 변화를 가져올 수 있게 만들었습니다. 정치적으로는 절대 왕권 사회가 근대 시민 사회로 바뀌는 원동력이 되었습니다. 일부 계층에게만 국한되었던 교육과 지식의 보급이 일반인에게까지 확대되었기 때문입니다. 더욱이 사회적으로도 권위주의가 무너지고 자유주의가 싹트는 초석을 마련했습니다. 그뿐만 아니라 문예 부흥의 길을 열어 주기도 했습니다.

Johannes Gutenberg